Ingrandimenti

Alfonso Signorini

CHANEL

Una vita da favola

MONDADORI

Dello stesso autore
nella collezione Arcobaleno
Il Signorini

nella collezione Ingrandimenti
Troppo fiera, troppo fragile

Chanel
di Alfonso Signorini
Collezione Ingrandimenti

ISBN 978-88-04-58373-8

I edizione maggio 2009
Anno 2009 - Ristampa 7

Indice

9 *Prologo*

19 I giorni di Courpière
26 Il viaggio a Brive
38 Il buio della mamma
48 I segreti di Aubazine
61 Gli anni torbidi al Notre-Dame
78 Gabrielle diventa Coco
94 I cavalli di Étienne
105 L'uragano chiamato "Boy"
117 Fuga da Royallieu 1 – Boulevard Malesherbes
125 Fuga da Royallieu 2 – La principessa
135 Fuga da Royallieu 3 – L'addio
144 Le sfide di Deauville
153 La conquista del mondo
160 L'irruzione di Misia
165 Arrivederci, Boy
171 Il profumo di Chanel
181 Julia è vendicata
187 La penombra della vecchia signora
193 La guerra di Coco 1 – Trame pericolose
213 La guerra di Coco 2 – L'eco del passato

223 *Epilogo*

Chanel

Al fascino dell'imperfezione

La chance, c'est une façon d'être.
La chance, ce n'est pas une petite personne.
La chance, c'est mon âme.

GABRIELLE CHANEL

Prologo

Il ritorno

Un tenue scarabocchio azzurro punta verso l'alto, s'avvita su se stesso e si dissolve. Spunta da una sigaretta già incenerita per metà. Su quella fibra di fumo è fermo lo sguardo di una donna sui cinquanta. Capelli raccolti, viso illuminato da un abile trucco. Sembra invasa da pensieri che vogliono diventar parole. Ma trattiene dentro, intimidita da una forza invisibile. Ha una posa precaria, seduta sul bordo d'una poltrona violacea, ogni tanto rivolge gli occhi verso la donna ancor meno giovane che ha di fronte, accomodata su un divano e con due dita della mano destra avvolte attorno alla sigaretta dimenticata. La donna meno giovane sembra non aver pensieri, ma sbotta: «Basta! Non raccontatemi il contrario di quel che avete in mente. So benissimo che ce la farò. Voi che mi girate intorno credete che ormai sia tardi. Anche tu, Manon, anche tu hai una paura che t'ammazza. Paura che tutto sia finito. Non voglio ascoltare incoraggiamenti. Non ne ho bisogno. Forse solo Pierre Wertheimer conserva almeno il sospetto d'aver fatto la cosa giusta». Manon abbandona quel filo di fumo che sta ormai morendo e riesce a fissare pietosamente la donna per un istante. «Mademoiselle» dice con un barlume di voce, «se non credessi in lei, non sarei nemmeno qui.»

È il numero 31 di Rue Cambon, primo piano. Mademoiselle Gabrielle Chanel, che il pianeta conosce come Coco, e madame Ligeour, che da anni tutti chiamano Manon, rivedono le immagini di quel giorno, il 5 febbraio 1954. Gabrielle proietta a se stessa i passi delle mannequin, il taglio degli abiti che ha disegnato e fatto sfilare, la tinta e la chiarezza delle stoffe. Ha fissi nella testa soprattutto l'incedere della bionda Yvette, modella che trova troppo languida e spavalda, e un fiocco nero di satin giunto in pedana seminascosto sotto un tailleur di jersey che si poteva acconciare meglio. Manon ha invece negli occhi la folla. Ricorda il brusio colossale, più penetrante e scomposto di tutti quelli vissuti fino al 1939. Il ritorno della immensa Coco Chanel è l'evento che intreccia le curiosità di chi abita mondi diversi. Sono lì, sulle poltrone in velluto oro di quella scintillante striscia parigina che è Rue Cambon, cittadini della moda, della cultura, dell'arte e dello spettacolo. In più, appaiono numerosi abitanti antichi e nuovi della galassia del denaro. All'esterno, in migliaia sono attratti dai bagliori di ciò che accade. Volti noti e cappellini da migliaia di franchi seducono la marea dei semplici, l'umanità ordinaria che un biglietto d'ingresso simile non l'avrà mai.

Quel giorno. Lentamente costruito sulla noia e su una feroce capacità di ottenere. La regina Coco Chanel aveva tolto la corona nel '39, quando Parigi era una enorme saracinesca che cigolando discendeva su se stessa e affondava nel buio della guerra. La regina spense le luci dell'atelier di Rue Cambon e accettò, forse per la prima volta da quando era al mondo, che il futuro scegliesse per lei. Lei che il domani se l'era sempre cucito come un abito. Le piaceva disegnare e indossare solo quel che amava e solo quel che somigliava alla libertà. Come lei. "Quindici anni possono bastare" s'era detta qualche mese prima, "e poi mi pare che le donne abbiano nuovamente bisogno di recuperare un'eleganza più comoda. Stanno perdendola ancora una volta." Ora si ritrova addosso settantuno anni. Ma assapora il risultato dell'esilio durato tre lustri. Anni in cui ha messo da parte patrimoni d'energia. «Volete seppellirmi?» spara gelida verso Manon. La fedele direttrice dei suoi negozi può solo rivolgerle un'occhiata mansueta. Poi una seconda fucilata al petto di Manon. «Se volete, mollo tutto. Di nuovo. Attenti, l'ho già fatto una volta. Io non ho paura del buio.»

L'imbarazzo

Non chiede aiuto alla giovanetta devota vestita di chiaro che le sta accanto. Né fa leva sul braccio già disteso di lei. Sebbene inginocchiarsi quando sulle gambe poggiano più di settant'anni sia un esercizio che richiede gran fatica e riesce molto lentamente. Di fronte alla vita, Gabrielle Chanel non s'è mai genuflessa. Ma ama inchinarsi al cospetto dei suoi abiti. Ha uno spillo tra le labbra, un altro tenuto tra le dita come un pennello al quale si affida l'ultimo definitivo ritocco sulla tela, quello che forse nessuno coglierà mai. È ai piedi d'una modella cui tocca una delle centotrenta creazioni con le quali Coco ha deciso di riapparire. Lavora su una gonna di seta shantung, sfidando linee e materiali riemersi nella Francia postbellica. «Ferma, per favore. Piuttosto, dimmi se lo trovi comodo.» La giovane Simone, una slanciata normanna dagli occhi castani, sussurra un intimorito: «Certo, Mademoiselle». «Non m'interessano le tue lusinghe, ragazza. Voglio sapere davvero le sensazioni che hai quando lo indossi.» «Mademoiselle, è come l'abito che scegli quando torni a casa. Quello con cui hai confidenza. L'abito che t'aspetti leggero e di cui sai di poterti fidare sempre.» Coco lascia sorridere gli occhi: «Questa l'hai letta su una rivista di alcuni giorni fa, vero? Non importa, se è veramente quel che provi ho raggiunto uno dei miei scopi». D'improvviso, ancora china sulle ginocchia, Coco abbraccia le gambe di Simone proprio lì dove la gonna quasi esaurisce la sua lunghezza. La abbraccia con energia, poi smette di stringere e vigila su quel che sta avvenendo. Non le basta osservare la linea, la fiammatura, la tinta. Vuol capire cosa accade al tessuto, percepire la piega che sceglie la trama doppia di questa seta cinese. Le interessa che conservi uno stile. Sempre. Anche quando è sgualcita.

Mancano ormai pochi minuti alla sfilata del rientro, il debutto nella seconda vita di Coco Chanel. Accanto a Manon, la direzione di ciò che avviene, e di ciascuna delle cinquanta sarte assunte per l'occasione, è affidata a Lucia Boutet, figurinista di Coco negli anni d'oro, lanciatasi poi con un atelier tutto suo in Rue Royale nel 1939, quando Mademoiselle scelse l'eclissi. «Ragazze» alza la voce Lucia «siamo tutte pronte? Ormai ci siamo.» Coco organizza la sua strana penombra. Siede su un gradino della scala che conduce al primo piano e che divide adesso i fremiti della platea dalle ansie del laboratorio in cui l'esibizione si prepara. Manon la nota: «Mademoiselle, viene con...?». «No, continuate a lavorare. Io resto qui.» Vuole osservare conservando la certezza che non la si osservi.

Socchiude un po' le palpebre mentre in passerella sfilano i primi abiti. Le occorre un istante per intuire che il silenzio diffuso e grave che li accoglie proviene da disagio, non da ammirazione. Le passa sulla pelle un brivido leggero che non sa interpretare. Non è paura. Nemmeno qualcosa che somiglia all'umiliazione. Forse è soltanto un fruscìo del tempo che è passato. È la vibrazione di quei quindici anni che reclamano un po' di riguardo, che non possono essere trascorsi come l'intervallo di una melodia, come il salto tra il suono dolce di due note. No, il suo addio lungo quindici anni è anche una frattura. Coco è oggi un universo mutato. Non deve restare in bilico tra l'amore e la libertà. Può definire se stessa senza dilemmi. Nei mesi scorsi ha contattato il suo grande amico e avversario, Pierre Wertheimer, chiedendo prima di tutto a lui di fidarsi del ritorno di Chanel. E di sostenere e spingere, anche e soprattutto col denaro, il clamore di questa riapparizione. La Coco selvaggia e geniale della gioventù giocava da sola anche negli sport di squadra. Preferiva sbagliare, piuttosto che lasciarsi soccorrere. Perdere? No, perdere non le è mai sembrato possibile. Adesso sa che Chanel è il lavoro, non solo il successo. Il pubblico pullula intanto di vecchi amici che hanno lo sguardo perso. Qualcuno vorrebbe invertire la ghiacciata atmosfera da catastrofe che pesa in sala. Altri vivono empaticamente l'imbarazzo che immaginano stia aggredendo la regina di un tempo. Oggi un pubblico gelido. E poi domani. E poi i giorni prossimi. Comincerà il massacro delle chiacchiere, dei commenti, dei giornali, delle riviste. Tutti erano lì entusiasti, due ore fa. Ora tutti sono lì a pensare che l'era di Coco doveva restare chiusa nell'involucro della sua gloria. E non riaprirsi più.

Il presagio

«E cosa ci trovi che non va?» Maggie van Zuylen tenta di riportare una calma provvisoria. Ha pure il compito tortuoso di rendere udibili le sue parole. Nella elegante stanza pavimentata con tappeti rosso-azzurri Maggie è proprio accanto alla figlia, Marie-Hélène, che ormai da qualche minuto piange singhiozzando. Alla ragazza sembra sia stato annunciato il diluvio universale e il rifiuto di Noè di farle posto sull'Arca. In realtà, il dramma che sta vivendo deve seriamente apparirle anche peggiore. Sono appena stati frantumati i suoi propositi sulla serata che aspetta da tanto. Sarà una delle debuttanti protagoniste del ballo di quella notte. Le più facoltose famiglie dell'East Coast americana sono impegnate nella dispendiosa liturgia di vestizione delle proprie fortunate rampolle, ciascuna certa di possedere il definitivo miracolo di stoffa, l'elemento magico col quale apparire senza discussioni possibili come la più osservata e apprezzata. Ma la perfida e razionale Coco alla magia non crede. Ha molta più fiducia in se stessa. È lì solo come amica, ma un'amica così celebre ed esperta che Maggie non ha saputo sottrarsi alla tentazione di utilizzarla nel ruolo di consulente. «Che ne pensi, Coco? Guardalo, non è un incanto l'abito che abbiamo comprato a Marie-Hélène?» Coco lo sbircia come chi vuol costruirsene un'idea nel giro di qualche istante. Il suo responso sarebbe già pronto. Ma preferisce indugiare e soffermarsi con uno sguardo malevolo ora sulla schiena ora sui fianchi della ragazza che, impalata come una granduchessa in un ritratto barocco, è impaziente di ascoltare che "è deliziosa, semplicemente deliziosa".

Coco Chanel ama gli *States.* S'è invaghita di quel luogo chiassoso e colorato fin dal primo viaggio. E non è bastato il piccolo naufragio dell'avventura vissuta con Hollywood e col suo più spregiudicato magnate vent'anni prima. Sam Goldwyn s'era convinto di poter rilanciare il mito del cinema d'America, e ancor più la vendita dei biglietti d'ingresso, grazie anche agli abiti che la grande Chanel avrebbe disegnato per le star della collina di Los Angeles. Lei tentennò e accettò. Occorsero pochi mesi, e ancor meno pellicole, per capire che il suo raffinato stile europeo faticava tremendamente a convivere col gigantismo sfavillante di Hollywood. Comprese che alla stessa conclusione era giunto anche mister Goldwyn, col quale il divorzio fu consensuale e piuttosto indolore. Ma l'America le era rimasta addosso. E in quelle due settimane del 1953 si ritrova ospite di Maggie, sua cara amica di New York. Casualmente impegnata a recitare da sprezzante carnefice alla vigilia del ballo più importante della figlia.

La bocca di Coco non pronuncerà nulla che somigli al miele e alle lusinghe più volte udite da Marie-Hélène in quei giorni sul conto del suo abitino nuovo. La francese si limita a sguardi minuziosi e a uno stringato: «È orribile. Davvero orribile». È il detonatore della disperazione. Il prologo d'uno spettacolo atroce: la debuttante che non sa consolarsi. Ma quella è una serata che nasconde due favole. Della prima sarà protagonista la Cenerentola americana. Coco non s'irrigidisce sul suo brutale commento. Dà un'occhiata intorno e scorge in fretta il tendaggio rosso in seta alle sue spalle. «Tranquille» dice mentre misteriosa esplora il tessuto coi polpastrelli «questo risolverà i nostri problemi.» Chiede che sia smontato dalla parete e portato giù. Si arma di attrezzi amici: forbici, ago, qualche spillo. E con quelli confeziona la fiaba. Ciò che per Marie-Hélène è già pronto è molto più che un abito. Indossa un capolavoro di gusto e d'eleganza irraggiungibili. Per giunta arricchito dalla firma della grande Chanel. Il suo ballo somiglierà davvero a quello delle fiabe. Per l'intera serata le resta attorno uno sciame entusiasta di amiche. Vogliono il nome di chi ha confezionato la meraviglia che indossa. La favola di Marie-Hélène continuerà con le successive nozze. Le toccherà per marito Guy de Rothschild, qualcosa più di un principe azzurro. Coco ha assaporato successi assoluti, ha visto spesso il mondo ai suoi piedi. Però gusta quel piccolo episodio con un sospetto slancio d'orgoglio. Sul suolo americano stanno nascendo desiderio e progetto di essere nuovamente regina. Il nomignolo che porta a spasso, Coco, non le è mai piaciuto troppo. "Ma ora nei panni di Gabrielle comincio ad annoiarmi."

La rivincita

Dalla maison di Rue Cambon si defluisce in modo frettoloso e piuttosto taciturno. Alla sfilata del rientro di Coco Chanel s'è visto troppo e troppo poco. "Voglio solo che riappaiano i miei abiti" diceva Gabrielle nei giorni che precedevano il grande evento. "Non cerco reazioni alle poche novità che vedo in giro. Voglio presentare gli abiti che da sempre ho nella testa e nel cuore. E poi queste novità di cui si parla tanto io le avevo già viste. Andavano in giro per Parigi più di trent'anni fa." I visi smarriti di chi sta lasciando le poltrone dell'atelier sono quelli di chi sta organizzando la propria interpretazione dei fatti. Lucia Boutet torna nel caos delle modelle che cautamente affidano gli indumenti indossati a centinaia di stampelle nude. «Va bene, ragazze» dice con volto serio, «se per caso avremo ancora bisogno di voi, sarete contattate.» Gira il capo e incrocia gli occhi di Coco, immobile accanto all'ingresso, con uno sguardo ampio, in grado di cogliere ciò che sta avvenendo nel mondo intero. «Oh, Mademoiselle» prosegue Lucia con un tremore che quasi le spacca la voce «dicevo a tutte che saranno contattate presto.» Coco tace, con l'aria di chi continua a tener d'occhio il mondo. Potrebbe avventarsi sulla gaffe di Lucia, sul suo scetticismo fin troppo trasparente. Ma ora le interessa altro. Le modelle saranno richiamate. E lei, soltanto lei, sembra sapere quando e perché.

Il nuovo e l'antico mai erano stati così ambigui come nelle opere dei grandi amici di Coco: Stravinskij il musicista, Cocteau il drammaturgo, Picasso il pittore. Coco non ha come loro il potere di far teoria. Dispone però di quantità mostruose di intuito pratico. E anche lei comprende che ogni grande novità, ogni colpo di genio è sempre strettamente intrecciato a un'idea già appartenuta ai nonni. Anni prima, è lei che ha spazzato via Paul Poiret e il suo stile *entravé* dal primato che Parigi gli attribuiva. Ed è lei che ha liberato le donne da corpetti e tessuti pesanti, disegnandole come mai s'era visto prima. Coco inventava ciò che da bambina vedeva indossare alle contadine di Courpière, nei campi dell'Alvernia. E rielaborava le bluse dei pescatori normanni notate su una spiaggia tanti anni prima. La rivoluzione estetica di Coco Chanel nasce così, da intuizioni che il passato, gli antenati inconsapevolmente le suggerivano.

I quotidiani dei giorni successivi sparano commenti impietosi. La collezione di Coco viene dipinta come un penoso tentativo di sottrarsi all'oblio. Un giornale titola: "Chanel sorpassata dalla Modernità". La Modernità è l'astro sorgente, l'ultimo profeta dell'eleganza. Il suo nome è Christian Dior. All'indomani del conflitto mondiale aveva aperto un suo atelier a Parigi, col quale riportava il gusto alla Belle Époque. Il suo presente ricaccia indietro il futuro che Coco Chanel aveva indicato. Ne fa merce di ieri, poltiglia scaduta. Adesso, poco meno che cinquantenne, ha l'aria di chi possiede i segreti dell'alta moda. "È più vecchio del vecchio. Più dei miei settantuno anni", pensa Coco mentre sorseggia del tè bollente nel suo appartamento dell'Hôtel Ritz. «C'è monsieur

Cocteau che chiede di lei, Mademoiselle. Prima era passato anche monsieur Déon» le sussurra Manon, la sola che la grande Chanel accetti accanto. «No, dite a tutti che sto riposando. Vengono qui per far le condoglianze alla mia carriera. Sono carini, ma in anticipo di molti anni.»

A New York, in quelle ore, nella redazione di "Vogue" si lavora duro. «Questo è il servizio d'apertura?», chiede una redattrice al suo direttore, Bettina Ballard. «Certo, voglio un articolo entusiasta. Almeno tre pagine corredate da queste foto.» Le immagini del magazine sono di una fascinosa modella con un cappellino di paglia. È Marie-Hélène Arnaud, mani svogliatamente affondate nella tasca, camicetta di lino bianca, fiocco nero sulla gonna, tailleur di jersey blu. È il tocco Chanel, non si sbaglia. La Ballard sta solo assecondando la nuova febbre che da giorni contagia l'America. Il ritorno di Coco sta accendendo una passione caldissima. Non solo "Vogue", anche "Harper's Bazaar" e altre riviste che dettano il gusto celebrano quel che è già evidente nelle vetrine delle boutique degli Stati Uniti e nelle valanghe di ordini delle clienti più informate e facoltose. L'altra parte del mondo ha deciso che c'è una regina. Ed è ancora lei. Coco può nuovamente indossare la corona. La sua corona.

I giorni di Courpière

No, questo non è il suono cattivo del vento. Lì fuori c'è come ogni notte il fruscio che passa sul velluto verde intenso del campo di *toute-bonne*. Ma è dal corridoio che si avverte una porta che cigola. O forse è solo il verso di un animale che sta giungendo dalla stalla. Il buio confonde i suoni. Gabrielle è a letto, spalanca gli occhi per combattere il nero profondo della notte di Courpière. È la mamma. Sì, è lei. Non ce la fa a respirare. Gabrielle vuole alzarsi, andare ad abbracciarla. Sa già che la vedrà seduta sul letto, devastata dall'asma, con la fatica di vivere disegnata nello sguardo. Per questo lei ha fretta e anche tanta paura di diventar grande. Ha deciso: sfiderà prima il buio del corridoio e il freddo del pavimento che morderà i suoi piedini nudi; poi affronterà l'immagine penosa della mamma. Deve starle vicino. Deve. Anche se il suo arrivo le porterà qualche lacrima sulle guance. «Gabrielle» sente dire prima di accorgersi che è giunta dove la mamma può già vederne la sagoma. Quella voce prima la spaventa, poi la rassicura. La mamma sta per dire altro, ma cede a un nuovo rantolo che sembra venirle su dall'anima. Asma, il nemico si chiama così. Gabrielle ha sentito dire che è una strana malattia, diversa dalle febbri che toccano ogni tanto anche a lei. La zia e la mamma evitano quasi sempre di chiamare il medico: «Andrà via tutto tra un paio di giorni» le dicono col tono sicuro. Lei fatica a crederci quando quel bollore feroce si insinua nel corpicino acerbo dei suoi quasi cinque anni. Pensa che quella nausea penetrante e sgradevole non la lascerà più. Invece, un paio di giorni e il mondo torna davvero frizzante come prima. E a lei viene di nuovo la voglia e la forza per correre nei prati con Julia, la sorellina di poco più grande. Il problema dev'essere nelle malattie dei grandi. Forse sono quelle che non vanno mai via.

«Come ti senti adesso?» Lo sussurra cercando una pausa in quella tosse orrenda. Tra i sussulti inesorabili che sbattono il petto alla mamma e che a lei danno i brividi. «Sta' tranquilla, tra un po' ti passa.» Lo dice senza crederci. Quella tosse ha il suono di un presagio che i suoi cinque anni non sanno interpretare. Eppure le sembra già una sequenza amara di rintocchi, sembra già che tra le pareti che il buio rende invisibili stia diffondendosi il ritmo quieto e terrificante di una sfilata funebre. Vorrebbe prima toccarla piano, poi abbracciarla. È frenata dagli spasmi della donna e da uno sguardo di ghiaccio.

Non è solo l'asma il dolore che s'è conficcato nel corpo esile della mamma. Lei ha nel cuore soprattutto l'angoscia della solitudine. Da alcuni mesi vivono tutti a Courpière, dove papà Albert li ha condotti prima di sparire nuovamente. La famiglia Chanel è ospite della casa di zio Augustin Chardon e di sua moglie Françoise. Una casetta tutto sommato decorosa nella campagna dell'Alvernia. Mamma e le due sorelline, cui poi s'aggiungeranno ancora tre cuccioli: Alphonse, Antoinette e Lucien. Tutti lasciati lì da Albert, venditore ambulante squattrinato sempre con l'aria di chi stavolta parte per concludere l'affare che sistemerà tutto. Un uomo che nel novembre del 1884 ha accettato il matrimonio con Jeanne Devolle solo perché obbligato dalla seconda gravidanza della giovane e dalle pressioni feroci della famiglia. E si trattava proprio della gravidanza da cui il 19 agosto 1883 era nata Gabrielle, quando Albert e Jeanne erano ancora fermi a Saumur, nel cuore della Loira. Nello stesso paesaggio in cui Honoré de Balzac aveva collocato Eugénie Grandet, la giovane protagonista di un suo capolavoro. Prima di questa nascita, in anticipo soltanto di circa un anno, la sciagurata erede della famiglia Devolle aveva già messo al mondo la sorella maggiore di Gabrielle, la sfortunata e dolce Julia. Le nozze degli Chanel, dunque, avvengono quando la famiglia è già composta da quattro membri effettivi.

Da tempo, lo stato di salute di Jeanne era seriamente compromesso. Un pretesto che Albert aveva abilmente usato per depositare tutti nella campagna di Courpière e dedicarsi ai suoi miserevoli viaggi e alle sue piccole avventure. Jeanne faceva sempre più fatica a seguirlo durante i mercatini itineranti nei villaggi della regione. Eppure era chiaro che a ogni inasprirsi del male i pensieri tornassero ostinatamente a lui, al suo Albert. Gabrielle vedeva il padre solo molto raramente. Di quella figura sfuggente, spesso accompagnata da un riso fragoroso, coi baffi chiari e i capelli piuttosto lunghi sulla nuca, conservava però un episodio sfumato avvenuto solo pochi anni prima, durante gli ultimi tempi in cui la famiglia ancora abitava a Issoire. La sorellina, Julia, un pomeriggio avvertì fuori il rumore del carretto che stava rientrando. Urlò felice. «Mamma, mamma, c'è papà.» Gabrielle era davvero troppo piccola per percepire e fissare tutto quel che avveniva. Stavolta la mamma era rimasta con loro, e bastava guardarla per capire che in quei giorni la sua attesa fosse più ansiosa che in altre occasioni. Gabrielle ebbe un bacio simpatico e rumoroso dal papà. Poi fu messa da parte. C'era un protagonista in casa, andava omaggiato. La piccola si addormentò di lì a poco sul pavimento, poggiando il busto su un cuscino e con le braccia che facevano da giaciglio alla testa. Julia riuscì a prendere parte all'entusiasmo di Jeanne fino all'imbrunire, dopodiché fu mandata a letto. Gabrielle restò invece abbracciata a quel cuscino e riposò ignorata fino all'apparire di un suono insistente, che delicatamente la svegliò e che lei non riconobbe. Era come un soffio, ma più intenso. Con gli occhi ancora imprigionati nel suo sonno interrotto, la bimba vide accostati alla parete della stanza mamma e papà. Vicinissimi. La mamma sembrava far qualcosa per distanziare un po' l'uomo, che invece aveva l'aria di volerla asfissiare, servendosi del proprio corpo e del muro per tenerla ferma. Con la mano sinistra pareva reggerle entrambe le braccia verso l'alto. L'altra mano era nascosta chissà dove. Il soffio era diventato incalzante, quasi un lamento. E Gabrielle continuava a non capire da chi o da cosa provenisse. Forse proprio dalla mamma, che ogni tanto chiudeva gli occhi e sussurrava dei profondi "no". La prospettiva e il diradarsi del sonno concedevano adesso alla bimba una scena via via più nitida. Ora si vedeva pure che la mano destra di papà teneva sollevato il lembo anteriore del vestito scuro di mamma e intanto tentava di insinuarsi tra le sue gambe. E negli attimi in cui sembrava poterci riuscire, la mamma evitava di guardarlo e soffiava, gemeva. D'un tratto, i tentativi della donna diventarono più energici. «Non voglio, Albert. Non sto bene. E poi so che sei andato con altre femmine. Sei uno schifoso. Uno sporco schifoso.» La frase seppe distrarre l'uomo al punto da fargli sfuggire la presa. Lui non sorrise. Anzi, trasformò il viso in una maschera terribilmente cattiva, mostrando un'espressione che Gabrielle non aveva visto mai. E da alcuni minuti sudava fino a gocciolare. Una sottile pioggia che dalla fronte cascava sugli occhi e che non si fermava. Tentò un ultimo abbraccio, disperato, ma sembrava sapere in anticipo che tutto era inutile, e che di lì a poco sarebbe stato nuovamente respinto. Così fece ricadere le braccia e rivolse il viso verso terra. Stette così, in un silenzio misterioso, solo per qualche secondo. Jeanne accettò quell'immobilità nuova che lui imponeva alla scena, ma conservava un'espressione vigile e vistosamente atterrita. Improvviso, fulmineo, Albert portò la mano destra verso il fianco opposto. Poi la catapultò brutalmente verso la guancia della moglie. Lo schiaffo fu atroce, bruciante, maligno. Jeanne sarebbe caduta se solo non si fosse trovata con la schiena così ben aderente alla parete. Gabrielle continuava a osservare, come se si fosse trovata in un sogno, in bilico tra l'inquietudine e la sensazione che presto tutto sarebbe svanito. Vide la mamma piegarsi un po' in avanti con le mani sul viso. Il soffio adesso non c'era più. C'era soltanto il suono di un piagnucolio, una nenia leggera e continua. E un uomo coi baffi chiari che d'un tratto diceva con voce neppure troppo greve: «Ma va' via, idiota. Togliti dai piedi». In realtà fu lui che scelse di girarsi e di avviarsi verso la porta. Un istante prima d'essere fuori, aggiunse: «Preparami un letto. E fammi trovare pronta qualche provvista. Tra uno o due giorni riparto». Un passo ancora e sigillò definitivamente il suo rapido monologo: «Ehi! Riparto da solo».

Fu una storia che Gabrielle tenne dentro come una piccola cicatrice dimenticata. Suo padre restò l'uomo degli arrivi inattesi e dei sorrisi esplosivi. La sola vera colpa che Gabrielle riuscisse ad attribuirgli era l'assenza, quella a cui legava le condizioni penose della madre, la sua asma e i suoi tormenti. E poi a lei tutto sommato piaceva quello strano carretto, malgrado così spesso le portasse via il padre e così raramente glielo restituisse. Le era simpatico soprattutto il cavallo che lo trainava: «Vieni» le diceva il papà avvicinandola alla grossa testa dell'animale, «lui ama le bambine che sanno accarezzarlo. Chiamalo "Escargot", è il soprannome che gli ho dato. Vedrai che non s'offende». Le era caro pure il ricordo dei giorni in cui quel carretto in marcia la sbatacchiava di qua e di là. Quando l'intera famiglia Chanel era convocata per uno dei frequenti traslochi. Si saltava sul carretto e lo si occupava tutto, gravandolo delle poche casse nelle quali erano sistemati averi e piccoli ricordi. Erano i giorni in cui si trasferiva il futuro in un luogo che Albert intanto dipingeva come una Terra Promessa, come il confine della loro imminente ricchezza. Era spavaldo e tenacissimo nei suoi tentativi di far digerire a chi gli stava accanto ognuno dei tanti progetti che gli occupavano la testa. «Vedrete, è un posto bellissimo, lì si sta proprio come dei re.» Gliel'avevano sentito dire di Bourganeuf, poi di Eygurande, poi di Issoire, poi di Courpière, poi di Brive-la-Gaillarde. In fondo, un luogo o l'altro per lui non faceva una gran differenza. Più che traslocare, Albert si limitava ad accompagnare. Fissava la famiglia, restava sul posto al massimo un giorno o due. Poi immancabilmente c'era il lavoro a richiamarlo altrove. Così lui salutava e andava. Ed era inutile, completamente inutile tentare di trattenerlo.

Sono gli occhi della mamma a frenare il suo slancio. Gabrielle è ancora lì, accanto al letto di una donna che ha soltanto venticinque anni e che pare sforzarsi di esibirne il doppio. La bambina ha voglia di sentire almeno il residuo di quel calore che a Jeanne sta ormai svanendo. Ma la mamma è una donna interamente schiava della sua ossessione per Albert, il marito fuggiasco. Al suo fianco è disposta a sacrificare anche il barlume di vita che le resta dentro. Alle due figlie che ha portato lì a Courpière non concede che le sue trepidazioni, a chi gli sta intorno sa dispensare solo apatia e gelo. «Per favore, non vi avvicinate troppo. La mamma non sta bene, e ha bisogno di star sola.» È così che Gabrielle impara a praticare il freddo obbligo della distanza. Conosce poco il contatto con la madre. Comincia davvero a credere che il ruolo di figlia, benché lei sia ancora così piccola, preveda soltanto assistenza e attesa. «Ti serve qualcosa? Vuoi che ti porti dell'acqua? Ti senti un po' meglio?» È soprattutto il suono macabro di quella tosse che Gabrielle vuol cancellare dal mondo. E per questo è disposta a vestirsi, coi suoi cinque anni, da ancella devota di una madre e moglie troppo acerba per i suoi ruoli da donna.

La piccola sente suo l'incarico di assistere le sconcertanti debolezze della signora Chanel. E mentre si sforza di somministrare un amore rifiutato, non s'accorge che sta allevando quella disarmante capacità di odiare e di azzerare le passioni che le resterà addosso. Fino alla morte. «Torna a letto, va' a dormire. Sta' pure tranquilla, per ora non ho bisogno di nulla.» Gabrielle obbedisce, anche quando sta intensamente desiderando la pelle della madre sulla sua. E silenziosa torna nel suo letto, coi piedi scalzi diventati del tutto insensibili al gelo del pavimento. Non sa che sta tentando di acciuffare nel tepore di un lenzuolo il calore che vorrebbe scambiare con la madre. Sente quell'invadente desiderio di piangere che ogni tanto le arriva in gola. E che lei ha imparato a ricacciare dentro. "Non sono felice. Sento che non lo sarò mai. Ma giuro che non trascorrerò la vita piagnucolando."

Il viaggio a Brive

«Allora, si parteeee! In carrozzaaa, si parte!» Non è la prima volta che il papà grida così. È il tono che gli occorre per tirar su un'atmosfera che rischia di appesantirsi. Lì nella campagna di Courpière si sta bene. Perché Albert Chanel ha tanta fretta di traslocare ancora? Certo, lui è geneticamente un ambulante. Ha nel corpo e nell'anima la traccia di ciò che era stato il mestiere e il destino di suo padre, Henri-Adrien, il nonno di Gabrielle. Anch'egli visse da ambulante, anch'egli inaugurò la sua vita adulta con un ruolo da padre clandestino, all'indomani di un incontro col corpo di una minorenne avuto nel borgo di Saint-Jean-de-Valériscle. La differenza è che Henri-Adrien si ricordava molto più spesso di lei, che la famiglia costrinse poi a diventare sua legittima moglie, la giovane Virginie-Angelina Fournier. La ingravidò quando lei era poco più che sedicenne, costringendola poi a una dolorosa confessione ai genitori. Al termine della sua parabola di donna fertile, avviata così presto, Angelina mise al mondo un totale di diciannove creature. Al primogenito di quella prole così numerosa, al bambino concepito tanto furtivamente, fu imposto il nome di Albert. Un neonato vivace, cui la sorte avrebbe poi assegnato un ruolo colossale: quello di papà di Gabrielle Bonheur "Coco" Chanel.

I genitori di Angelina, i rispettati coniugi Fournier, sperarono almeno che il colpevole fosse un uomo dai mezzi cospicui, sufficienti a garantire un domani decoroso alla loro adorata giovinetta. Si ritrovarono invece al cospetto di un poveraccio con l'aspetto da campagnolo sprovveduto. Uno squattrinato venuto da chissà dove che per giunta già s'arrangiava lavorando per loro. Era l'ometto che si occupava dei bachi da seta nella bigattiera sistemata proprio accanto alla loro casa. Il secolo Diciannovesimo aveva da poco passato la boa di metà percorso. E nella Francia dei dipartimenti più conservatori (e quello di Gard, nel cuore della regione della Linguadoca, lo era senza dubbio) certe consuetudini avevano diritto di precedenza su qualsiasi convenienza pratica. Non c'era proprio nulla da fare, agli antichi costumi non si poteva apportare alcun ritocco. La giovane Angelina, insudiciata ormai dal disonore per aver ceduto a uno spiantato, avrebbe sposato lo spiantato. Durante la sua vita, Albert non lo seppe mai. Ma appena nato scontava in anticipo la colpa di cui anch'egli si sarebbe macchiato alla nascita delle sue figlie, circa un quarto di secolo più tardi. Angelina lo metteva al mondo nella stanzetta di un tenebroso ospizio di Nîmes. Completamente sola. Quel giorno il suo Henri-Adrien Chanel era indaffarato in altro luogo. Lui offrirà la stessa solitudine a sua moglie nelle prime ore di vita di Julia, e poi anche di Gabrielle. Il dovere, gli affari. Pare che per gli Chanel vengano prima di tutto.

E dunque adesso si parte. Si lascia Courpière, si lasciano i prati dell'Alvernia e l'ospitalità dello zio Augustin Chardon. C'è da spostare l'esistenza duecento chilometri a ovest, perché papà Albert dice che è giunto il momento di trasferirsi a Brive-la-Gaillarde. Si va nel dipartimento di Corrèze, in pieno Limousin. Le facce non raccontano alcun entusiasmo. Né quella delle due ragazze, né quella di Jeanne. Ma su di lei c'è soprattutto il peso della malattia. Jeanne si è sobbarcata la fatica di seguire il marito per gran parte delle stagioni precedenti, quando nessun parere medico le avrebbe mai accordato nulla del genere. Poi stremata, arresa alla necessità di restare in prossimità di un letto e magari anche dei suoi piccoli, le si è disegnata addosso l'angoscia procurata dalle partenze solitarie del suo Albert, verso chissà quali avventure e verso chissà quante infedeltà. Felice, Jeanne non può davvero esserlo. Non lo è stata spesso, non lo sarà mai più. Tra l'altro, la inquieta il sospetto che quel trasloco non conduca esattamente verso le prospettive di cui monsieur Chanel parla da quando è rientrato. Racconta di un albergo comprato lì in società con un fratellastro – Hippolyte – casualmente incontrato durante uno dei numerosi spostamenti. Uno dei viaggi verso cui lo porta la frenetica attività di ambulante. A Jeanne non risulta che Albert abbia mai potuto disporre, tutta insieme, della cifra adeguata all'acquisto di un albergo, per piccolo che fosse. Forse anche per questo si riserva un gesto di elementare prudenza. Accetta di abbandonare la vita di Courpière, ma decide che sul carretto targato Chanel salgano soltanto le due figlie ormai grandicelle, Julia e Gabrielle. I tre ultimi nati – Alphonse, Antoinette e Lucien – per ora è meglio, molto meglio, che restino coi vecchi zii, in fondo anche lieti di poter ancora offrire uno scampolo rilevante d'aiuto a quella famigliola così dolce, vittima solo dell'immaturità cronica di un padre tanto scriteriato. «È questo il posticino delizioso, Albert?» Appena il carretto frena in Rue de Lestang, Jeanne intuisce quel che sta per capitarle. Mentre il carretto sobbalzava durante il viaggio, lei si sforzava di tener fermi i pensieri chiedendosi per quale motivo fosse stata chiamata in quel luogo. Al marito piace troppo sguazzare nella solitudine per scegliere serenamente di riunirsi alla famiglia, o anche solo a parte di essa, soprattutto adesso che sostiene di essere proprietario, o magari anche solo gestore, di un piccolo albergo. In ogni caso, se è vero che ha potuto metter su un'attività simile, si deve presumere che finalmente Albert Chanel possegga i mezzi per procurarsi quelli che da sempre sono gli scopi prioritari della sua vita: una robusta quantità d'alcol e una ancor più robusta quantità di donne. "Perché allora l'uomo capace di essere assente quando ciascuno dei suoi figli ha visto la luce, e di disertare tutte le altre occasioni in cui si poteva aver bisogno di lui, ci conduce ora dove staremo al suo fianco?" È qui il dilemma di Jeanne Devolle.

Un dilemma che si scioglie in fretta quando il motivo del viaggio diviene evidente, dolorosamente evidente. Accade pochi istanti dopo che Escargot, il cavallino, viene invitato a fermarsi. Nella bettola caliginosa che occupa il margine a destra di Rue de Lestang, Albert non è padrone di un bel niente. Né di quella taverna, che è sudicia fin sull'insegna esterna, può vantare alcun titolo di proprietà il suo ritrovato fratellastro, lo stravagante Hippolyte. Entrambi non sono che lavoranti, impegnati nei compiti più umili e nel tentativo di tener buona la ciurma di clienti alcolizzati che dilapida lì i propri pochi franchi. Jeanne sa anche qual è il compito a cui prestissimo verrà chiamata. Intervenire nel lavoro. Far da cameriera dall'ora di apertura a quella di chiusura. Alleviare ad Albert la fatica di sbrigare faccende che una moglie può far meglio, più in fretta e anche più convenientemente. Jeanne ha ormai riserve ridottissime di energia, ma un serbatoio illimitato di accondiscendenza. E poi non è il lavoro che la spaventa, soprattutto se – come in questa circostanza – è la condizione per ritrovarsi nuovamente accanto al suo compagno. «Jeanne, io dico che se lavoriamo duro» sussurra il marito «questo locale presto può davvero diventare nostro.» È il patetico slogan che Albert porge alla donna e dietro il quale tenta di nascondere il suo sbrigativo senso di colpa. In realtà, ha solo il bisogno urgente di mani che lavorino. E in fondo nemmeno Julia e Gabrielle possono più essere considerate due bambine, come fino a ieri si faceva in casa degli zii Chardon. Se sarà necessario, è ormai il tempo di far concretamente capire anche a loro che il lavoro, compreso quello duro, fa parte della vita.

A Brive l'esistenza diventa adulta. Gabrielle smette di vedersi circondata da prati e cavalli. Qui non c'è lo spazio gioioso della campagna, ma una cittadina nemmeno così allegra, con decine di migliaia di abitanti. Di questi, alcuni tra i più smidollati sono abitualmente accomodati a un tavolo della lercia locanda di Rue de Lestang. Julia sembra indifferente a quel che avviene. Per Gabrielle l'ultimo trasferimento somiglia invece a una severissima condanna. Brive non ha l'aria di poter guarire la mamma, che anzi è costretta a darsi da fare anche più di quel che sarebbe lecito per una donna in buona salute. Il papà sembra ignorare tutto ciò. Nessuno può sapere quali fossero i suoi orari di lavoro lì dentro, nel periodo in cui è stato solo. Adesso s'allontana spesso. «Ora che voi siete qui» dice sempre «è molto più utile che io vada a guadagnare denaro altrove.» È solo un modo per spiegare che riprenderà a frequentare mercatini più o meno distanti col suo carretto. È solo un modo per spiegare che sta nuovamente per salutare tutti e sparire ogni volta che può.

Il fratellastro è assai meno inquieto di lui. Hippolyte solo assai sporadicamente gli si affianca sul carretto e sceglie di partire. Molto più spesso decide di restare lì, in Rue de Lestang, e non certo perché trovi così appassionante il lavoro nella locanda. È uno che parla poco e che apparentemente ha qualcosa più dei quasi quarant'anni di Albert. Della sua vita precedente si sa poco o nulla. E lui non ha mai raccontato granché. Pare che la condizione di fratellastro sia dovuta a un antico incidente di percorso del vecchio Henri-Adrien. Tornato un giorno da una lunga trasferta, monsieur Chanel si fece vivo a casa con questo ragazzotto di una decina d'anni e dai capelli scuri. Spiegò che andava considerato come un trovatello a cui dare cristianamente un tetto. Aggiunse che i suoi genitori, conosciuti anni prima, erano contadini benestanti divenuti poverissimi dopo una lunga stagione di carestia. Erano stati loro a chiedergli di tenere Hippolyte con sé per un po', in maniera da evitargli la fame. Chiuse la sua fantasiosa narrazione sottolineando quanto fosse stato impossibile rifiutarsi e quanto avesse sinceramente preso a cuore la sorte di quel bambino. Il candido Henri-Adrien trascurò soprattutto un paio di questioni. Intanto anche in casa sua non è che i pasti fossero puntualissimi e abbondanti. E poi la verità era sistemata in maniera piuttosto diversa. Hippolyte era in realtà il frutto di una serata trascorsa anni prima con una ragazza conosciuta ad Aigues-Mortes. Come da copione, Henri-Adrien era stato bravo a dissolversi piuttosto in fretta. Più tardi, quando a Saint-Jean-de-Valériscle aveva preso moglie, e ufficialmente messo su la famiglia Chanel, apprese che la ragazza di Aigues-Mortes aveva partorito un bambino suo e che lo cresceva grazie ai genitori, coi quali adesso viveva. Lasciò trascorrere alcuni anni, poi un giorno si ritrovò addosso il desiderio e l'audacia per bussare alla loro porta. Li trovò piuttosto amichevoli, ormai definitivamente rassegnati all'idea che quel bambino non avesse un padre. Così, ogni volta che il suo carretto passava per quel paesino della Linguadoca Henri-Adrien si faceva vivo in quella casa. Fino al giorno in cui ebbe la notizia imprevedibile del lutto. I nonni di Hippolyte erano entrambi morti e la donna che era stata la fiamma di una notte volle affidare per un po' anche al padre l'esito di quell'ora d'amore. Non durò molto. Il bambino era legatissimo alla madre, di cui continuamente chiedeva e nel cui nome continuamente piangeva. Non bastò la possibilità di fraternizzare e di giocare con Albert e Louise, figli legittimi di Henri-Adrien, pressappoco suoi coetanei. L'ospite si trattenne in casa Chanel all'incirca quattro mesi, al termine dei quali Henri-Adrien e la mamma del bambino consensualmente decisero che, tutto sommato, era meglio risistemare il piccolo nella sua vecchia residenza di Aigues-Mortes.

Gabrielle è incuriosita da quell'uomo, i cui modi sono così distanti da quelli del padre. Parla molto raramente, emette suoni soprattutto quando diffonde quella sua tosse grassa e gorgogliante. È abbastanza evidente che gli sia toccata un'esistenza complicata. E comunque c'è la sua indole introversa a fare il resto e a completare l'immagine decisamente impenetrabile dell'uomo presentato come il fratellastro ritrovato. La sera, quando la taverna ha la gran parte dei tavoli occupati, lui lavora versando vino e portando in giro vassoi colmi di bicchieri. E in quegli istanti si ha la sensazione che nella vita non abbia mai fatto altro. Domina la situazione senza concedersi mai una sbavatura e con la capacità notevole di tenere a bada una clientela dalle maniere tutt'altro che chic. Più tardi, quando lo si rivede all'ingresso della sua piccola stanza presa in affitto in Avenue d'Alsace-Lorraine, accanto a quella che Albert ha riservato per sé e per le sue tre donne, ha l'aspetto d'un uomo di cui mai si potrebbe sospettare l'attività di cameriere. Si affida a movimenti svogliati e a un incedere sempre troppo compassato. La tentazione di Gabrielle le suggerisce di chiedergli se ha una moglie, se ha dei figli e se ha mai avuto un carretto pure lui. Nel suo identikit di maschio adulto, la ragazzina riesce a comprendere pochi altri tratti. Ma non si spinge mai così oltre. Si limita al massimo a osservarlo, anche piuttosto spesso, così da tentare una interpretazione per quei gesti che non appartengono per niente al repertorio da imbonitore che il papà esibisce incessantemente. La sagoma pigra di Hippolyte, invece, sembra accorgersi molto raramente che attorno a lui ci sono forme di vita. Fin da quelle palpebre tenute socchiuse e dal labbro sottile che pare disposto a schiudersi soltanto se c'è da mangiare o da tossire.

Sono le nove del mattino. Una nebbiolina rugiadosa rende un po' opaca l'atmosfera a Brive. Jeanne è già da più di due ore lì in Rue de Lestang, c'è da lavare il residuo consueto delle stoviglie utilizzate la sera prima. Occorreranno per quei pochi che passano di lì per la prima colazione e poi per i pasti del giorno. Gabrielle avverte che nella stanza accanto si tossisce insistentemente. Strano, quello è un suono tipicamente notturno, o che si può ascoltare a tarda sera e al mattino prestissimo. Nelle poche ore, cioè, in cui la taverna non esercita la sua prevalente attività di distributrice d'alcol. Ma può darsi che quel giorno zio Hippolyte abbia deciso di non lavorare. Forse non sta nemmeno troppo bene. «Sarà il caso di andare a chiederglielo?» Gabrielle ha fretta di darsi delle responsabilità da persona adulta. Sta sforzandosi di pensare nel modo in cui a occhio e croce penserebbe la mamma in un'occasione simile a questa. Ma non è escluso che stia solo assecondando una delle sue smanie di ragazzina. In ogni caso, ha deciso. E dopo un attimo è all'esterno della porta della stanza di Hippolyte. «Serve qualcosa, ti senti bene?» Non è una domanda che le sia estranea. Tutt'altro. È proprio la formula che frequentemente le capita di rivolgere alla madre nei momenti in cui l'asma si fa viva, quando diventa cattiva, quando la opprime e non le dà tregua. «Chi è?» Dall'interno riesce a venir fuori una vibrazione profonda, come una scheggia di respiro strappata alla tosse. «Sono Gabrielle» risponde la piccola un po' intimidita. «Chiamavo solo per chiedere se ti occorre qualcosa.» «No, niente, grazie. Sto bene.» Al silenzio che segue, Gabrielle reagisce allontanandosi leggermente dall'ingresso chiuso della stanza di Hippolyte. Ma s'accosta nuovamente, e con la guancia assapora ii freddo ruvido del legno di castagno della porta. Sta origliando, e non sa bene perché, né cosa si auguri di ascoltare. Tenta di definire i rumori che provengono da lì dentro, ma nulla è particolarmente eccitante. Una sedia spostata che stride, un oggetto forse metallico poggiato probabilmente su un ripiano. Non sente passi che s'avvicinano, dunque non può immaginare che la porta stia aprendosi lasciando la sua posa di quell'istante in balìa dei sospetti di Hippolyte. La sua è una flagranza fin troppo lampante. Ma gli undici anni di Gabrielle sono già piuttosto agili, hanno qualche strumento a loro disposizione per cercare un'uscita d'emergenza. Così la ragazzina tira fuori una insospettabile presenza di spirito, nel tentativo di restituire disinvoltura alla scena. «Tornavo a chiederti se per caso avessi bisogno di acqua calda. Ne avevo appena tolta dal fuoco una pentola piena.» Non è affatto semplice intuire se l'uomo abbia digerito o no quella insostenibile bugia. Ma adesso conta molto di più capire se e quanto sia arrabbiato. Oppure se quell'espressione negligente che gli occupa il volto può prendersi come indizio rassicurante. È davvero impossibile comprenderne lo stato d'animo, lui non manifesta nulla. Come si può capire se ha i pensieri rivolti al timore e alla rabbia di uno che s'è sentito spiato? «Allora ti serve... l'acqua calda?» replica balbettando la giovane Chanel. Hippolyte adesso mostra uno strano sorriso che riesce pure a sollevargli un po' le palpebre. «No, grazie non mi serve. E tu? Non sei andata alla locanda stamattina?» D'improvviso, è Gabrielle ad avvertire una inspiegabile paura. La voce le esce stanca, come fosse risalita da cavità profondissime. «Sono rimasta qui perché volevo studiare un po' di grammatica. Avevo un po' di compiti arretrati.» Sta costruendosi una trappola. «Compiti? Oh, bene. Posso starti vicino. Io conosco assai bene la grammatica. Se ci sarà qualcosa che non hai perfettamente capito, saprò aiutarti io a comprenderla.»

Non l'aveva mai immaginato in quel ruolo. Quando doveva misurarsi con la grammatica o con l'aritmetica, attribuiva l'autorevolezza necessaria per starle accanto solo a coloro che indossavano un abito da suora. Del resto, era avvolta in una tunica monacale ognuna delle insegnanti avute fin lì. Tutto quel che sapeva, tutto quel che era scritto sui libri l'aveva imparato da loro. E davvero a Gabrielle non pareva possibile che esistesse un pezzo di mondo estraneo agli istituti religiosi nel quale si potessero conoscere le lettere e i numeri. Bisogna dunque accettare che questo Hippolyte sia un'eccezione? «Devo ripassare gli accenti» precisa Gabrielle quasi per metterlo alla prova, quasi per provocare la sua resa imminente. Ma incredibilmente l'uomo sembra ancor più convinto dei suoi mezzi: «Gli accenti, dici? Questo vuol dire che hai già studiato le sillabe. Le hai imparate bene?». La ragazzina adesso un po' è sorpresa, un po' è intimorita. La domanda così pertinente di Hippolyte è la prova che di fronte ha indiscutibilmente un'autorità della cultura. Questo lei non l'avrebbe mai detto dell'uomo che così spesso si accompagna al padre e che veste in quella maniera tanto trasandata. «Sì, le sillabe le ho già imparate piuttosto bene. La grammatica mi piace molto.» «Perfetto. Allora vieni, Gabrielle, siediti qui. Studieremo insieme gli accenti.»

Era la totale rivoluzione di quell'oscuro personaggio, nella percezione della piccola Chanel. Riservato, solitario, fino a essere talvolta un po' musone. E adesso è improvvisamente socievole e istruito, addirittura fino al punto da aver la pazienza e la competenza per aiutarla nei compiti. «Ieri ho già cominciato quest'esercizio. Ci sono da sistemare gli accenti giusti, acuti o gravi, su alcune parole.» Lo dice mostrando un quaderno di cui va piuttosto fiera. Un quaderno ormai quasi interamente utilizzato e che le ricorda le frequenti occasioni in cui le suore sono costrette ad accettare che lei, alunna nullatenente delle scuole elementari di Issoire e di Courpière, spesso riesca ad apprendere più in fretta delle altre. «Quindi suppongo che tu abbia già capito com'è che si fa.» «Be', con quello acuto» spiega la bambina con una voce che tradisce la sua infantile vanità «è più facile. È un accento che può andare solo sulle *e*.» Hippolyte ha gli occhi che adesso paiono addolciti da un compiacimento vistoso e intenso. «E gli accenti gravi come...?» È nel mezzo della sua domanda che l'uomo smette di fissare il quaderno e rivolge lo sguardo verso il corpo di Gabrielle. Allo sguardo fa seguire anche un movimento del braccio, che si posa nei paraggi del torace della ragazza. Imprevedibilmente, Hippolyte azzera d'un tratto anche la domanda e l'argomento di cui si parlava. «Questo è un vestitino che t'ha fatto mamma?» chiede sfiorandone la stoffa, appena qualche centimetro più in basso del collo. Gabrielle è ormai rapita dalla sua autorità di figura sapiente. Fatica a cogliere quel che sta avvenendo nell'uomo. S'accorge soltanto di un lieve rossore che da alcuni attimi si è posato sulle sue guance. E poi pian piano anche della mutazione della voce. Non è quella di prima. Il tono è diventato più acuto e il volume si è abbassato fino quasi a diventare un soffio. «Piccola, ti sta bene questo vestitino. È carino, come sei carina tu.» Non è la prima volta che riceve dei complimenti. Ma è facile avvertire che questi hanno un'aria palesemente inedita, una sonorità morbosa che non ha nulla degli apprezzamenti pieni di convenevoli a cui il passato l'ha abituata. E poi quella mano, che non sta accarezzando più soltanto il tessuto dell'abitino che indossa. Ora Gabrielle può sentirne distintamente la pressione anche sulla pelle. «Se vuoi, piccola, puoi anche continuare a ripetermi gli accenti.» Che gli succede? Forse si sente male. La voce ha subito un'ennesima trasformazione. Se prima era diventata più sommessa, ora sembra che per farsi udire abbia lottato con una strozzatura. Hippolyte pronuncia le sue parole come se ciò lo sfiancasse. È costretto a buttar giù più volte la saliva che gli si ferma in gola. E ha piccole bolle di sudore che luccicano da un po' sulla sua fronte. «Dài, Gabrielle, continua con questi accenti.» Ora ha una mano che coccola vigorosamente il petto acerbo della ragazzina. E l'altra sistemata sulla parte della coscia che il vestitino lascia scoperta, poco più su del ginocchio. «E allora, gli accenti?» Gabrielle riesce solo a osservarlo e a star zitta. C'è qualcosa che non va, qualcosa di piuttosto disgustoso che sta avvenendo proprio sotto il suo abitino beige. È sgradevole anche l'ansimare di Hippolyte. Non solo per quel suono ritmato e incontrollabile che produce, ma anche per l'odore che viene fuori da quel respiro abbondante, un fetore che le sta dando la nausea. A lei non è che non esca la voce. È proprio che non saprebbe cosa dire. Ha solo la certezza che degli accenti non è più il caso di parlare. Piuttosto, vorrebbe semplicemente dire a Hippolyte che le dita, quelle che l'uomo le sta energicamente spingendo tra le gambe, le danno un po' di dolore. Ma prima si chiede se sia educato dirgli di fare più piano. Le piacerebbe che le togliesse del tutto, ma magari chiederglielo è una sfrontatezza eccessiva. E poi il problema più grosso continua a essere l'odore che proviene dall'uomo. Non più solo dalle esalazioni di quel fiatare esuberante, ma ora anche dalla pelle, che s'è fatta semifradicia ed è ricoperta da un sudore putrido. «Ti piace, piccola?» Rispondere quel che ha in mente sarebbe semplice, ma poi forse lui s'offenderebbe. Gabrielle s'illude d'aver scosso un po' la testa in modo da esprimere il suo "no". In realtà continua come paralizzata a fissare Hippolyte, mentre riflette su ciò che sarà il caso di fargli sapere. La soluzione le giunge involontaria. «Ahi!» Le dita stavano esagerando e lei avverte una fitta bruciante. Non può impedirsi di emettere quel lieve grido sospiroso. Né sa più frenare le emozioni che dolore e ripugnanza hanno ormai avviato. Sente un calore umido sulla guancia. Un po' se ne spaventa. Rompe così una immobilità che durava da molti minuti. Porta la mano sul viso e s'accorge che è una lacrima. Tenta di cancellarla riportandola su. E scopre che ha gli occhi inzuppati di pianto. Non se n'era avveduta, ma piangeva già da un po'. Il corpo stava reagendo quando la mente con ostinazione ancora rifiutava il conflitto. Rivolge gli occhi verso se stessa e vede ciò che fino a un attimo prima sottraeva alla ragione. Le mani di Hippolyte continuano a percorrerla, il suo respiro le fa temere che presto potrebbe vomitare. «Bastaaa! Basta, te ne prego.» Non sa bene chi mai abbia disposto quell'urlo, ma le salta su dirompente dallo stomaco. È l'istante della liberazione. L'uomo che le sta accanto tira via le mani dal suo corpo immaturo, ha gli occhi sgranati. Sembra stia per gridare qualcosa anch'egli, ma forse tutto gli si comprime dentro. Gabrielle continua col suo tenero pianto di bambina. Sistema un po' il vestito, che qua e là le pare sgualcito, rimette sotto il braccio il quaderno che la inorgoglisce tanto. E torna nella stanzetta di mamma e papà. Di nuovo con se stessa, scortata dalla propria solitudine. Eterna. Irrimediabile.

Il buio della mamma

Brive-la-Gaillarde non ha un bel clima. L'umido dell'autunno del Limousin sa penetrare sotto la pelle, insinuarsi spietato nei muscoli per sbriciolarli. Il freddo di certe settimane d'inverno avvampa le guance, brucia le ossa, sgretola l'anima. Albert Chanel è chissà dove, lontano col suo carretto da ormai molti giorni. Le ragazzine lo immaginano a urlare più forte di altri nel caos di un mercatino, Jeanne lo immagina impegnato a rubare la buona fede sotto il vestito d'una donna, nel migliore dei casi a vuotare una bottiglia di assenzio nei pressi di una bettola. Julia, Gabrielle e Antoinette giocano nella casa di Avenue d'Alsace-Lorraine con una palla rudimentale, che loro stesse hanno riempito di foglie secche. Gabrielle è distratta dalla tosse della madre che giunge dalla stanza confinante. Continuamente volge lo sguardo verso la parete attraverso la quale filtra il canto cattivo e rauco dei suoi rantoli. «Aspettate, ragazze, mi allontano un istante.» Quella tosse è anche sua. Non può starne lontana, non ci riesce. Julia abita un universo parallelo, un mondo dal quale non sempre può accorgersi di quel che avviene quaggiù e quasi sempre nemmeno di ciò che avviene al suo fianco. La balia è lei, Gabrielle. In fondo non è che l'avverta come una vocazione, ma sa di dover vivere quel ruolo come una necessità È soprattutto più sveglia di chi le vive accanto, quanto basta per intuire che, con quel padre e quelle sorelle, alla mamma è in grado di badare soltanto lei. «Come va, stai un po' meglio?» È la domanda con la quale si presenta tenace al cospetto di Jeanne, proprio mentre la donna è travolta da una tosse che sembra volerle buttar fuori pure lo stomaco. «Va' a giocare, Gabrielle, se ho bisogno di te ti chiamo, non preoccuparti.» La frase solita, quella che scava il solco. Le parole consuete che segnano la distanza e la rimarcano. Gabrielle ha imparato a digerirle, ma ogni volta le tocca inghiottire la fatica di accettarle. Eppure c'è qualcosa che la distrae, adesso, qualcosa che rapisce la sua attenzione e cambia d'improvviso anche il colore delle sue angosce. Attorno alla poltrona in cui la madre affonda i suoi fragorosi malanni, nel raggio almeno di un metro e mezzo, una tenue coltre rossa tinge il pavimento. È sangue, e dev'essere sangue della mamma. Si deposita lì a terra dopo aver volato nel vapore liberato dalla tosse. Se Gabrielle chiedesse direttamente cos'è, riceverebbe la risposta evasiva di sempre. Ma stavolta vuol capire. Non sa bene di che si tratti, ma intanto quel sangue è un indizio che non le piace, non le piace affatto. Piuttosto che parlare, perciò, osserva. Dovrà riferire a qualcuno, dunque meglio guardare minuziosamente ciò che è avvenuto e imprimere nella mente il maggior numero di dettagli utili. Decide di concentrarsi sul colpo di tosse successivo. Non tarderà, ne è certa. Anche perché la mamma sta provando a dirle di lasciarla sola, glielo si legge negli occhi. E quando è in questo stato, quando si aggrappa ai suoi disperati tentativi di esprimere qualcosa, fatalmente interviene la tosse a impedirglielo, a strozzarle nel collo pensieri e intenzioni. «Tor-na... a... gio-ca...» Eccolo, il rantolo. Impietoso e puntuale. Nella nuvola scaricata dalla tosse c'è un pulviscolo rossastro, si vede chiaro, come uno spruzzo di vernice nebulizzata. Gabrielle tace. Ora ha soprattutto bisogno di capire cosa davvero stia accadendo. Attende solo qualche attimo per seguire il percorso verso il basso di quella macabra materia volatile. S'accorge che il vapore fa presto a rapprendersi in piccoli grumi scarlatti, che appena si posano sul pavimento diventano schizzi lanceolati, come petali avvizziti di un papavero. Jeanne ha anche gli occhi piuttosto gonfi e sicuramente più arrossati del solito. «Pic-cola, togli tutta la lu-ce. Spe-gni anche la lam-pada e copri la fi-ne-stra.» Gabrielle estingue la fiammella che proviene dalla lampada a gas e affonda nel buio la stanza.

È il momento di correre da madame Cazotte, la donna col seno enorme che si occupa di cucinare per i clienti in Rue de Lestang, nella squallida locanda di famiglia. Lei saprà cosa fare, è la figura a cui ha sempre pensato tutte le volte in cui uno strano batticuore le ha fatto presagire l'emergenza. «Julia, Antoinette. Voi continuate a giocare, io corro verso Rue de Lestang.» Il tragitto è breve. Facendolo di corsa, si possono impiegare otto o nove minuti al massimo. Basta percorrere la strada che conduce verso l'ampio corridoio lastricato di Boulevard Jules Ferry. Da lì, ancora qualche centinaio di metri traversando Rue Lecherbonnier ed ecco Rue de Lestang. E la locanda non è nemmeno tanto in fondo. Col carretto di papà si farebbe ancora più in fretta e in modo assai divertente. Ma lui non c'è. È impegnato col lavoro nel mercato di una cittadina sconosciuta; forse è a Parigi, forse è in America. E tornerà con tanti soldi e con tanti sorrisi, con un medico per la mamma e con la sua solita contagiosa dose di felicità. Di sicuro, c'è che adesso bisogna arrangiarsi da soli. Ed è anche necessario fare presto. Con la lunga gonna di panno scuro che copre quasi interamente le calze di cotone bianco e la camicia rinforzata da una pistagna vellutata sul bavero, il freddo è un nemico pericoloso. Ma Gabrielle trascura il suo cappottino liso. È coperta dal calore della sua ansia e comincia la corsa. «Madame Cazotte! Madame Cazotte!» Sa che la donna verrà fuori dalla finestrina che occupa all'altezza del primo piano la parete screpolata della bettola. Prima si vedrà il grosso seno che invade il davanzale, poi il faccione segnato da un labirinto di capillari sottocutanei. «Ciao, ragazzina. Dimmi, hai bisogno di qualcosa?» «Signora Cazotte, mamma sta male. Io credo che stia davvero molto male. Lei deve correre.» Ha fatto bene a fidarsi. Prima che la ragazzina chiuda la sua frase, madame Cazotte già scioglie il nastro che le lega alla vita il grembiule bianco. Il grembiule che da quasi trent'anni lega la donna a quella cucina. Madame Cazotte odora di carne sventrata, di carni macellate e di carni bollite. Gabrielle se la ritrova in strada assai prima di quanto si aspettasse. «Perché dici che sta male? Che cos'ha?» La donna è atterrita. Sa quanto sia debole la salute della giovane collega Jeanne Devolle. E per questo due giorni prima le ha intimato di starsene a casa. «Tu adesso te ne stai a riposo per un po' e lasci che della cucina mi occupi io sola. Al resto penseranno Jean-Marie e Amélie. Non mi va di raccoglierti svenuta in un corridoio. Riposa e rimettiti in forze, ché il tuo lavoro qui è troppo prezioso, non possiamo permetterci di perderlo.» Non scherzava, temeva davvero che Jeanne le crollasse d'improvviso, estenuata da un male del quale nessuno s'era mai preoccupato, al quale nessun medico aveva mai dato un nome, ma la cui brutalità stava vistosamente progredendo. «Andiamo, piccola, andiamo a vedere che succede.»

Gabrielle s'accorge solo adesso di quanto sia freddo il clima. La corsa di poco prima le ha fatto leggermente sudare la pelle. E ora la breve sosta spesa ad attendere madame Cazotte le fa avvertire il brivido di quel sottile strato umido che le ghiaccia il ventre e le spalle. Preferisce non dir nulla, però. Teme che si perda tempo, che la donna decida di risalire e procurarle un soprabito, un indumento qualsiasi che difenda meglio la ragazzina da quel gelo penetrante come una lama. «Ma sei venuta così? Non hai freddo?» «Madame Cazotte, mamma sta veramente male. Continua a tossire, sempre più forte.» «Va bene, adesso sta' tranquilla, faremo in fretta. Anzi, dividiamoci. Io corro da Jeanne. Tu va' a casa del dottor Cruchon, in Avenue Thiers. Digli di venire in Avenue d'Alsace-Lorraine e pregalo di far presto. Poi aspettalo, così verrete insieme col suo calessino. A dopo.» Probabilmente nessun altro, in una situazione come quella, sarebbe riuscita a farle accettare quella soluzione. Tenersi lontana dalla mamma per almeno un quarto d'ora, forse anche mezz'ora. La cuoca aveva il tono giusto, però, il tono che sa rassicurare Gabrielle, a cui sembra che ora con madame Cazotte il caso sia sotto controllo. Sì, lei sa cosa fare. Divarica il cammino dalla donna e ricomincia la corsa, stavolta si vola a perdifiato in direzione di Avenue Thiers.

Riesce a strappare il dottor Cruchon al suo pigiama e alla lettura del suo quotidiano nel giro di venti minuti. La cinquantenne che le apre la porta, apparentemente la domestica, aveva anche tentato di dirle che «il dottore non è in casa.» Ma l'uomo chiamato a esaminare una tosse si tradisce con una tosse. Uno, due colpi al massimo. È lui. C'è. «Dottore!» gli urla la ragazzina senza poterlo vedere, mezzo metro fuori dalla porta d'ingresso. «Lei deve venire. Per favore, deve venire subito. Mia madre sta proprio male. Ha tanto sangue che le esce dalla bocca!» Cruchon ha molti anni sulle spalle e gli occhi che ormai gli consentono di vedere pochissimo, ma è un buon diavolo. «Quanto è lontana casa tua, bambina?» «È qui vicino, dottore, mamma è in Avenue d'Alsace-Lorraine.» Così, in nome della scienza, il calessino s'avvia dopo poco da un margine di Avenue Thiers sfidando l'inverno atroce di Brive-la-Gaillarde. «Mamma! Madame Cazotte! Siamo noi.» Jeanne sembra addormentata, placata da un sonno che Gabrielle nota immediatamente e che non interpreta. Madame Cazotte le è seduta accanto e dolcemente tiene la mano di Jeanne accarezzandola. Julia e la piccola Antoinette sono accanto alla porta, con la palla di foglie secche ancora tra le mani e un'espressione intimorita e sorpresa. Il dottor Cruchon posa la borsa e avvicinandosi alla poltrona chiede senza alzare mai lo sguardo: «Non s'è addormentata adesso, vero?». Come può saperlo? Qual è l'indizio che gli fornisce questa informazione? Mah, tutto dev'essere nascosto nel potere segreto della medicina. Gabrielle è ancor più rassicurata. Sa che la mamma dorme e sa che lì accanto c'è un uomo che di quel sonno conosce ogni mistero. Ora è il dottor Cruchon a chinarsi su Jeanne e a prenderle la mano. «Bisogna svegliarla, ma cerchiamo di farlo senza spaventarla.» È un messaggio rivolto a madame Cazotte. La donna riavvicina il suo seno enorme alla madre della ragazzina, che resta lì a un paio di metri, e le scuote il viso sussurrando il suo nome. Cruchon intanto fruga nel borsone e borbotta ancora qualcosa alla cuoca. Gabrielle non riesce a coglierne le parole, nemmeno con tutta l'attenzione che si sforza di puntare su quel dialogo. Può solo avvertire la disposizione che madame Cazotte le trasferisce. «Sì, va bene, dottore. Glielo dico. Gabrielle, è meglio che voi usciate da qui. Prendi anche le tue sorelline e andate di là. Più tardi vi chiameremo noi.» Gabrielle, Julia e Antoinette si allontanano dalla stanza. È una sofferenza quasi più intensa che vedere la mamma quando non sta bene. Dover aspettare fuori, sentirsi esclusi da quel che è un dramma che riguarda lei, lei per prima. Ha voglia di crescere, adesso, di crescere in fretta e conquistare il diritto di restare in quella stanza, addirittura di parlare col dottor Cruchon e chiedergli perché mai oggi nella tosse della mamma ci fosse del sangue. In fondo, il medico è lì per questo. Non certo perché è chiamato a guarire la mamma. Gabrielle nemmeno riesce a immaginare la sua mamma serena, padrona della propria salute. Lei non guarirà, non guarirà mai. La malattia le è entrata dentro da troppi anni, in un tempo remoto che Gabrielle non sa neanche ricordare; è chiaro che non ne uscirà più.

I pensieri le invadono un'attesa che non dura poi troppo. Madame Cazotte riapre la porta dopo circa quindici minuti ed esibisce un sorriso soffice che le ragazze non le avevano mai visto. «Vostra madre sta meglio. Ora però voi tutte dovrete aiutarla. Lei ha bisogno di star sola per un po' di giorni.» Per un po' di giorni? Cosa vorrà dire? E soprattutto cosa significa sola? «Madame» si fa coraggiosa Gabrielle «non possiamo nemmeno salutarla?» «So che non sarà per niente facile, piccola. Ma sarà bene che vi abituiate all'idea che a vostra madre adesso non ci si può avvicinare. Vedete, ragazze, il problema è che può diventare pericoloso. Per lei e anche per voi. Di vostro padre non avete notizie recenti, vero? Intendo dire una lettera, un messaggio qualsiasi che può avervi scritto nelle ultime settimane.» «No, signora» sussurra la ragazza, «credo di no. Mamma non mi ha detto niente.» «Va bene, lascia perdere. Adesso ascoltatemi. Qui a Brive c'è una donna che tutti chiamano Maman Liliane. Dovrà darci una mano. Io verrò spesso qui da voi. Lei sarà con voi tutte le volte in cui a me non sarà possibile. Ma state tranquille, non vi lasceremo sole. Maman Liliane abita non lontano da qui. È necessario avvertirla, dirle che in questa casa c'è bisogno della sua presenza. Per trovarla in fretta, sarà il caso di chiedere a padre Salomon. Lui è certamente in grado di indicarci dov'è che dobbiamo cercare quella donna.» Il dottor Cruchon continua a tacere con la sua aria enigmatica da antico sapiente. Ora rimette a posto gli oggetti del suo borsone e sistema le pieghe del soprabito sulle spalle. Sta preparandosi ad andar via. Gabrielle ne scruta ogni movimento come chi aspetta una sentenza, magari piccola e misteriosa, ma qualcosa che almeno somigli a un responso. «Ci vediamo entro un paio di giorni» sbotta lui stringendosi nel soprabito scuro, «arrivederci ragazze. E vi prego di fare attenzione a quel che vi ha detto Madame.»

Maman Liliane avrà cinquant'anni. Ne dimostra di più. Quando Julia, Gabrielle e Antoinette la vedono entrare in casa per la prima volta, quella sera stessa, sono stupite dalla assoluta confidenza che la donna immediatamente stabilisce col luogo. Si comporta come una padrona. Chiede solo dove può trovare delle lenzuola per rifarsi il letto e un paio di catini da usare per il trasporto dell'acqua. Poi attraversa incessante la piccola casa con passo veloce, ed è attentissima a chiudere la porta alle sue spalle tutte le volte che è nella stanza con Jeanne. Da lì proviene adesso un odore che non s'era mai sentito. Forse una medicina che il dottor Cruchon ha ordinato di prendere, o il sapone di soda che Maman Liliane usa per detergere la stanza.

Si sente tossire un po' meno, negli ultimi giorni. Ma Gabrielle si rallegra poco. Sa che madame Cazotte ha fatto spedire una lettera allo zio Marin Devolle, il fratello maggiore della mamma, chiedendogli di raggiungerle lì a Brive. E poi vede ogni tanto le bacinelle occupate da panni zuppi di sangue. Inoltre non vede la mamma da più di una settimana. E nessuno si preoccupa di dire, né a lei né alle sorelle, quando finalmente si potrà avvicinarla. Maman Liliane è brusca e piuttosto sgradevole. Ma non importa, è comunque la sola da cui ogni tanto si possono trarre scampoli di notizie. «Eh, non si può certo dire che le cose vadano bene Io ne ho visti tanti di casi come questo. Io so come vanno trattati.» Spesso prorompe in frasi che sembrano risolutive che paiono partire con lo scopo di chiarire finalmente tutto. Invece sono soltanto ombre, profili oscuri di mezze parole da cui, a pensarci bene, si ricava soltanto una pesante inquietudine e, tutto sommato, nessuna informazione. Gabrielle si costringe ad amarla. In fondo è la donna chiamata a star vicino alla mamma, la sola che ora abbia il permesso di correre nella stanza quando la tosse si fa eccessivamente cattiva. Ma detesta quella maniera cinica di muoversi e di esprimersi. Come se nessuna malattia potesse far spavento a Maman Liliane, come se potesse lei sola consentirsi di ignorare e deridere il male, e non sentirsi costretta come tutti a trattarlo come un avversario che va rispettato e combattuto. «La tubercolosi è così. Ti consuma. Ma a me non fa paura» sbotta ogni tanto «e poi per evitarsela basterebbe pensarci prima ed evitare certi peccati. Io non la temo. A me la tubercolosi non può far nulla, perché io sto sempre dalla parte di Dio.» Tubercolosi. Gabrielle è certa d'aver già sentito quella parola. Non sa bene cosa significhi, né cosa diavolo voglia dire Maman Liliane con quella catena di imprecazioni.

Non ci vuol molto a capire che oggi il dottor Cruchon ha un'espressione più preoccupata del consueto. Zio Marin non ha dato notizie, chissà dov'è e chissà se quella lettera gli è davvero mai arrivata. Nemmeno Albert Chanel si fa vivo. È assente da più di un mese, ormai. Ma l'ha fatto altre volte, non è certo una novità che scompaia per periodi tanto lunghi. Con le ragazze c'è solo il medico che sta andando via. Maman Liliane è fuori. Madame Cazotte è venuta due giorni prima per l'ultima volta. «Dottore, come sta mamma?» Gabrielle trova l'audacia di porre la domanda prendendo su di sé il ruolo di portavoce della famiglia e un po' anche approfittando dell'assenza di Maman Liliane. Ci fosse stata lei, col suo modo ingombrante di comportarsi, la ragazza avrebbe taciuto. «Per ora, piccola mia, è importante soprattutto che voi ne stiate lontane. So quanto possa apparirvi doloroso, ma per adesso dev'essere così. Quella donna ora ha soltanto bisogno di tranquillità. Tanta tanta tranquillità. Arrivederci. Tornerò domani o al massimo tra un paio di giorni.» L'ordine è chiaro. Ma non vedere la mamma è una sofferenza che ormai sorpassa quella che Gabrielle provava standole accanto durante le crisi. Perché non può vederla? Perché lei non può e perché non possono le sue sorelle? Madame Cazotte e Maman Liliane hanno il permesso di aiutare Jeanne e di entrare in quella stanza, che adesso è tenuta in un'oscurità perenne, tanto da renderla ancor più inaccessibile e angosciante. Da quel buio provengono ormai solo una sporadica tosse e panni insanguinati, annunciati dal cigolio maledetto di quella porta che per Gabrielle è da più di due settimane una frontiera proibita. La maniglia, basta un po' di pressione sulla maniglia per aprirla soltanto un po'. «Mamma, mamma.» La sua voce è un soffio che non scalfirebbe il sonno più lieve. «Mamma, come stai? Sono Gabrielle.» Il volume si fa leggermente più animato. Mentre la vista le si adatta a quel nero profondo, distingue una sagoma immobile. «Mamma, sono io.» La sagoma compie un movimento, forse in avanti. Sì, tossisce, ma non in modo disastroso, anzi pare solo schiarirsi la gola per poter rispondere qualcosa. «Gabri-elle, non do-vresti esse-re qui.» «Lo so, mamma, lo so. Ma volevo vederti. Non mi piace stare senza di te per tanti giorni. Ti prometto che vado via. Vado via subito. Ma dimmi come ti senti.» Le esplode dentro una inattesa voglia di piangere. Fatica a trattenerla, ma riesce a comprimerla decorosamente. Jeanne replica ancora con la tosse, stavolta più insistita. Non è quella abbondante dei giorni che ricorda Gabrielle. Questa è strozzata, raccolta, simile all'affanno deforme di un maratoneta stremato. «Vole-vo veder-ti anch'io, Gabri-elle. Ma non avvi-cinarti. Devi ba-dare a Julia e agli al-tri. Tu sei la più for-te, puoi farce-la. Comporta-tevi sem-pre come se io ci fos-si. E di-te a vostro pa-dre che...» Sembra dover tossire, invece inspira forte come chi mangiando sente d'improvviso la gola ostruita. A Gabrielle ricorda il singhiozzo di un bambino, a cui si accodano prima una breve scarica ruvida, poi un silenzio profondo. La ragazzina attende qualche istante, sente le guance improvvisamente calde e umide. È delusa, lei che sa sempre vincere, quando lotta contro le lacrime. D'un tratto rompe l'orrore di quella quiete: «Che vuoi che dica a nostro padre?» La mamma non risponde, non risponderà più. Gabrielle avverte d'essere ormai sola in quella stanza e nella nuova vita che per un istante il buio le proietta davanti. Sa anche che la mamma non le parlerà mai più. Ma non urla. Sceglie il silenzio che si usa al cospetto di un corpo che dorme. La mamma riposa, forse stavolta per sempre. Esce e richiude la porta evitando ogni rumore. S'accorge che sulla maniglia sta lasciando una traccia colorata. E che ha le dita della mano macchiate di rosso. Eppure sa di non essere ferita. Coi polpastrelli si ispeziona il volto e percepisce che è cosparso non di lacrime, ma da uno spruzzo di sangue infetto che l'ha colpita. È l'ultimo segno del male, uno starnuto di morte che Jeanne non ha saputo trattenere. Con lei muore quel giorno la Gabrielle bambina. Dalla tragica stanza buia di Brive-la-Gaillarde viene fuori una donna.

I segreti di Aubazine

Il cuore le trapassa il busto. Batte forte come una carica pronta a esplodere. Gabrielle è in compagnia di Antoinette, la sorellina venuta al mondo in seguito a una delle frettolose visite che Albert dedicava a Courpière. Julia come al solito preferisce stare dalle parti di suor Thérèse, che potrebbe aver bisogno d'aiuto nel piccolo giardino cinturato dai corridoi del chiostro. Sulla pelle del volto, le due ragazze sentono la carezza del tessuto degli abiti tra i quali si nascondono. La stanza del guardaroba dell'antico convento per monache di clausura di Aubazine è uno degli ambienti custoditi più gelosamente. Per questo loro due sono lì, perché la curiosità è il motore che continua a muovere la giovane esistenza di Gabrielle. È proprio la frustata che viene dalla paura a darle la sensazione che quello sia un ingrediente utile. Perché dilata le emozioni. E poi perché t'insegna a correre. Devi solo andar veloce, se vuoi sorpassare la paura. Lei è una quindicenne ancora piuttosto minuta. Con poco più di tre anni in meno, Antoinette mostra una sagoma ancor più acerba. Diversamente dalla gran parte delle coetanee che sono lì, Gabrielle all'altezza del seno e dei fianchi ha un profilo decisamente spianato. Una linea del corpo che ancora somiglia a quella di un maschietto. E di un maschietto, la piccola erede di Albert ha anche l'audacia. Da giorni, tenta di convincere Antoinette che bisogna insinuarsi nella sala del guardaroba. Lì scopriranno segreti sbirceranno nei tanti misteri di quel luogo costruito su mille divieti. Non le spiega però che uso faranno mai di quegli enigmi svelati. Ma questo importa poco. Il gioco consiste soprattutto nel dominare il tremore. E poi nello sfidare il controllo di suor Juliette. Lei non è nemmeno così perfida. Bisogna però tenere alta l'attenzione, perché è davvero astuta. Sa apparire meno implacabile di altre. Ma ha la tragica capacità di penetrare nei propositi delle ospiti dell'orfanotrofio ancor prima che queste entrino in azione. Per questo Gabrielle suggerisce di non sorridere a suor Juliette durante quelle ore e di non sforzarsi di apparire più accomodanti e remissive del solito. Meglio evitarne lo sguardo, piuttosto, meglio fingere di essere disinvolte e non rivolgerle mai alcuna occhiata durante il corteo che le porterà, due volte al giorno come da regolamento, nella sala della refezione collettiva. Fin qui, il piano pare procedere come Gabrielle l'ha progettato. E la sorella più giovane, malgrado resti abbastanza perplessa sull'opportunità di metterlo in atto (non tutto, almeno), sa tuttavia che alle disposizioni di Gabrielle conviene obbedire. Lei può diventare improvvisamente sgradevole ogni volta che le si oppone un tentativo di dissenso. In certe occasioni sceglie la pratica della persuasione sfibrante. Certamente modellata su quel che vedeva fare dal padre, quando dal carico del carretto pescava merce che gli pareva il momento di piazzare e, individuata la vittima lungo la strada, cercava di smerciare le meraviglie che valevano centesimi e dalle quali s'illudeva di trarre franchi. E allora Gabrielle parla, parla. Quasi sempre utilizzando formule vistosamente vuote. È la tecnica che deve sfinire l'ascoltatore, sommergerlo con montagne di parole. Antoinette cede assai prima che la filastrocca parta. Riesce a leggere nelle pupille di Gabrielle l'intenzione di avviare la sua aggressione logorroica. La ragazzina ammorbidisce gli occhi e dichiara con voce tenue la propria resa: «Va bene, faremo come vuoi. Però io non voglio essere punita, non voglio». Altre volte, imprevedibilmente, Gabrielle sceglie invece un robustissimo silenzio. Tace e gonfia gli istanti di Antoinette di un orribile panico. «E dài, perché non mi rispondi? Di' almeno qualcosa.» Non dice nulla, invece. Piazza solo sguardi nei quali può restare nascosto qualsiasi tipo di messaggio. Le piace creare quei vuoti. Le ricordano il fascino funesto dei silenzi con i quali la madre rispondeva alle sue domande. Istanti che poi riusciva a rompere solo con la raffica orribile delle sue tossi.

«Che ne pensi? Ne indossiamo uno o lo portiamo via con noi?» Antoinette non crede a quel che sta ascoltando. «Portar via uno di questi abiti? Ma sei matta? Ci scopriranno subito.» Vagano tra vesti monacali quasi tutte di colore nero. Le ragazze non sanno che quel nero appartiene a un'antica simbologia di povertà e penitenza. A loro le religiose cui sono affidate non appaiono affatto povere e penitenti. Suor Sophie, anzi, ha un'aria decisamente altera. Le orfane e le educande costrette ad assaporare le sue punizioni raccontano sempre molto poco. Ma si capisce che in sua presenza non devono aver trascorso attimi allegri. È questo che fa fremere il cuore di Gabrielle. «Rubiamone uno, così poi lo indossiamo con calma stanotte, quando le luci saranno spente. Lo mostreremo anche alle altre ragazze. Sarà divertente.» Trema un po', mentre espone il suo sciagurato programma. Ma le piace apparire al di sopra di tutto, più alta dei piccoli timori delle altre. «Guarda, questo come mi sta?» Sulla parte bassa della nuca distende intanto uno scapolare ruvido di colore fulvo. «Questo dev'essere di padre Mathieu. È carino, no? Mi dona? Diciamo la verità, è tanto carino anche lui.» Antoinette è paralizzata. La spregiudicata eroina che ha di fronte un po' la seduce e un po' la terrorizza. «Adesso però cerchiamo di andare via, Gabrielle. Tra pochissimo verranno nella camerata a contarci.» Il corridoio su cui dà la stanza del guardaroba sembra deserto. Le ragazze trattengono il respiro, hanno deciso che è il momento giusto per affrontarlo. Un passo per raggiungere la soglia, poi un altro per mettere il piede verso l'esterno. Ci sarà da richiudere la porta. «Fa niente» bisbiglia Antoinette, «accostiamola soltanto, altrimenti farà rumore.» Claudette non era prevista. Lei è un'orfana anziana. Ha quasi diciotto anni e gode di una libertà più ampia rispetto a quasi tutte le altre ospiti della Congregazione Sacré-Cœur-de-Marie di Aubazine. A un granello di solidarietà nemmeno pensano. Lì dentro la solidarietà è merce immorale. Le suore sono bravissime a generare forme di controllo reciproco. Chi tace pecca di fronte a Dio. Dunque, non c'è scampo. Parlare, rivelare quel che degli altri si sa, e magari a volte solo si immagina, è soprattutto un encomiabile dono offerto al Signore. Claudette è sorpresa. Due orfane come loro non possono per alcun motivo trovarsi qui, sole, all'ora della preghiera privata, poco prima del pasto delle dodici. Tace per darsi il tempo di interrogare il senso di quel che sta osservando. «Che fate qui?» Con le mani regge alcune margheritine appena colte in giardino su ordine di suor Isabelle. Offre un'occhiata alle tinte morbide di quei fiori e replica: «Mi avete sentito? Che ci fate qui?». L'esitazione di Gabrielle, cui rivolge gli occhi, la veicola verso la verità. «Perché non siete nella camerata con le altre?» insiste. «Avevo perso un fermaglio per i capelli, Claudette. E credo di averlo perso proprio da queste parti.» La ragazza spera che colmare di parole quel dialogo possa diluire le conseguenze. Perciò prosegue: «Ci aiuti a cercarlo? È un semplice fermaglio nero che...». S'interrompe perché ormai è diventato inutile andare avanti. Lì, ad ascoltarla, non c'è più nessuno. Claudette è già incamminata verso il proprio sacro e impietoso dovere. Le ragazzine riescono soltanto a guardarsi mentre l'orfana anziana è già sul finire di quel lungo corridoio. Pronta a svoltare verso la loro rovina.

«Le figlie del Signore Gabrielle e Antoinette Chanel devono seguirmi.» Suor Juliette entra nella camerata e non rivolge attenzione a null'altro che alla frase che sta pronunciando. Generalmente quando insinua lì dentro i suoi piedi minuscoli, ben stretti nelle scarpette che producono il prezioso ticchettio che ne annuncia l'arrivo, suor Juliette si guarda intorno, indaga, cerca il peccato in ognuna delle pieghe in cui può annidarsi, sbircia tra i piccoli segreti delle orfane affidate al convento di Aubazine. Stavolta ha una missione. Nemmeno troppo inedita, perché le convocazioni singole, quelle che devono necessariamente risolversi davanti a una commissione presieduta dalla superiora, non sono eventi così rari. Assai più sporadico, invece, è che le due Chanel sentano pronunciare i propri nomi di battesimo anche quando non è previsto l'appello per l'intera camerata. Sono protagoniste uniche stavolta, osservate con un brivido da quella docile platea di minorenni abbandonate. Le imputate Chanel si sistemano un po' gli abiti con i palmi delle mani e avvertono addosso un palpito intenso. Quel proscenio non è così attraente. Non ora che ha tutta l'aria di essere l'anticamera della loro catastrofe.

Monique è rapita come le altre dalla sfilata mesta di Gabrielle e Antoinette. È la sola che avrà la forza eversiva di diffondere un tiepido sorriso sulle labbra. Un sorriso lievissimo che vorrebbe accompagnare le sue due compagne, ma piuttosto complicato da percepire. Gabrielle passando ne intuisce il senso e socchiude prudentemente le palpebre per manifestare la propria quota di riconoscenza. Non è che un istante, un timido atto d'amore costruito su una voglia di tenerezza che niente può sopprimere. Nemmeno l'asfissia quotidianamente imposta dalle regole e dalle convenzioni che vigono tra le pareti bianche della Congregazione Sacré-Cœur-de-Marie.

«Madre...» «Sta' zitta, demonio.» La superiora è indignata. La ragazza ha ormai la colpa tatuata addosso. Per giunta ha aperto bocca prima che qualcuno le abbia dato il permesso di farlo. E tra l'altro si consente questa inaccettabile libertà quando la sua colpa è pressoché conclamata, già fin troppo evidente. Il racconto di Claudette non lascia aperto alcun dilemma, fa luce su una circostanza di lampante e grave disobbedienza. Le due giovani peccatrici devono essere state spinte dai consigli di Satana durante quella gita ribelle nei corridoi del convento. «Sole! Vi rendete conto di quel che è successo? Siete state in giro da sole e non sappiamo nemmeno bene per quanto tempo. Dovevate sapere perfettamente che questo è gravissimo e che a quelle come voi ciò non è consentito mai. Potreste aver commesso le trasgressioni più orribili, durante la vostra solitudine. Potreste aver ceduto ai peccati più indecenti. Sono costretta a punirvi. Non solo per evitare che ciò si ripeta, ma soprattutto per ripulirvi, per cancellare queste gravi cadute dell'anima. Dopo quella fuga, è chiaro che ne avete un bisogno urgente. E adesso andate. Siete affidate alle cure di suor Juliette. Per il momento con voi ho finito.»

C'è una sala a cui sono destinate. A loro due non era mai toccata prima d'ora. L'hanno subita altre orrende peccatrici che le hanno precedute, orfanelle chiamate poi a mostrare gratitudine per quella dolorosa missione di salvezza imposta alla loro anima. Una sala, si racconta, che una robusta porta di legno scuro divide dal camminamento del piano inferiore. Storie che vagabondano tra le ospiti del convento. Storie che si arricchiscono di dettagli via via più agghiaccianti. E pare che per Gabrielle e Antoinette la porta debba aprirsi durante quella stessa serata. Dal pasto che chiude la giornata del convento si rientra alle 7. Suor Juliette in realtà si fa viva in camerata solo due minuti più tardi. «Le figlie del Signore...» La formula la conoscono. E il loro nome ormai risuona come quello di temuti criminali. «Venite con me!» sbotta severa la religiosa dal volto moderatamente umano. Strano, non si scende verso i sotterranei. Si procede per un corridoio e poi per un altro più lungo, fino a giungere accanto a una porticina di dimensioni assai più ridotte rispetto alle altre. Suor Juliette tira fuori dalla tasca un mazzo cui sono aggrappate almeno dieci chiavi. Sceglie immediatamente quella giusta e apre. «Entrate!» Dentro c'è una sedia accanto a un tavolo su cui disordinatamente sono posti alcuni ferri per lavorare la lana. Più distante dal tavolo, una sedia a dondolo occupata da due gomitoli di lana soffice. «Dunque, spiegatemi cosa avete fatto.» «Madre...» sussurra Gabrielle, che ancora una volta viene interrotta.

«Non fiatare fino a quando non te ne avrò dato il permesso. Vi aspetta una punizione. Ma prima devo capire davvero perché eravate lì. Avanti, dimmi. Adesso hai il permesso di parlare.» «Madre, avevo perso un fermaglio e lo stavamo cercando. Sono stata io a chiedere ad Antoinette di aiutarmi. Non ci siamo accorte che intanto le altre si erano allontanate da noi. E così siamo rimaste sole.» Antoinette resta paralizzata, spaventata da ciò a cui assiste. Atterrita certamente più dalla forza sfacciata che hanno le menzogne della sorella maggiore che non dal timore della punizione che tra pochissimo potrebbe esserle inflitta. «Non ci credo» replica gelida suor Juliette. «È stata anche trovata aperta la porta della stanza del guardaroba. Voi eravate lì semplicemente per rubare. O forse peggio. Ed è questa la colpa per la quale potreste meritare una punizione durissima.» Gabrielle reagisce solo osservandola. Ha come la sensazione che questa punizione attesa non arriverà mai e che nel peggiore dei casi sarà assai diversa da quel che ha sentito pavidamente sussurrare tra i segreti della camerata. «In questi casi si assapora il frustino. Poi si è obbligati per un mese o più a porzioni doppie di lavoro e preghiere.» Perché parla della pena? Perché? Dovrebbe applicarla, invece. Anzi, avrebbe già dovuto. Dovrebbe limitarsi ad attribuire il castigo. Non ha alcun dovere di aggiungere altre spiegazioni. Sembra quasi che stia prendendo tempo, sembra che qualcosa la trattenga. Perché fa così? Cos'è che vuole veramente questa strana suor Juliette che hanno di fronte?

Sarà impossibile capirlo e ancor più complicato saperlo. Eppure Gabrielle otterrà una tardiva verità. Diciotto anni dopo. Negli anni difficili di Deauville, quando avrà uno dei suoi primi grandi negozi, in cui venderà abiti che indignano e seducono le tante donne spinte dalla guerra nel cuore di quella dolcissima stazione balneare. «Buongiorno, lei è mademoiselle Chanel?» Nell'atelier entra una donna di quasi cinquant'anni. Ha la carnagione piuttosto chiara e le mani leggermente tremanti. Non ha il portamento e l'aspetto delle clienti che normalmente si fanno vive in quei giorni all'interno della nuova boutique Chanel. Quelle sono signore facoltose i cui mariti, adesso esiliati al fronte con addosso una divisa da ufficiale a comandare guarnigioni, hanno lasciato loro la custodia di corposi patrimoni. Così da sottrarli ai saccheggi furenti coi quali i tedeschi stanno spogliando Parigi. «No, signora. Io sono Adrienne. Di che cosa ha bisogno, di un abito?» «Oh, no» è la risposta che la donna condisce con un sorriso schivo. «Mi scusi, ma volevo proprio parlare con mademoiselle Chanel.» Di nessuna Gabrielle si fida come di Adrienne, e sarà così per sempre, per l'intera vita di entrambe. Adrienne è la più giovane sorella di suo padre. Venuta al mondo alcuni mesi dopo il parto spericolato di Jeanne Devolle, dal quale nasceva Gabrielle. Dunque una zia, ma una zia un po' più giovane di Gabrielle. «Va bene, ma dovrà avere la pazienza di aspettarla. È uscita e ha detto che tornerà... Ah, eccola. È già qui.» Gabrielle s'era allontanata sfidando una pioggia piuttosto vigorosa. Appena entrata, posa gli occhi sulla visitatrice e intanto ripone l'ombrello fradicio accanto alla porta. «Ciao, Adrienne, mi cercavate?» «Pare di sì, Coco. C'è una signora che dice di volerti parlare.» La misteriosa donna assiste silenziosa al dialogo. «Posso fare qualcosa per lei, Madame...?» «Pardieu» si affretta a rispondere. «Mi chiamo Joséphine Pardieu. Il mio nome non le dirà molto, perché lei in realtà non mi ha mai conosciuta. Io sono qui perché lei ha conosciuto invece mia sorella, ma sono certa che non può aver mai appreso il suo cognome.» Gabrielle la osservava adesso con una curiosità divenuta evidente: «Sua sorella? Mi scusi, ma davvero non capisco». La donna sposta il velo che le scende dal cappellino e mostra gli occhi più chiaramente. Sono occhi che Gabrielle riconosce, che è certa di aver conosciuto in un passato distante, ma che adesso è incapace di attribuire a un volto. «Mia sorella, mademoiselle Chanel, era suor Juliette del convento Sacré-Cœur di Aubazine.» Gabrielle sente lo stomaco vibrare e avverte il diffondersi di un rossore intenso che probabilmente sta colorandole il volto. «Il suo vero nome era in realtà Simone.

Simone Pardieu, appunto.» «La ricordo» esclama Gabrielle tentando di comprimere il fuoco che sente bruciare dentro, «certo che la ricordo. Dov'è adesso? Sempre lì a Aubazine? E sta bene?» Joséphine Pardieu sceglie il silenzio per alcuni secondi. Poi riprende: «È morta, signora Chanel. È successo cinque giorni fa. E per lei dev'essere stata una liberazione. Da tanto soffriva di una malattia che negli ultimi due anni la teneva bloccata su una sedia. Anche la sua lucidità col passare del tempo l'aveva abbandonata. Giorno dopo giorno. Da un po', Simone aveva cominciato a parlarmi di una storia che riguarda lei e le sue sorelle. Ecco, sono qui adesso proprio a causa di quella storia». «Una storia che riguarda me e le mie sorelle?» le fa eco Gabrielle per darsi il tempo di respirare. «Già, Mademoiselle. Una faccenda che risale ai giorni in cui eravate tutte a Aubazine.»

Gabrielle ha la tentazione di scappare. Impugnare l'ombrello che ancora gocciola accanto all'ingresso e riconsegnarsi alla meravigliosa pioggia che cancella la polvere delle strade e i pensieri sulla guerra. Quello è il primo e il più intenso dei suoi propositi. Un attimo dopo giudica più comodo liberarsi di quella scena imprevista con un "grazie di tutto, Madame, ma adesso ho molto da fare e per giunta non ho alcuna voglia di ascoltarla". Si ferma a pensare, invece, e pensa il tempo che basta per non far più nulla. Alla signora Pardieu, perciò, è fatalmente lasciato lo spazio per iniziare: «Voglio immediatamente chiarire» spiega «che io so pochissimo della vita in convento di mia sorella Simone. Ma ricordo benissimo quel che accadde prima. Lei era più giovane di me di due anni. Un giorno, lei non era ancora diciottenne, tornò a casa raccontando di non sentirsi bene. Mia madre non le diede troppo peso, ma poi s'accorse che vomitava dopo aver mangiato qualsiasi tipo di cibo. Non le fu necessario troppo tempo per capire che quella che sembrava una malattia era in realtà una gravidanza alle prime settimane. Fu inutile, completamente inutile, indagare sull'identità del responsabile. Simone disse piangendo che sarebbe stata disposta a morire per l'uomo e per il bambino che voleva a ogni costo. Riuscimmo a tenere mio padre all'oscuro della faccenda per alcune settimane. Lui era Philippe Pardieu, organista nell'antica abbazia benedettina di Sarlat, località nella quale io e Simone siamo nate».

Adrienne guarda Gabrielle assai più di quanto riesca a tenere lo sguardo su madame Pardieu. Gabrielle tormenta con le mani le falde di un cappellino scuro che tiene sulle ginocchia. Si sente piuttosto impaziente. Ma di nuovo comprime tutto: «Madame, non stia in piedi, la prego. Segga qui». Joséphine subito si accosta alla sedia che le è stata indicata e riannoda il suo filo: «Bene, dicevo che a mio padre nascondemmo quel che di così sconveniente era successo. Ma era chiaro che dovevamo comunque, prima o poi, risalire all'uomo che aveva creato il caso. Simone fu ostinata per alcuni giorni, poi si decise a dire quel che non poteva tenere dentro ancora a lungo. Parlò di un uomo affascinante, di buona famiglia e anche piuttosto benestante. Un uomo che pare fosse costretto, ma solo provvisoriamente, a vivere facendo il venditore ambulante». Qui Gabrielle emette un sospiro rumoroso, tirando su energicamente il fiato. Fino a quell'istante aveva faticato a capire il perché di quella visita e di quel racconto. Adesso, d'improvviso, un primo legame tra quella storia e la sua vita comincia a sentirlo. E naturalmente sospetta che quel legame stia proprio nel venditore ambulante. «Mademoiselle» riprende Joséphine, «scoprimmo presto che quell'uomo si chiamava Albert. E dopo un po' mia madre scoprì pure che forse il mestiere di ambulante non lo faceva poi così provvisoriamente. Ma tutto ciò adesso non conta granché.» Quest'ultima frase apre una frattura nella logica di Gabrielle. Che l'ambulante fosse proprio monsieur Chanel l'aveva intuito già prima che la donna ne pronunciasse il nome di battesimo, Albert. Ma perché mai quel racconto su un passato così distante sta srotolandosi proprio all'interno del suo atelier? E soprattutto, perché mai quella donna, presumibilmente giunta dopo un viaggio per nulla agevole, visti i tempi, avrebbe deciso di intraprendere la caccia a una sconosciuta mademoiselle Chanel? La verità è che lei, magari con l'approvazione della sua famiglia, proprio all'indomani della morte di suor Juliette deve essersi convinta che si possa recuperare un po' di denaro a risarcimento di quella vecchia colpa. "Ma sì" comincia a dire a se stessa. "La farò ripartire dopo averle dato qualche centinaio di franchi. In fondo adesso posso permettermeli. La guerra deve aver ridotto alla fame questi Pardieu, al punto da spingere la loro anziana figlia a un viaggio così umiliante."

Ma c'è una frase, c'è quell'ultima frase: «Tutto ciò adesso non conta granché», è così che ha detto la donna. Ed è una frase che sposta davvero troppi pezzi nel mosaico della ricostruzione di Gabrielle. "Se veramente questo adesso non conta più" rimugina "allora cos'altro è venuta a dirmi? Cos'è che conta?" Di sicuro, vuole dire che per il momento il racconto non è concluso. E che il senso autentico di quella storia si annida nel seguito. In ciò che lì dentro, in quel salottino decorato dalla presenza di decine di abiti deliziosi, madame Pardieu non ha ancora narrato. «Gabrielle, posso chiamarla così?» dice aggrappandosi a un'espressione amichevole fin lì insospettata. «Ma certo, ne sarò lieta» risponde colei che, ormai da alcuni anni, si sente chiamare semplicemente Coco da ognuno di quelli che le sono accanto. «Mi accorgo che sto rubandovi del tempo, me ne dispiace. Concludo subito quel che mi resta da dirvi. E premetto che sono qui a ripercorrere questa vecchia faccenda solo perché mia sorella mi chiese di farlo. Una prima volta quando ancora riusciva a parlare e a intendere. Io so che più recentemente mi ha chiesto una seconda volta di venirla a cercare. Ha potuto farlo soltanto con gli occhi, nell'istante in cui deve aver avvertito che la morte stava ormai prendendola.»

Adrienne è oppressa dal peso delle parole di Joséphine. E coi pensieri s'è messa a caccia di un pretesto per sgranchire i muscoli che le si sono contratti a causa della tensione. «Preparo del tè, signore?» Nessuna delle due bada alla domanda che è stata rivolta con tanta cortesia. Gabrielle fissa profondamente la donna. Joséphine pare adesso divenuta d'improvviso impaziente di chiudere la sua apparizione. E lasciarsi nuovamente inghiottire da quella ferita del passato che lei stessa è venuta a riaprire. «Ciò che mia sorella voleva che voi sapeste, Gabrielle, è che la suor Juliette che avete conosciuto è colei a cui in realtà vostro padre si è rivolto perché il convento vi accettasse come ospiti. Quando vi accompagnò a Aubazine e vi lasciò alle suore del Sacré-Cœur, Albert Chanel sapeva che lì avrebbe trovato quella Simone che aveva conosciuto. E che solo grazie a lei poteva sperare che le figlie Gabrielle, Julia e Antoinette fossero ospitate pur in assenza di ogni forma di pagamento. Lei ebbe sempre la tentazione di rivelarvi quel che le era accaduto con vostro padre alcuni anni prima. Una tentazione alla quale suor Juliette seppe resistere e a cui invece ha ceduto Simone, la donna degli anni della malattia.» Gabrielle risente sulla pelle il fruscio degli abiti monacali sfiorati nella sala del guardaroba. Rivede il volto esitante di suor Juliette nella stanzetta spoglia in cui s'era rifugiata con lei e con Antoinette, fingendo di rimproverarle e di assecondare il castigo già disposto dalla superiora. In realtà, con l'intento di risparmiar loro il frustino e tutto quel che sarebbe seguito. «Mademoiselle, suor Juliette imparò ad amarvi fin dal giorno in cui vi ebbe a Aubazine. Ma non poté mai confessarvelo. Anzi, perché non trapelasse nulla di ciò che riteneva una debolezza, si sforzava di apparire con voi forse anche più severa che con le altre. E c'è un motivo se nutrì tanto amore nei vostri confronti. Un motivo legato alla fine della breve storia della sua gravidanza e alla decisione di rinchiudersi nella clausura del convento di Aubazine. Simone confessò un giorno ad Albert che sua madre e probabilmente anche suo padre avevano saputo che il padre era lui. Gli fece intendere forse che erano ansiosi di conoscerlo. Ciò bastò perché lui divenisse pazzo di rabbia. Urlò a Simone che era solo una povera matta, una donnaccia alla ricerca del primo sciocco disposto a coprire le sue colpe. Le gridò sulla faccia che era certamente falsa anche la gravidanza di cui parlava. Una vigliacca invenzione di cui si stavano servendo lei e la sua famiglia. La schiaffeggiò, poi la colpì sul ventre, sicuramente più di una volta. Quando Simone cadde a terra, lui non fece altro che guardarla per un istante. Poi se ne allontanò. Per moltissimo tempo, al mercato settimanale di Sarlat il carretto di Albert Chanel non fu più visto. Mia sorella riuscì a rimettersi in piedi solo dopo più di un mese. Sul corpo conservava ancora qualche livido. Ma nell'anima le si era impressa una piaga che non si rimarginò più. Di se stessa seppe presto che non sarebbe stata madre. E che quasi certamente era destinata a non esserlo mai più. I suoi bambini, Gabrielle, siete state voi. Da quando ha capito che non le restava tanto da vivere, credo che abbia veramente desiderato solo questo. Voleva farvi sapere che vi ha amato. Voleva finalmente rivelarvi ciò che aveva scoperto a Aubazine e che a voi doveva per forza nascondere. Al posto di quel bambino, quel bambino che vostro padre le ammazzò, lei non volle mai partorire l'odio.»

Gli anni torbidi al Notre-Dame

È martedì, c'è da spolverare e lavare il grande crocifisso del Seicento, quello che occupa la navata di sinistra della cappella del convento. Oggi tocca a Julia. Gabrielle l'ha già fatto venerdì, e suor Marie tiene particolarmente al rispetto dei turni. In fondo, la religiosa ha i suoi buoni motivi per controllare che tutto si svolga come il diario di casa prevede. In passato più volte ha scoperto manovre di ordinaria sopraffazione che alcune educande esercitavano su altre. In luoghi come il convento Notre-Dame, a Moulins, c'è infatti il rischio che le più astute – perché dotate di un temperamento dominante o perché appartenenti a ricche famiglie – scarichino, appena possono, la gran parte dei propri obblighi di lavoro su ragazze più arrendevoli o economicamente meno fortunate. Sia chiaro, qui dentro l'ordine sociale esiste e va rigorosamente rispettato e fatto rispettare, ma soltanto le canonichesse hanno l'autorità per stabilire su quali pilastri questo ordine vada fissato. Gabrielle e Julia sono tra coloro a cui il crocifisso grande tocca almeno tre volte al mese. C'è chi è tenuto a spolverarlo e lavarlo anche solo poche volte all'anno. Ma le due giovani Chanel, proprio come avveniva alla Congregazione Sacré-Cœur-de-Marie di Aubazine, non pagano alcuna retta in cambio del loro soggiorno, a causa dell'accertata indigenza della parentela. Nulla di strano per nessuno, quindi, che debbano meritare il pasto e l'alloggio con una sostanziosa quota di lavoro in più rispetto a chi tira fuori quattrini per star lì. Pulire il crocifisso grande è un lavoraccio. Intanto c'è da prendere l'alta scala di legno e almeno due secchi nello stanzone degli attrezzi, dall'altra parte del chiostro, oltre il colonnato della sala capitolare. Una volta caricato tutto l'occorrente, la fase preparatoria è tutt'altro che esaurita. Bisogna introdursi nella chiesa rispettandone pienamente il silenzio, esattamente come nelle occasioni in cui si entra esclusivamente per adempiere ai doveri della preghiera. Del resto, va tenuta in conto la presenza di almeno un paio di sorelle raccolte nei propri sacri bisbigli, presenza che è praticamente ininterrotta. Conviene posare accanto all'autorità del crocifisso la pesante scala in legno e riprendere con sé i due secchi vuoti, così da poterli finalmente riempire d'acqua. Si deve perciò tornare nel giardino del chiostro, dove si trova la grossa cisterna interrata in cui è raccolta l'acqua piovana che scivola giù dalle grondaie. Infine, resta da posare un secchio accanto alla scala e cominciare la salita con l'altro, che l'acqua e l'obbligo del silenzio rendono pesante come l'ancora d'un grosso peschereccio. Gabrielle ha dovuto imparare quanta fatica si risparmi collocando la scala nel punto più favorevole rispetto alla immensa icona sanguinante scolpita nel legno. Altrimenti si è costretti a correggerne continuamente la posizione e dissipare un'ulteriore quota delle poche energie residue, tutte indispensabili per portare a termine quel lavoro così gravoso.

Gabrielle stamattina si sente pronta ad aiutare la sorella. Julia è la primogenita di Albert Chanel e Jeanne Devolle, Gabrielle viene al mondo solo tredici mesi più tardi, anch'ella in anticipo sul matrimonio dei genitori. In seguito, tuttavia, la maggiore delle due, colei che terrà in pugno la responsabilità di entrambe, sarà comunque lei, Gabrielle, incessantemente vigile su ogni comportamento della sorella, cui la natura ha concesso una mente piuttosto assopita, riflessi irrimediabilmente torpidi e una intelligenza che spesso fatica a mostrarsi. Julia è stranamente ancora nella sua branda, eppure sembra che non stia dormendo. Anzi, pare che ci sia qualcosa che le provochi una profonda sofferenza. Ha la fronte sudata e probabilmente alcuni orribili spasmi dolorosi, perché continua a contrarre la parte inferiore del busto. «Dio mio, e la croce?» Non sarà facile convincere suoı Marie che può tranquillamente pensarci lei – di certo non le peserà – e che è meglio se per oggi Julia se ne resta nel suo letto a riposare. Pensieri che riescono a vivere solo pochi istanti. Il vistoso supplizio di Julia deflagra in un urlo che forse la ragazza tenta di soffocare, ma che esplode fragoroso. È proprio suor Marie che si fa viva per prima nella camerata. Si dirige rapida verso Julia, ma non dice nulla. Si rifugia anzi in un silenzio controllato, come solo una suora sa fare. E presta un primo soccorso alla più grande delle Chanel. Le tocca la fronte, le prende la mano tra le sue. Suor Marie non ha un'espressione incoraggiante, ma forse è solo il bisogno di restar seria. «Brigitte» dice rivolgendosi dopo alcuni istanti a una delle ospiti dello stanzone, «va' da suor Angela, la trovi nel refettorio, e dille che deve far venire al più presto il medico » Gabrielle riesce a conservare una sua discreta dose di tranquillità. Lei è sempre stata così, capace di vivere con freddezza anche le situazioni più allarmanti. «Crede che stia molto male, suor Marie?» Lo chiede quasi per rendere visibile il suo interesse, per evitare che il suo comportamento impassibile sia interpretato nel modo sbagliato. A Julia Gabrielle tiene più che a se stessa. Ma è un affetto che amministra a modo suo, senza mai renderlo troppo appariscente. La promessa fatta alla mamma è distante ormai sette anni, ma lei non l'ha mai dimenticata: "Gabrielle, piccola mia, tieni d'occhio Julia. Lei ha bisogno di te, non lasciarla mai. Giurami che non lo farai". La bambina giurò e la forza di quel patto per lei resta sacra. Anche adesso che Julia è ormai una ventenne.

Il dottor Detienne giunge da lì a mezz'ora circa. È un medico con l'aspetto da medico. Una striscia folta di peluria brizzolata che gli incornicia il mento, occhialini tondi con finitura metallica di chiaro taglio professionale. Non portano via Julia, come per un attimo aveva immaginato e temuto Gabrielle, ma dispongono in fretta che tutte le ragazze lascino la camerata. Il consulto avverrà lì dentro, alla presenza dei soli dottor Detienne, di suor Marie e della badessa Perrin. Non resta che attendere che la porta si riapra, in maniera da leggere quel che sta avvenendo sulle facce delle suore che si sono concesse il privilegio di ascoltare il responso della scienza. Magari si può carpire qualche informazione anche dagli ultimi borbottii che il dottor Detienne probabilmente emetterà sul conto di Julia una volta fuori da quella stanza. Invece, dalla porta che scricchiolando si riapre dopo una decina di minuti, escono bocche cucite e misteriose facce di circostanza. «Arrivederla, dottore. Aspetteremo sue indicazioni, allora, e sarà lei a farci sapere quando è il caso di effettuare una nuova visita.» La badessa Perrin saluta e sbrigativa s'incammina in direzione della sala capitolare. Suor Marie ha la capacità di assumere un'aria indefinibile. E d'altra parte non le si può certo chiedere cosa mai sia stato sentenziato sul conto della ragazza, anche se quella sarebbe la più comprensibile delle domande, frutto della legittima apprensione della sua legittima sorella. Gabrielle riporta il suono della voce al tempo dei suoi tredici o quattordici anni e un tentativo disinvolto e piuttosto astuto lo azzarda ugualmente. «Sta bene. Non è vero, sorella?» Il risultato che ottiene, tutto sommato, può dirsi un piccolo e sorprendente successo. «Puoi star tranquilla, cara. Non è proprio niente di grave. Vedrai che Julia prestissimo starà meglio, molto meglio.»

Julia qualche ora più tardi è ancora piuttosto malferma, ma già in piedi. E ha l'aspetto di chi ha dimenticato quel che è successo. «Come ti senti adesso?» «Bene, Gabrielle, mi sento proprio bene.» Per la verità, il suo pallore sembra raccontare ben altro. Ma Julia non è tipo da piangere sulla vita. Sembra anzi che la sua carenza intellettiva sia solo il prezzo che la ragazza paga per conservare quella straordinaria capacità di restare impermeabile a ogni emozione negativa. Julia sa stupirsi e bearsi quotidianamente della bellezza di un prato o dell'operosità di un insetto. Le è invece del tutto estranea l'attività preferita di tante che vivono al Notre-Dame al fianco delle sorelle Chanel. Mai sentita che intrecciasse pettegolezzi su una coetanea o che mettesse su una lamentela indirizzata a una delle suore. «Gabrielle, ascolta, io oggi devo lavorare sul crocifisso grande e...» «Per favore, Julia, non preoccuparti di questo. Al crocifisso hanno già provveduto. Ci ha pensato Alain, l'inserviente. E comunque, almeno per oggi, è molto meglio che tu te ne stia qui a riposare.»

«Abbiamo chiamato la zia, suor Marie. Come lei aveva chiesto.» Gabrielle in quelle ore è attentissima a tutto quel che le accade intorno. Deve a ogni costo intercettare il senso della diagnosi del dottor Detienne, capire cos'abbia detto alle suore presenti e cosa può avvenire della salute di Julia. Ci sono i quasi due metri di diametro del pilastro di marmo a nasconderla. Ha deciso di tenere strettamente sotto controllo suor Marie, è la sola strategia praticabile. Con la badessa, la sola altra testimone, ogni pedinamento sarebbe impensabile. E poi sa che suor Marie sarà chiamata a occuparsi direttamente del caso. E forse proprio questo è il momento adatto a pizzicare qualche notizia interessante. La novizia Jacqueline adesso sta riferendole che la spiacevole novità del malessere di Julia Chanel è stata appena comunicata alla famiglia. Dunque, c'è da sospettare che la zia verrà presto qui in convento. Non può che essere la zia Coster, colei che poco più di un anno prima le ha condotte qui, tra le canoniche del convento di Notre-Dame di Moulins. Una soluzione senza troppe alternative, affrettatamente trovata quando le monache di Aubazine hanno fatto sapere che le ragazze non erano più gradite. E che solo coloro avviate al noviziato erano accettate una volta superata l'età che ormai sia Julia sia Gabrielle avevano raggiunto. In realtà, la zia ebbe ragione di sospettare che il motivo autentico di quel rifiuto fosse altrove. La verità è che il senso di disciplina delle ragazze, specie negli ultimi tempi di soggiorno, era notevolmente calato. La novizia e suor Marie non proseguono il loro breve dialogo. Per ora Gabrielle deve accontentarsi, non potrà apprendere null'altro sullo stato di salute della sorella maggiore. Riordina la zona di camerata che le è assegnata quella mattina, controlla che siano smacchiati gli indumenti lavati il giorno prima e li dispone per l'asciugatura. Non vuole rischiare alcun rimprovero, ma stavolta ha più fretta del solito di chiudere con la fase mattutina dei doveri. Non le resta che il primo dei passaggi dovuti nella cappella. Un quarto d'ora di preghiere mormorate in posizione genuflessa. Prima che si possa finalmente tornare da Julia, prima che Gabrielle possa assicurarsi che quel malessere brutto e indecifrabile non s'è rifatto vivo, rimane ancora l'obbligo di ringraziare il Signore per tutto quello che ogni giorno ha la bontà di concederle.

Rientra in una camerata che è apparentemente vuota. Non c'è nemmeno Julia, che sperava di trovare in salute, ma almeno prudentemente sistemata nei paraggi del suo letto. La stanza deserta non la sorprende. A quest'ora tutte sono impegnate con lo studio dell'aritmetica, con le letture religiose nella sala della biblioteca o con i lavori quotidiani. Gabrielle è entrata assai silenziosamente, temeva che la sorella stesse riposando e non voleva rischiare di interromperne il sonno. La camerata è avvolta in una penombra intervallata da spazi sottili in cui lame di luce tagliano l'ambiente. Sembra che ci sia un silenzio invadente, lì dentro. Ma un suono lieve si insinua nella pace sacra dello stanzone. Un suono umano, si direbbe. Una vocale aspra prodotta insistentemente. Gabrielle pensa immediatamente a Julia, al dolore che può essersi fatto vivo nuovamente, a un angolo ritagliato nel buio dove la sorella può aver scelto di rifugiarsi. Non la chiama, però. Cerca di sviluppare al meglio la sua capacità di udire. Un passo più in là, felpatissimo, la avvicina inequivocabilmente alla fonte di quel suono. E se fosse Marcel, il gattino del convento tanto simpatico a Gabrielle? Magari è nascosto sotto uno dei letti. Col buio che occupa questa parte della camera sarebbe quasi impossibile da individuare. Gli occhi tentano di assecondare l'ascolto per cogliere un dettaglio in più, ma l'oscurità costruisce strane figure immobili che più da vicino si rivelano semplicemente pezzi dell'arredamento. Quel suono però inizia a distinguersi sempre più come una voce umana, la voce di una donna. Mentre avanza nel buio, Gabrielle recupera improvvisamente anche la percezione rapida di un movimento. È sulla superficie superiore di un letto a soppalco. E ora è più evidente che anche il suono giunga da lì. La scena è lontana da lei non più di dieci metri. Se si accosta ancora un po' rischia di essere notata, malgrado stia procedendo con un passo pressoché impercettibile, attenta a controllare anche il proprio fiato e a non produrre alcun tipo di rumore. Fulmineo, il movimento verso il quale si dirige ha prima un sussulto scomposto, poi si placa del tutto. È stata vista? Lei non può ancora scorgere di cosa si tratti. Il lamento sembra paralizzato, ma l'agitarsi che ha notato prima riprende. E dopo un istante si rifà vivo anche il suono. Dovrebbe aver paura, invece non prova alcuna sensazione che la intimidisca, solo il palpito un po' spedito che avverte nei momenti emozionanti. Il letto cui sta approssimandosi è quello di Mireille, una diciassettenne che a Gabrielle sta simpatica, con la quale ha scoperto che è veramente facile andar d'accordo. Viene da Aurillac, nell'Alvernia, e si direbbe da famiglia anche piuttosto raffinata. No, la sua presenza lì non è stata avvertita. Mireille, se davvero è Mireille, crede ancora di essere protetta nella sua solitudine. Ma poi perché si lamenta? Cos'ha? Un fascio di luce d'argento filtra obliquo dalla finestra sulla parete opposta a lei. Ora che dista non più di quattro metri, Gabrielle può distinguerla in modo finalmente accettabile. È lei, è proprio Mireille. Un palmo di luce passa sotto il suo corpo, la ragazza ha il dorso che non poggia interamente sul piano del letto, posto due metri circa più in alto del pavimento. Tiene la schiena arcuata e un braccio, il destro, che le scende lungo il ventre. L'altro è piegato all'altezza del petto. Ora è sul suo respiro esuberante che Gabrielle fissa l'attenzione. La mano destra di Mireille si dimena frenetica al di sotto del nastrino elastico che delimita la guaina e la biancheria intima. La sinistra è più delicatamente impegnata con i seni, talvolta in un gesto col quale sembra volerli congiungere, talvolta limitandosi soltanto con i polpastrelli a tocchi soffici sui capezzoli. Gabrielle prova inutilmente a mandar giù la quantità copiosa di saliva che in un solo attimo le si è accumulata sul fondo della bocca, fino quasi a ostruire la faringe. Gli occhi si sono del tutto assuefatti alla quantità di luce disponibile. E ora può anche scorgere un oggetto che Mireille tiene accanto, un oggetto che biancheggia e che asseconda i movimenti della ragazza restandosene appoggiato al suo fianco. Mireille intanto ha smesso di emettere quel lievissimo gemito dal ritmo lento. Piuttosto, ha un grido che tenta di farsi largo nella gola e che lei vorrebbe soffocare nel petto. Il grido le esce frenato, ma ugualmente possente. Gabrielle osserva e aspetta. È stato facile occultare l'arrivo, sarà impossibile rifare il percorso a ritroso senza essere vista, soprattutto adesso che Mireille conserva solo un po' d'affanno, ma sembra aver guadagnato uno stato di intima pace. "Ha fatto l'amore" pensa Gabrielle. Ed è una frase imparata tra quelle pareti, che spesso si sente pronunciare nel mezzo dei mormorii inconfessabili delle educande. Frase che denota uno dei peccati più perseguiti e più praticati, lì nel convento di Notre-Dame d'Allier.

Gabrielle è bloccata sul posto, paralizzata dal timore d'essere di troppo. Non le serve muoversi perché adesso la simpatica Mireille si accorga della sua presenza. «Chi è?» urla terrorizzata. «Sono io, non preoccuparti, non devi aver paura» balbetta Gabrielle. «Da quanto sei qui? Oddio, mi vergogno!» «No, smettila. Non devi vergognarti. Io ero entrata soltanto per cercare Julia.» «Mi hai vista, vero? Dimmelo, se m'hai vista» e nasconde quasi interamente il viso tra le mani unite. «Più che vista» riesce a scherzare Gabrielle «è più giusto dire che t'ho sentita. C'è buio, qui dentro. Ma com'è che non sei fuori, come sei riuscita a restar sola?» «Ho detto a suor Charlotte che non mi sento bene. Un po' stamattina era anche vero. E lei m'ha dato il permesso di stare un'ora o due sul letto a riposare.» «Ora ti senti meglio?» La domanda di Gabrielle è sincera. Non ha alcuna intenzione di insinuare in quella scena ironia o cattiva fede. Ma riesce inevitabilmente a creare un po' d'imbarazzo. «Stavo leggendo, Gabrielle. Leggevo uno di quei romanzi che le suore ci tolgono dalle mani tutte le volte in cui riescono a rintracciarne uno.» Prende l'oggetto che fedelmente era rimasto attaccato al suo fianco e ne cita titolo e autore: «Questo si chiama *L'amore segreto*, è di uno scrittore... aspetta... eccolo: Louis de Pruynel». «Bello?» Gabrielle è incuriosita, ma per non essere ancora invadente si limita a interrogarla in maniera vaga. «Io lo trovo meraviglioso. E ti confesso che a un certo punto mi ha turbato, mi ha fatto sentire degli strani brividi. E anche una specie di calore dentro, proprio mentre lo leggevo. Non è la prima volta, Gabrielle, so che a te posso dirlo.» «Certo, Mireille. Da me non lo saprà nessuno.»

E Julia dov'è? Si è incollata a suor Marie e, accanto alla religiosa più attiva del Notre-Dame, svolge compiti in ambito botanico. Insieme stanno curando l'aiuola più colorata del giardino centrale del chiostro. Questo quadrato, grande una dozzina di metri di perimetro, non esisteva fino a dieci anni prima. È una creazione di suor Marie, la sorella che era stata accolta qui nel giorno in cui arrivò, mezza morta, da un monastero della zona pirenaica. Di lei si racconta che sia stata a lungo sposata. E che il marito fosse un feroce bandito ammazzato durante uno scontro a fuoco dai gendarmi a Bressuire, nella regione occidentale di Poitou-Charentes. Si sussurra pure che lei stessa abbia più d'una volta preso parte ad assalti criminali al fianco del marito e che un giorno abbia improvvisamente trovato la voglia e la forza per sottrarsi a quella vita clandestina e delittuosa. Si rifugiò nel monastero di Saint-Étienne, certa d'essere al sicuro tra le mura della cattedrale e le pareti aspre dei monti del Midi-Pirenei, centinaia di chilometri più a sud di dove aveva vissuto. Ma ciò non le bastò a evitare la terribile ritorsione che il compagno che lei aveva lasciato mise in atto. Una mattina, nei pressi del monastero, egli riuscì a catturarla e la torturò selvaggiamente, abbandonandola poi sanguinante, probabilmente solo perché la credette morta. La donna fu invece raccolta, miracolosamente viva, dalle religiose del posto e, pur nelle condizioni da moribonda in cui si trovava, fu fatta segretamente viaggiare verso l'Allier e verso la pace del Notre-Dame. Una versione più estrema e soprannaturale della storia che riguarda il passato torbido di suor Marie racconta invece che l'uomo fosse semplicemente un'incarnazione del demonio. Satana aveva scelto lei come donna con la quale accoppiarsi e generare figli maledetti. Lei, ispirata da un'apparizione divina, riuscì ad abbandonarlo e a scappare, sventando così il piano demoniaco progettato nel buio degli inferi.

Adesso resta di lei una religiosa piuttosto taciturna, la cui grande passione per i fiori e il ricamo è nota a chiunque le viva al fianco. Julia è morbosamente affezionata a lei, pur ricavandone tutto sommato pochissimi gesti d'affetto. Eppure non è per niente difficile intuire che a suor Marie la compagnia della Chanel maggiore sia decisamente gradita. «No, Julia, quello è un ciclamino e non va irrigato in quel modo. Aspetta, ti faccio vedere.» E, immergendo la mano nel secchio che entrambe hanno appena riempito, prende a schiaffeggiare l'acqua in modo che la florescenza violetta venga irrigata dal basso. «Devi sapere che questo è un fiore un po' capriccioso. Intanto non ama il caldo e poi preferisce essere innaffiato proprio in questa maniera.»

Gabrielle non può sentire nulla di quelle preziose indicazioni botaniche. Osserva le donne da lontano, dal corridoio appena esterno alla camerata. E sente di avere i pensieri divisi tra i malesseri di Julia e i gemiti di Mireille. Sul conto della sorella, ha soltanto appreso che verrà presto la zia e che tutto sommato quei dolori lancinanti sono adesso sotto controllo. Probabile che non si tratti di nulla di così grave. Ma perché non le fanno sapere tutto? Ha quasi diciannove anni, adesso, non è una bambina come ai tempi di Aubazine. Che problema ci sarebbe nello spiegare anche a lei, prima che giunga la zia, che Julia si è sentita male a causa d'una infezione o delle troppe fatiche di quei giorni? "Ecco, forse è proprio questo che vogliono nascondere. Sanno che le responsabili sono loro e perciò tacciono, tentano di coprire. Chissà cosa cercheranno di raccontare anche alla zia Costier, pur di liberarsi da ogni colpa e di fingere che loro con le sofferenze della povera Julia non c'entrano nulla." Gabrielle sta ormai costruendo, pezzo dopo pezzo, una sua solida teoria, che da questo momento non sarà affatto agevole schiodarle dalla testa.

«Vieni, Gabrielle, c'è tua zia che sta parlando con la badessa Perrin e con suor Marie, vuole vederti.» È la novizia Jacqueline, incaricata di andare a chiamarla e sottrarla così ai compiti mattutini di riordino della camerata. «Ciao, Gabrielle.» La zia Costier non è mai stata un esempio di cordialità. Restava aggrappata al suo abituale gelo anche nei giorni in cui comunicò a Julia, Gabrielle, Antoinette e alla loro giovanissima zia Adrienne che avrebbero frequentato il convento Notre-Dame di Moulins e che dunque era indispensabile celebrare al più presto il distacco da lei e dalla sua casa di Varennes. Nemmeno tentò di mostrarsi un pizzico rammaricata, spiacente di non poter offrire alle ragazze quel sostegno che invece avrebbero trovato grazie alle canoniche nella sede pastorale di Moulins. E anche in questa circostanza, Gabrielle ricava la stessa sensazione che la zia Costier svela ogni volta che si è nei suoi paraggi. Una specie di insofferenza, una maledetta fretta di liberarsi delle ragazze, quasi il tentativo di chiarire con ogni gesto che lei in fondo coi guai familiari degli Chanel non c'entra per niente e che, anzi, vuole restarne coinvolta il meno possibile. L'incontro si tiene all'esterno della stanza riservata alla badessa Perrin, quando le due religiose stanno già per congedare la zia Costier. Al fianco di Gabrielle ci sono Antoinette e Adrienne. Julia non è lì, forse è stata volutamente tenuta altrove. «Vedete, ragazze» spiega la zia, «è sorto un problema con Julia. E per fortuna la generosità delle suore del Notre-Dame e della loro badessa potranno risolvere anche questo bel guaio. Ve lo diciamo perché prima o poi verreste comunque a saperlo. Julia aspetta un bambino. Non sappiamo come la disgrazia sia avvenuta, ma il dottor Detienne si dice certo che la ragazza da poco più di due mesi abbia in grembo un bimbo. È per questo che da alcuni giorni manifesta quei malesseri di cui l'avete vista soffrire.» Nessuna fiata, eppure ognuna, Gabrielle soprattutto, ha mille dubbi che le si agitano dentro come una tempesta. «Vostra zia» interviene la badessa Perrin, «era anche disposta a riportare con sé Julia, in maniera da poterla direttamente assistere durante ogni necessità che si dovesse presentare nel prossimo futuro. Ma abbiamo trovato un accordo diverso. La ragazza resterà qui, così da non perdere il contatto con voi e il vostro affetto. Saremo noi a occuparci di tutto quel che occorre in questioni delicate come questa. Vostra zia ha nobilmente promesso che la piccola casa rurale, quella in cui attualmente vive, un giorno che Iddio vorrà sarà destinata al nostro convento. Bene, adesso sapete tutto. Potete di nuovo salutare la zia e tornare rapidamente alle vostre attività.»

Un bambino. Dunque Julia avrà un bambino. Gabrielle ricorda di aver sentito una volta che possono anche nascere morti. Una notizia che le diede un disgusto persistente per alcuni giorni. E poi sa per certo che il momento del parto è dolorosissimo, molto più che il male ai denti. «A me non accadrà. Per niente al mondo ho voglia di vivere quell'attimo così atroce. E poi sono sicura che non saranno i bambini lo scopo della mia esistenza.» Suor Marie le ha dato un grosso taglio di chiffon azzurro da ricamare. Vuole che la crespatura del tessuto venga decorata con due cigni di cotone bianco, il cui disegno su carta Gabrielle sta osservando. Trova che abbia un suo fascino, ma le piacerebbe più ridotto nelle dimensioni e ancor più semplice nelle linee, più stilizzato. Prova da sola a trasformare e restringere il contorno dell'animale di cotone col quale sta tatuando lo chiffon. E il risultato la lascia tutt'altro che insoddisfatta.

L'esercizio affidatole da suor Marie prevedeva un esito un po' diverso, non c'è dubbio, ma il ricamo ottenuto con le sue variazioni è magnificamente originale rispetto a quelli che vengono assegnati lì in convento e che regolarmente si vedono in giro. Gabrielle prosegue, sente l'orgoglio di aver eseguito un lavoro che ha il fascino della freschezza e della novità, in più sente addosso il sapore della forza creatrice. Non resta che sottoporlo a suor Marie.

«Non m'importa che sia brutto o bello, Gabrielle. Questo è un lavoro che fa soltanto ridere.» L'esame non è superato, non al cospetto di questa commissione. «Mi spieghi come t'è venuto in mente di fare una cosa del genere?» «Dice davvero che fa ridere, sorella?» «Sì, Gabrielle, e te lo ripeto. È un lavoro che trovo piuttosto ridicolo.» «Sa una cosa, suor Marie? Forse lei crede di offendere me e questo ricamo. Io sono invece abbastanza contenta di quel che mi sta dicendo. Se fa ridere, se contiene un po' d'ironia, io credo che non ci sia proprio nulla di male. Anzi, se penso di aver creato qualcosa che ha anche la capacità di divertire qualcuno mi sento meglio. Le dico sinceramente che è un'idea che mi fa star bene.» «Tu non farai molta strada, Gabrielle. Se continui ad avere nella testa i pensieri che hai, puoi star sicura che nessuno potrà mai capirti. Sta' attenta.» Gabrielle ha l'espressione impassibile, quella che le si disegna sul volto nelle situazioni difficili. «Può anche darsi che lei abbia ragione, sorella. Ma temo proprio che ciò non cambi granché. So che vita desidero per me. E so che ho una gran voglia di correre rischi come questo.»

«È il libro di ieri mattina, Mireille?» La scena è piuttosto simile a quella recitata il giorno prima. Ora la gran parte delle educande del Notre-Dame sono in giardino. Hanno un'ora di libertà dopo il pasto di mezzogiorno e prima della sessione di preghiere fissata per il pomeriggio. Mireille s'è immediatamente diretta nella camerata. Non s'è accorta che Gabrielle la tiene d'occhio e che discretamente ha scelto anche lei di godere del deserto che a quest'ora domina lo stanzone coi letti. «Oh, Gabrielle, mi hai fatto paura. Meno male che sei tu. Sì, è il libro che leggo da qualche giorno e da cui non riesco proprio a staccarmi.» «Quando l'avrai finito, Mireille, me lo presterai? Ti confesso che ho voglia anch'io di leggerlo.» «Ma certo. È una storia d'amore romantica e a volte anche… così eccitante. Questo scrittore, questo Louis de Pruynel, è bravissimo. Sa davvero raccontare e descrivere certi momenti di intimità in modo incredibile. Ha la capacità di farli vivere anche a chi legge.» «Mi dici come si chiamano i protagonisti?» «Lei si chiama Isabella, lui si chiama Maurice. Si incontrano su una spiaggia della Spagna e lì nasce il loro amore. Ma a un certo punto la storia si complica, diventa così tormentata…» Quei tormenti hanno già catturato quanto basta anche Gabrielle, che ascolta i primi ragguagli dell'intreccio del romanzo mentre scala il letto di Mireille e le si accomoda accanto. «Facciamo così» suggerisce Gabrielle, «leggimi le pagine che fin qui ti hanno emozionata di più.» La compagna si mette subito a caccia tra i fogli, fino a individuare un passo che alla prima lettura deve esserle parso significativo e profondo. «Ecco, questo è uno degli episodi che a me è piaciuto molto.

> Il barone Lapébie illustrò a Maurice alcuni rudimenti utili sulle tecniche di navigazione e soprattutto su come andavano sistemate le vele. Avrebbero affrontato un tratto di mare inospitale ed era necessario che si fosse almeno in due a saper governare quella feluca che più volte aveva risalito il Nilo e che ormai da alcuni anni sfidava le correnti del Mediterraneo. Maurice era coraggioso e impavido, non aveva nessuna paura di opporsi alle onde e…

«Aspetta, Mireille» la interrompe Gabrielle, «io intendevo qualcosa di più romantico. Come dire? Anche qualcosa di più profondo. Perché non cerchi le pagine che stavi leggendo ieri?» Il primo esito della richiesta è un cremisi intenso che rapidamente si diffonde sulle guance di Mireille. Il secondo esito è una nuova caccia tra i fogli di quel libro appassionante e proibito, con la copertina dominata dal bianco, qua e là chiazzata dal rosso di gerani recisi e sparsi su un pavimento di marmo. «Credo sia questa, te la leggo.»

> … per questo erano lì. Ma nessuno si era preoccupato di avvertirli che quei tuoni infernali giungevano da sud, dove si preparava l'uragano. Maurice chiese a Isabella se gradiva che il fuoco del camino fosse acceso. E la ragazza, abituata al calore della sua Aragona, optò per il camino acceso. Maurice fu abile a far crescere velocemente le fiamme. Poi s'avvicinò alla ragazza. Le sussurrò che aveva voglia di baciarla, che quella voglia l'aveva trattenuta fin dal mattino, fin dall'istante in cui l'aveva veduta in compagnia del fratello sulla ghiaia del vialetto esterno. Isabella aveva il suo stesso desiderio, ma si sforzò di conservare un suo femminile decoro. «Oh, Maurice» disse languida, «sei così audace.» L'uomo le cinse la vita con un braccio e avvicinò le labbra alle sue. Isabella era ferma, come svenuta, ma al contatto delle labbra di lui sentì un calore che…

Mireille è sommersa da quelle righe, ma s'interrompe e finge di schiarire un po' la gola quando coglie che la compagna le sta prendendo la mano per tenerla tra le sue, carezzandola. «Continua» la invita Gabrielle, «questo mi piace.» «Sì, certo.»

> … sentì un calore che la coinvolse. Un calore che aumentava quando Maurice trasformò il suo abbraccio in una catena ininterrotta di tocchi. Isabella avvertiva la tentazione di offrirsi, di far cadere ogni piccola resistenza. Continuò a baciarlo con un'energia moltiplicata, poi prese l'altra mano di lui e la spinse sul proprio ventre. Era diventata bollente, aveva solo voglia del corpo di lui e…

Mireille fatica a continuare. Che fa Gabrielle? S'è fatta più audace di Maurice, sembra quasi che stia ispirandosi a lui. Ha fatto scendere la mano dalla spalla di Mireille fino al seno, molto lentamente. Evitando di guardarla, per fortuna, e fissando lo sguardo sulle pagine che l'amica sta declamando. «Avevi ragione, Mireille, questo romanzo è travolgente.» Lo dice con gli occhi semichiusi che già raccontano i suoi fremiti. «È per questo» balbetta sottovoce l'altra, «è per… questo, proprio… per questo, che ieri m'hai vista così. Vuoi che… vuoi che legga ancora?» «Un altro po', Mireille, ancora un altro po'.»

> … voglia del corpo di lui e di godere di quell'istante ardente. Maurice tirò fulmineo verso il basso il lembo superiore dell'abito di Isabella, fino a scoprirle interamente un lato del petto, sul quale s'avventò per baciarlo e poi assediarlo con la lingua. La notte…

Mireille sente che una lingua sta cingendo anche il suo capezzolo, ed è esattamente il desiderio che l'aveva invasa il giorno prima, quello che cercava di soddisfare da sola, con le sue stesse carezze. Gabrielle è ormai col corpo quasi tutto disteso su quello di Mireille. Dolcemente sottrae il libro dalle mani dell'amica e lo ripone lì accanto. Vuol baciarla, vuole assaporare il piacere profondo di un bacio lungo e vero. Mireille sembra avere lo stesso fermento interiore. Le sue labbra sono già semiaperte, pronte a naufragare in quel peccato sublime. Così imbarazzante, così a lungo atteso.

Julia ha voglia di dormire. Gabrielle voglia di sapere. «Ehi, ehi. Julia! Mi senti?» Lo stanzone è già completamente immerso nell'oscurità. La sorella minore strattona più silenziosamente che può il corpo della maggiore. «Ma che vuoi? Io ho sonno.» «E dài, Julia, chiacchieriamo un po'. Io non riesco proprio a dormire. Poi domani è festa, abbiamo il permesso di alzarci un'ora più tardi.» Julia ha l'indole morbida. Convincerla è uno scherzo. «E va bene, sorella, vieni. Mettiti qui accanto a me e parliamo.» A Gabrielle toccherà solo indugiare qualche istante con le parole. Poi potrà venire al dunque, giungere all'argomento che le interessa senza il minimo rischio di essere respinta. «Ti stava bene quel cappellino che avevi oggi, sai Julia? Se non sbaglio l'hai cucito tu, giusto?» «Ma no, cosa dici? Me l'ha dato la zia Costier. Dev'essere stato un paio di mesi fa. Quel giorno in cui venne a prenderci e ci portò da lei a Varennes. A volte mi chiedo come fai a non ricordare.» «Già, già, hai ragione. E adesso ascoltami bene, Julia. Tu quel giorno hai incontrato qualcuno quando siamo rimaste sole nella campagna?» «Ero con te. E anche con Antoinette e Adrienne. Poi nel pomeriggio la zia Costier ci ha riaccompagnate qui.» C'è la difficoltà di condurre tutto il dialogo coi sussurri, ma sarebbe un azzardo abbandonare il tentativo in corso. È già ben avviato. E poi non sarebbe facile rimetter su nuovamente un'occasione favorevole quanto questa. «Questo lo ricordo. Ma poi io mi sono allontanata e ricordo pure che Adrienne è venuta con me. Forse anche Antoinette t'ha lasciata sola per un po'. Dimmi se per caso tu in quel momento hai incontrato qualcuno.» Julia fa la faccia pensierosa. «Fammi pensare. Ma certo, ho incontrato Julien.» «Julien?» «Dio mio, Gabrielle, sei veramente smemorata. Sì, Julien. Mi pare che qui dentro lo chiamino padre Dubois. È quel giovanotto che viene ogni tanto a dir la messa in convento. È giovane, ha i capelli scuri, devi ricordarlo per forza.» Certo che lo ricorda. Lo ricorda perfettamente. E adesso a Gabrielle viene in mente di averlo notato, senza badarci troppo, anche a Varennes. «Ah, padre Dubois. Un tipo simpatico, mi pare. E avete parlato, Julia? Per caso t'ha anche accarezzata?» «Sì, Gabrielle, davvero simpatico. È stato molto carino con me.» «Carino come? Puoi essere più chiara?» «L'ho visto quando Antoinette s'è fermata a giocare con le due ragazzine dei Bossis. Io e lui siamo andati nel granaio. M'ha fatto ridere tanto. Poi mi ha anche abbracciata. Mi toccava, era divertente. Mi toccava dappertutto e continuava a farmi ridere. A un tratto mi ha sfilato la gonna e la camicetta e giocava con la sua bocca sulla mia faccia. Mi bagnava tutto il viso e il collo.» «Ti ha anche fatto male, Julia?» «No, solo un po'. Ma è stato gentile. Si è scusato. Dev'essersi fatto male anche lui. Era completamente sudato quando mi ha aiutata a rivestirmi ed è andato via.» Gabrielle ha da alcuni istanti una lacrima che le riga la guancia. Trema e conserva solo una briciola di forza per stringere a sé la sorella. «Sta' tranquilla, Julia. Adesso ci sono io. Vedrai, sorellina mia, ce la caveremo.»

Gabrielle diventa Coco

«Ci penso io, signora!» Gisèle è la più anziana tra le giovani lavoranti del negozio Desboutins, rinomata sartoria di Moulins. La signora è inflessibile. Ma anche astuta. Sa bene che ai giovani ufficiali, quelli che si fanno vivi nel suo negozio con una divisa da riparare, piace essere serviti da ragazze con l'aspetto gradevole e i modi accomodanti. La signora impone che ogni dettaglio, ogni più insignificante decisione, passi per la sua approvazione. Poche possono aprir bocca senza rischiare scenate imbarazzanti. O addirittura di ritrovarsi licenziate a causa dei suoi implacabili capricci di padrona. Gisèle appartiene al gruppo ristrettissimo cui è concesso un po' di più. Lei è lì da tre anni, sa ormai perfettamente come va presa madame Desboutins. Soprattutto, ha imparato che il percorso più efficace e rapido per andarle a genio è raccontare tutto quel che avviene tra le ragazze. Spifferare di un nuovo incontro, anche solo di un giovanotto timidamente incoraggiato a far qualche avance, a lei procura evidenti benefici. A molte ragazze, assai spesso, un tragico e improvviso stato di disoccupazione.

All'interno della maison Desboutins, il tenente Le Mauff è unanimemente catalogato tra i carini. Non avrà ancora ventitré anni. Ma tra le ragazze si muove già con disinvoltura ragguardevolissima. A Gisèle basta vederlo entrare per porre immediatamente la sua indiscutibile candidatura. «Va bene, Gisèle» ammicca Madame con un sorriso ottenuto grazie ad anni di allenamenti, «occupati tu del tenente.» Per la verità, il tenente Le Mauff avrebbe gradito Lucienne, visino dolce e bocca disegnata per intenerire e per baciare. Ma di militanza ancor troppo fresca per potersi proporre in quel ruolo al posto della veterana Gisèle. Lucienne sa che per adesso può solo osservare e aspettare. Arriverà il suo momento e arriverà un prossimo tenente a chiederle quali impegni ha per quella sera. Però, è un vero peccato dover cedere così quel Le Mauff che piace molto anche a lei.

Gli occhi di Madame sanno incendiarsi. «Gabrielle, si può sapere perché queste due divise sono ancora qui sulle stampelle, sdrucite proprio come ieri sotto il risvolto della spalla?» Gabrielle è l'ultima a essere stata assunta, grazie a Adrienne e alle richieste di aiuto che la giovane zia ha rivolto alle suore del Notre-Dame. Ma assunta con mille riserve, come la formula ordinaria prevede e come Madame ama fare per tenere in bilico tutte quelle che le lavorano accanto. Lei preferisce diffondere la sensazione che ogni istante di lavoro vissuto lì con lei sia per tutte solo il frutto di una sua generosa concessione, alla quale è ovviamente gradito che si risponda mostrando una riconoscenza continua e inesauribile. «Madame, è stata lei a dirmi ieri sera di lavorare sugli abiti di mademoiselle Durand e di...» «Non cercar scuse, ragazza. Posso anche averlo detto, ma questo non significava certo che per oggi non si dovesse terminare anche il lavoro su quelle due divise. E comunque, ragazza, adesso facciamo silenzio e diamoci dentro con ago e filo.» A Gabrielle quel lavoro piace, anche se lei darebbe a ognuno di quegli abiti un'estetica e delle linee genuinamente diverse. Non alle uniformi degli ufficiali, magari, benché pure per quelle avrebbe in mente un aspetto un po' meno somigliante al costume di un domatore da circo. Ciò che proprio il suo gusto non riesce a digerire è l'abbigliamento proposto alle signore. "Vestiti che sembrano una pena da scontare, non un piacere da vivere e da esibire."

«Gabrielle, vieni qui, aiutami a tirare il corpetto di madame Delacroix.» Un esercizio di forza, come un tiro alla fune buono per i Mister Muscolo del luna park. Quel che conta è soltanto che il corpetto alla fine si allacci, al di là di ogni ragionevole distanza tra le sue dimensioni e quelle assai più estese di madame Delacroix. A costo di sottrarre tempo ed energie alle sartine, a costo pure di eliminare ogni elementare forma di respiro alla pingue e mansueta signora Delacroix. «Trattenga il fiato, Madame, vedrà che ce la faremo ad abbottonarglielo.» Gabrielle può offrire tutta la sua buona volontà di giovane apprendista, ma ha a disposizione una quota di forza assai ridotta. Lei è minuta e poi c'è qualcosa nella testa che continua a ripeterle che nell'abbraccio soffocante di quel corpetto si nasconda un'ingiustizia. Per giunta, un'ingiustizia che non condurrà affatto allo scopo di diventar belle. Lei saprebbe bene cosa fare della tortura del corpetto. Intanto comincerebbe col lanciar dritto nella spazzatura quel grottesco manufatto di pizzo e bacchette di metallo. Del resto, l'abito che Gabrielle ha in mente, l'abito che farebbe indossare a madame Delacroix, non ha bisogno dell'ausilio di alcuno strumento di sofferenza. Nessuna fasciatura mozzafiato. Mademoiselle Chanel riesce a immaginare vestiti che sappiano soltanto conservare la libertà di ogni donna. Che semplicemente siano più comodi. Sognatrice. Temeraria. Pazza.

Il solo ufficiale che davvero le dia un brivido si chiama Étienne. Étienne Balsan, è così che le pare di averlo sentito chiamare. Un tenente dall'aria audace, spesso sfrontata. Per giunta, uno di quelli capaci di tenere serenamente a bada ogni moina di madame Desboutins. E le pare che quel favore sia ricambiato. Il tenente sempre più spesso sta facendosi vivo in sartoria, anche con dei pretesti, e puntualmente s'avvicina proprio a Gabrielle, rendendo evidente col proprio comportamento che è lei la sartina preferita. Gabrielle è lì da troppo poco tempo per esibire entusiasmo eccessivo. Intuisce che la discrezione dovrà guidarla ancora a lungo. S'accorge presto, tuttavia, che nemmeno quella prudenza sarà sufficiente. Gisèle sbircia da giorni nelle tenerezze sottintese che i due si scambiano. La scelta migliore che le venga in mente, ovvio, è allarmare Madame. «Signora, devo avvertirla per il buon nome della nostra sartoria che ormai da qualche giorno la nuova arrivata, Gabrielle, fa la smorfiosa col tenente Balsan. Temo che finirà per esagerare. Si vede già sfacciatamente che punta a sedurlo.» A Madame non piace che avvenga ciò di cui non si è ancora accorta. Non può accadere che non sappia. «Sì, è proprio vero, Gisèle. L'avevo già notato anch'io.» All'apertura della mattina successiva, Madame è stranamente accanto alla porta ad aspettare Gabrielle: «Sta' a sentire, tu. Voglio parlarti, e voglio farlo prima che cominci a lavorare». Gabrielle riesce a replicare soltanto con uno sguardo. «Per me, ragazza, l'aspetto morale viene prima di ogni altra cosa. E poi, immediatamente dopo, viene il lavoro. Dunque, se ti sta a cuore il tuo impiego qui dentro, riga dritto. Ci sono alcuni comportamenti che hai assunto con i clienti, diciamo con un ufficiale in particolare, che non mi piacciono troppo. Sta' attenta a te. Tu fai bene a essere gentile qui in negozio. Chi spende da noi va trattato nel modo più cortese. E se quel tenente vuole che tu faccia la carina fai bene ad accontentarlo. Ma non metterci nient'altro in quella testolina. Chiaro?» Difficile trovare risposte. E del resto Gabrielle neppure le cerca. Preferisce reagire col silenzio. Forse sa che sta usando l'arma più appuntita con la quale potrà colpire Madame. «Che fai, taci?» chiede già più irritata. «Devo intendere che ho ragione, allora.» «No, Madame» sussurra lei, «io sono qui solo per lavorare.» Non ha la faccia impaurita, è questo che stizzisce la Desboutins. E che un po' la intimorisce. È abituata alla sottomissione delle sue lavoranti, a una devozione totale e piena di tremori. L'espressione di quella nuova arrivata non è spavalda e, in fondo, nemmeno maleducata. Ma stranamente sicura di sé, fino quasi al punto da inquietare. Eppure, dalle informazioni giunte fino a Madame, risulta che la giovane non ha genitori, né una famiglia benestante che ne possa sorreggere l'esistenza. Le risulta pure che i suoi soli mezzi di sostentamento sono i pochi franchi che guadagna col lavoro alla maison Desboutins. E dunque? Qual è allora il motivo nascosto che le consente di comportarsi in quel modo? Perché non versa anche lei qualche lacrima pietosa con lo scopo di ammorbidirla e commuoverla, come fanno tutte? Perché mai non china il capo come è stata costretta a fare ognuna delle poveracce simili a lei venute a lavorare nella sua boutique?

Adrienne è raggiante. «Gabrielle, abbiamo un invito per stasera al Café Chantant.» «No, Adrienne. Io non ne so niente, perciò io credo che sia soltanto tu ad avere un invito.» «Dài, non fare così. Me l'ha sussurrato oggi quell'ufficiale bruno, è stato così carino. Si è fatto vivo spesso qui in negozio negli ultimi giorni. Un'ora fa è tornato apposta per chiedermi di raggiungerlo lì stasera. Ci sarà anche l'altro, quello che è quasi sempre con lui. So che ti piace, e poi si vede chiaramente che anche tu piaci a lui. Gabrielle, io intendo andarci soltanto se sarai con me. Da sola, non se ne parla.» In città si sono trasferite insieme. Dopo che i diciotto anni hanno congedato Gabrielle dal convento di Aubazine e i vent'anni hanno liberato entrambe dal collegio delle canoniche del Notre-Dame. A Gabrielle, la cittadina di Moulins era apparsa come un enorme paradiso dove trasferire il futuro immediato. L'aveva notata in occasione dei pochi giorni di vacanza che ogni tanto trascorreva a Varennes con la vecchia zia Costier, quando veniva prelevata insieme a Adrienne e alle due sorelle dalla noia e dai rigori del Notre-Dame. Le era capitato un paio di volte di attraversare la città. Due transiti fuggevoli, ma sufficienti per decidere che esattamente in quel luogo, che a lei era parso così vivace e popoloso, voleva sistemare il sogno della sua libertà imminente.

«Che posso indossare, nipotina?» «Ammettiamolo, zietta, di nostro non abbiamo granché. Vorrà dire che se proprio si deve andare a questo Café Chantant, allora sarà il caso di scendere in sartoria e pescare lì un paio di abitini che siano davvero presentabili.» Adrienne non può saperlo, ma Gabrielle ha lo stesso sguardo che le apparve sul viso mentre nella sala del guardaroba di Aubazine, in compagnia di Antoinette, lasciava che i tessuti monacali affidati alle stampelle le accarezzassero le guance. Proprio un istante prima di farsi rapire dall'idea di prenderne uno. Così, anche per gioco. «Sei matta?» la rimprovera Adrienne. «Madame Desboutins se ne accorgerebbe subito. E per noi... per noi sarebbe semplicemente la fine.» «Fifona» sorride Gabrielle sfidandola. «Se siamo brave non potrà capirlo mai. E per noi invece sarà l'occasione di indossare finalmente un vestito adeguato.» Più o meno aveva detto così anche alla sorellina, tanti anni prima. Anche stavolta si apre il duello tra cautela e imprudenza, e la lotta è tra zia e nipote. Non c'è partita. La vittoria va all'imprudenza, di cui soltanto la nipote è armata. S'insinuano anche qui tra le stampelle, ispezionandole una a una. Gabrielle sa cosa scartare, soprattutto sa cosa diventerà suo quella sera. Sceglie un abitino chiaro, d'una tinta che le ricorda il colore del latte caprino bevuto tante volte a Courpière. E un cappellino scuro al quale tira via una vistosa coccarda purpurea. "Poi la rimetterò al suo posto" pensa, "ma di certo io in giro con questo monumento barocco sulla testa non ci vado."

È naturalmente lei a scegliere anche per Adrienne. Insieme, s'avviano verso il locale che saprà cambiare le loro vite. A Adrienne darà un amore passeggero, a Gabrielle un curioso nome nuovo. Entrano esitando, colpite adesso dall'ansia della novità. Fino a poco prima non l'avevano avvertita e nemmeno sospettata. Ad accoglierle c'è soprattutto la nebbia aspra delle sigarette che a decine vanno in fumo. E ci sono quasi tutte le facce da tenente che fanno scempio delle loro divise e poi si recano a cercar rimedio nella maison Desboutins. Alcuni preferiscono un contegno da uomo tormentato, mostrandosi inseparabili dal proprio panciuto *verre* colmo di cognac. Altri scelgono di abbandonarsi a una notte che sia il più possibile chiassosa e sguaiata. Delle donne si avvertono soprattutto i profumi intensi e la tonalità alta delle risate che ciascuna ama sfoggiare. «Mademoiselle, qual è il suo nome? Io sono certo di conoscerla.» Mentre cammina adagio verso il salone più ampio, Gabrielle avverte il soffio di questa frase che le raggiunge la guancia. È la voce di Étienne, ne è sicura. Adesso le resta solo da capire se l'ufficiale sta facendo sul serio, se sta divertendosi a prenderla in giro o se è già stato catturato dal cognac. L'ultima è l'ipotesi che scarta per prima. Dell'alcol avrebbe percepito l'odore prima ancora di cogliere quelle parole. Probabile che l'uomo stia davvero tentando di ricordare dove abbia già visto quel corpo e quel volto. In fondo, gli vanno concesse alcune attenuanti. Mademoiselle Chanel non è che una giovane sarta che il tenente Balsan abitualmente vede in una versione assai diversa da quella che la ragazza esibisce ora. La piega vezzosa dei capelli, il vestito finemente curato. In negozio, invece, Gabrielle può soltanto apparire come una Cenerentola che della festa a corte non ha ancora saputo nulla. Non deve nemmeno aver bevuto troppo, Étienne. Certo, appartiene a coloro che non mollano per un istante sigaretta e cognac. Ma tiene con classe. Si vede che non è affatto a un debutto. Con lei riesce a esibire ancora tanto charme e un comportamento di assoluto decoro. «Ma certo, lei è la ragazza della boutique. Ero sicuro di averla già vista e di essere già stato colpito dal suo fascino. Potrà perdonarmi il ritardo col quale ho capito?» Gabrielle ha già ampiamente perdonato. Le va decisamente a genio quella sagoma che comincia ad affiancarsi a lei mentre cammina verso la sala e che sempre più pare aver voglia di aderire al suo corpo sottile.

«Oh, Étienne, una nuova amichetta buona per il prossimo quarto d'ora?» La voce della donna si trascina come chi stia volutamente stirando le proprie parole. Perché durino a lungo, perché feriscano più dolorosamente. Gabrielle tenta di intuire da dove provenga quella frase così piena di dispetto. Sta odiando una sconosciuta di cui ancora non conosce nemmeno il contorno. Si volta sperando di imbattersi in una figura che abbia un volto sgradevole quanto i pensieri. La donna di cui incrocia lo sguardo, invece, ha una sua indiscutibile bellezza spontanea, del tutto naturale. Una bellezza a cui sembra se ne sia abilmente sovrapposta una seconda, meticolosamente costruita da lei stessa con l'esperienza di chi ha potuto imparare e praticare l'arte di piacere. «Non me la presenti, Étienne?» «Ma certo, Émilienne. Lei è mademoiselle...» «Chanel, signora» interviene lei col tono di chi è stanco di restare nelle retrovie. Se è giunta l'ora di cominciare a combattere, Gabrielle vuol mostrare di sentirsi pronta. Del resto, non si può dire che fin qui la vita non l'abbia duramente allenata. «Oh, vorrà dire che c'è una signorina Chanel che s'aggiunge alla collezione, mio caro tenentino.» Étienne sorride genuinamente, come a Gabrielle pare che faccia sempre. «E smettila, Émilienne, possibile che tu stia continuamente in guardia?» «Già» interviene Gabrielle, «proprio come quelle statue di cera che sistemano nei musei.» Sa che quella reazione aspra può aver inaugurato una guerra. Ma è un'idea che non la spaventa affatto. Anzi, s'accorge che la sta assaporando volentieri. Émilienne riesce a dedicare solo un sorriso amaro alla risposta del tutto insospettabile della ragazza. E così per un po' s'allontana dai due. È la scelta di una tregua, le occorre per concedersi il tempo di riorganizzare il suo velenoso arsenale.

Aleggia un protagonista semitrasparente sul popolo che affolla il Café Concert. È la nuvola grigia del fumo che invade la sala. Sulla pedana che s'indovina giù in fondo un paio di voci femminili si alternano al canto. Al cospetto di una platea via via più distratta e chiassosa. D'un tratto, un urlo sfacciato si eleva sugli altri. «Via, andate via! Fatene cantare altre.» È un ufficiale stremato dall'alcol, che usa i suoi ultimi sussulti di quella notte per sottolineare la propria impazienza. Lo spettacolo non è di suo gradimento. Quell'urlo apre una piccola voragine di silenzio nel frastuono della sala, ma un istante dopo trova consensi fragorosi. «Ha ragione Brochard» è l'urlo di risposta, «vogliamo altre cantanti!» Ormai è un brutale invito corale. Una selvaggia richiesta collettiva, che non è nemmeno necessario ripetere alla donna che in quell'istante occupa la pedana. Sembrava stesse tentando di spiegare la voce e intonare qualcosa. Ma adesso è invece già sparita, sepolta dai fischi coi quali gli ufficiali rumoreggiano e dalla sua pochissima voglia di restare dove la inchiodavano solo pochi franchi a serata. «Vacci tu, lì sopra. Sono certo che canti molto meglio di quelle lì.» Étienne si rivolge a Gabrielle con un sorriso che tenta di essere incoraggiante. «Ma cosa dici? Io cantare in pubblico? Non ho mai fatto niente del genere. Non ne sarei capace.» È un diniego, certo. Ma tenue. Troppo tenue. Un rifiuto che ottiene l'effetto di rassicurare il tenente Balsan. Étienne ormai sa che basterà un'altra piccola spinta, solo un po' più energica della precedente, e vedrà Gabrielle avviarsi verso il palco delle cantanti. «Forza, lo so che sei brava, si capisce. E so che ti divertirai a mostrarlo a tutti.» Mostrarsi, ecco il punto. È una prospettiva che a Gabrielle non fa paura per niente. Non si è mai vergognata di se stessa. Ciò che della sua vita le piace meno riguarda il passato. Ma la puntura dolorosa di ciò che è stato, degli incubi che è certa di aver vissuto, adesso le pare distantissima, quasi estranea. E poi il proprio passato non è che un racconto da somministrare a chi vuol sentirne parlare. Lo si può trasformare a piacimento, costruendolo come un romanzo d'appendice. È l'autore che sceglie come fabbricarselo addosso. Non occorre che qualche utile menzogna per assegnare a se stessi il passato che si preferisce.

Quel faccino inedito, meno ingessato dal trucco che nelle cantanti precedenti, è già un argomento buono per piacere a quella temibile platea. La novità, intanto, ha finito con l'accrescere l'attenzione di tutti su quel che sta accadendo. Gabrielle guarda altrove, vuole a ogni costo evitare il rischio che quell'abbraccio di sguardi la intimidisca. C'è il docile Bernard, accanto a lei. Un pianista allampanato con le dita pronte a ripartire sui tasti e gli occhi pigri e spenti. Sembra quasi che di quel che è avvenuto, del clamoroso cambio di partner invocato a furor di popolo, nemmeno si sia accorto.

«Maestro» sussurra lei continuando a osservare il vuoto, «io non ne so molte. Lei conosce *Qui qu'a vu Coco dans l'Trocadéro?* Che dice, possiamo fare quella?» Il maestro risponde coi polpastrelli. Parte come un ottuso juke-box nel quale la monetina è ormai già cascata. A Gabrielle nessuno ha spiegato che si può fare. È la musica ad avvertirla, le note che il piano sta già spargendo. Una musica alla quale lei immediatamente comincia ad aggrapparsi con la voce. Non ha i polmoni giusti per dominare la sala. Ma un aspetto grazioso e pure una tonalità gradevole. Tra l'altro, gode ormai del favore incondizionato dei suoi insospettabili spettatori. La canzone va avanti. *Chi ha visto Coco nel Trocadéro?* E lei poco a poco s'insinua nel personaggio con una convinzione che diventa inarrestabile. La platea è felice. E già sinceramente invaghita della sorprendente *chansonnière* che ha di fronte. È la prova che il brusco licenziamento di chi l'ha preceduta è stata una scelta forse dolorosa, ma certamente azzeccata. Applausi. E alla fine addirittura delirio. Tanto che Gabrielle fatica a smettere: «Ancora, ancora!» urlano pressoché tutti. È stremata, ma sfolgorante come poche altre volte in vita sua. È un primo piccolo boccone del successo e lei lo assapora felice. «Sei stata straordinaria, anzi meravigliosa!» Étienne la accoglie così, concedendosi un abbraccio che l'atmosfera di trionfo consente. «Co-co, Co-co» canticchia ancora il giovane, «sappi che da oggi per me sarai soltanto Coco.»

Étienne è lì già la mattina successiva. S'accosta a Gabrielle senza curarsi troppo dei vecchi ostacoli. La cerca prima ancora di farsi notare da madame Desboutins e magari di lanciare un saluto collettivo. «Coco» le dice con un sorriso ampio immediatamente dopo averla avvistata, «ho qui con me un'altra divisa che ha assolutamente bisogno del tuo intervento. Per favore, vuoi controllarla? Vuoi vedere cosa c'è che non va?» Mademoiselle Chanel tiene gli occhi bassi. A quei sorrisi risponde regolarmente con una cortesia assai dimessa, con un numero sempre assai ridotto di parole e col volume della voce sempre contenutissimo. Chissà che non sia anche tutto questo che al tenente Étienne Balsan piace

così tanto. «Però se davvero vuole che gliela aggiusti, tenente, dovrà essere anche così gentile da consegnarmela.»
«Ti confesso, Coco, che sarà piuttosto complicato eseguire i tuoi ordini. Perché sto parlando della divisa che ho indosso in questo momento.» La giovane stavolta non può trattenere un sorriso divertito. È evidente che Étienne sta giocando con lei. E intanto sta anche chiamandola davvero "Coco", esattamente come aveva promesso di fare al termine della pazza notte vissuta fino a qualche ora prima. Gabrielle non ha ancora deciso nulla sul conto di quel nomignolo curioso e imprevisto. Se le piace e quanto le piace. Ha deciso, però, che è sempre più attratta dall'uomo che ora ha accanto. Le fa uno strano effetto sentirsi chiamare con un nome così diverso da quello al quale la vita l'ha abituata. "Ma a che sciocchezze sto pensando? Magari dura qualche giorno, sicuramente non di più. Poi è chiaro che questo giochino del chiamarmi 'Coco' finirà. E sarà definitivamente seppellito e dimenticato."

Una figura avvolta nel suo mantello scuro aspetta Coco all'angolo di Rue Voltaire: il buio è il complice più efficace se si vuole difendere il segreto d'un incontro. La ragazza raggiunge Étienne col passo che si è fatto frettoloso e un po' ansimante. Il suo orario di lavoro stasera si è protratto anche più del consueto. Colpa di Gisèle, che l'ha coinvolta in un lavoro che non le sarebbe toccato affatto. «Madame» ha cinguettato Gisèle verso la Desboutins solo qualche minuto prima delle venti, l'ora della chiusura, «forse è il caso che Gabrielle mi dia una mano. Queste uniformi devono essere pronte per domani. Se non ci diamo dentro, non le consegneremo mai.» Era lavoro suo, senza alcun dubbio. Gabrielle aveva come sempre esaurito in tempo il proprio, correndo con le mani sugli abiti e coi pensieri verso Étienne. E anzi s'era anche riservata il tempo per aiutare Adrienne, colta quella sera da un'emicrania violenta e chiaramente incapace di proseguire da sola nell'incarico che le era stato assegnato. Ma contestare Gisèle avrebbe significato rendersi la vita difficile per settimane. Senza contare che una polemica, innescata in quest'istante, sarebbe durata comunque lo spazio sufficiente a farla giungere in ritardo al suo appuntamento con Étienne. Tutto sommato, a quest'ora forse è meglio ingoiare la rabbia e assecondare quella che probabilmente non è soltanto una prevaricazione, ma anche un attacco diretto. «Ma certo, Gisèle» la incoraggia Madame, «finitelo insieme, quel lavoro. Così domani saremo sicuramente in grado di consegnarlo.» Coco ne prende per sé più della metà. È solo la fretta a spingerla. Non c'è nessuna idea di giustizia o voglia di dispetto che possa offuscarle la mente. Vuol solo finire il lavoro, finire e andar via di là correndo. Nient'altro ha importanza. Almeno non adesso. Ma per favore non le si chieda di partecipare anche alle immancabili e disgustose quattro chiacchiere tra amiche. Intanto, Gisèle è tutt'altro che sua amica. In fondo nessuna lo è, fatta eccezione per Adrienne, la zietta della quale per fortuna riesce a fidarsi sempre. Ma Gisèle ci prova. Sceglie il tono amorevole e borbotta: «Gabrielle, devo ammettere che è carino davvero quel tenente che quasi sempre si rivolge a te. È venuto anche oggi, no? Étienne Balsan, mi pare che si chiami. Non è così?». Gabrielle sta zitta per alcuni secondi. Vuole prima sincerarsi che l'insetto sia ormai ben stretto nella rete. Poi con lo sguardo tenuto ben fermo sulla stoffa a cui lavora, poggiata sul grembo, lascia zampillare il suo schizzo di cianuro. «Un tenente, Gisèle? Ne sei certa? Non sapevo che venissero tenenti, qui da noi. Non ne ho mai provato uno, non posso sapere come sono fatti.»

«Avevo una voglia pazza di vederti, Coco. E cominciavo a temere che non venissi.» «Perdonami. Non immaginavo che proprio oggi mi trattenessero così a lungo in negozio. Ero disperata perché ovviamente non sapevo come avvertirti. Avevo pensato di mandare Adrienne a dirtelo, ma stasera aveva un mal di testa fortissimo. E comunque sai che ti dico? Ho l'impressione che la mia Adrienne sia ormai completamente cotta del tuo commilitone, quel Maurice.»

Se ne stanno stretti l'uno all'altra per un po'. Dicendosi tutto quel che è possibile dirsi senza usare parole. «Continuo a credere che tu debba lasciare l'atelier, Coco. Potresti venire con me, nella mia tenuta in campagna, a Royallieu. È il posto che amo di più al mondo. Lì tutto è fatto di boschi, di pace, di natura e soprattutto di cavalli.» Étienne, gli alberi, i cavalli. Difficile che un guizzo di sola fantasia possa tenere tutta insieme una scena più desiderabile di questa. Ma a Coco è stata insegnata una diffidenza istituzionale. È la dote che ciascuna delle sue educatrici ha pazientemente impartito al suo bagaglio di donna. «Smettila. Lo so che non stai dicendo sul serio, Étienne. Non prendermi in giro.» «Non dico sul serio? Potrò dimostrarti assai presto il contrario, invece. Gli appartamenti della tenuta sono stati risistemati. E proprio ieri mi hanno informato che tutto sarà pronto al massimo entro due settimane. Perciò, se sei d'accordo possiamo trasferirci lì insieme al più presto.» Una quota di Coco, la sua parte più spericolata, è già al galoppo sui cavalli del tenente Balsan. C'è una parte più cerebrale che tenta pure di trattenerli, quegli slanci dell'immaginazione. Ma il temperamento che si ritrova, il destino che le è toccato, non le lasciano scampo. È scritto che la vita di Coco Chanel continuamente somigli a un'avventura. E al momento Royallieu ha davvero ogni ingrediente adatto a placare la sua fame insaziabile di futuro.

Non c'è che il passaggio di qualche sporadica carrozza a popolare la scena nella quale sono immersi. Se dal lato di Rue Diderot qualche passante sfida l'umidità pungente di questa sera, sarà difficile vederlo da qui. Étienne continua ad abbracciare il corpo sottile di Coco. La cinge fino a intrecciare le dita all'altezza della schiena della ragazza. «Amo stare con te. È per questo che ho tanta voglia di andare a Royallieu. Potremmo starcene in una casa, essere liberi di...» Deve interrompersi. Coco gli ha delicatamente posato un dito sulle labbra. «Perché non passeggiamo un po'? Io voglio esser libera anche adesso.» Étienne sorride con quel sorriso che è il suo segno di riconoscimento più autentico. «Va bene, passeggiamo. Direzione Rue de Bourgogne?» Coco non sa nemmeno dove sia. Ma in fondo la direzione non le importa. Le sta a cuore quell'istante, quel preciso istante. Ha solo bisogno di divorare quegli assalti di felicità che adesso sente interamente suoi. Per raggiungere Rue de Bourgogne c'è da passare in Rue d'Allier. Qui la scena è indiscutibilmente più movimentata. Dai ristoranti che danno sulla strada vengono fuori soprattutto piccoli gruppi di ufficiali. E qualche coppia non più giovanissima. Signore con la cotonatura dei capelli sovraccarica di cappellini coperti da ciuffi pomposi e fluttuanti, decorosamente sottobraccio all'uomo a cui la tombola della vita le ha solennemente e indissolubilmente affiancate. È quel che vuole anche lei? Chissà, di sicuro non ha mai sognato niente di simile. Gabrielle, detta adesso "Coco", nelle immagini del suo domani ha sempre scorto una donna. Soltanto una donna. Non le è mai venuto in mente che potesse rappresentare se stessa anche con un uomo accanto. Può darsi semplicemente che non ci avesse mai pensato, può darsi che non l'abbia mai desiderato veramente.

C'è un corpo, sul ciglio della strada. Del volto si distingue soltanto la barba piuttosto alta che gli ingrigisce le guance e il mento. Ha il capo chino ed è seduto, con la schiena abbandonata sulla saracinesca di una vendita di dolci che riaprirà solo domani. Si intuisce che la mano destra è in una posa irrigidita, più contratta rispetto a tutto il resto dei muscoli, per invitare i passanti a lasciar cadere una moneta. Coco qualche volta s'è vista anche così. Accadde quando comunicò alle suore del Notre-Dame che sarebbe andata via dal collegio, che si sentiva pronta a cercar da sola i mezzi per sostenersi. «Pensaci bene» le spiegarono con un'espressione che doveva scoraggiarla. «Rischi di finire prestissimo a chiedere l'elemosina sulla strada. O magari peggio.» Coco osserva quel corpo fiaccato dall'esistere. Si chiede se il destino l'abbia direttamente fatto povero o se è tra coloro che sono capaci di diventarlo. Un appartenente alla razza degli sperperatori di libertà. «Hai una moneta da un franco, Étienne?» Il tenente tenta di penetrarle negli occhi. Vuol comprendere se quella elargizione sia più un gioco o più un bisogno dell'animo, un bisogno maledettamente serio. «Un franco? Se ogni giorno donassi un franco a ciascun mendicante di Moulins sarei in rovina nel giro di qualche settimana.» E con un sorriso sottolinea il sarcasmo di quelle parole, mentre con due dita pesca la moneta con lo stemma della Repubblica Francese nel taschino della giubba.

Coco intanto recupera due franchi anche dalla sua borsetta. Non ne ha molti. S'avvicina a quel corpo semiappisolato e sussurra con la mano già tesa: «Tenga, sono suoi». È una sveglia piuttosto efficace. L'uomo ha un sussulto gonfio di torpore e con la mano sinistra fa leva sulla strada per tirarsi un po' più su. Non solleva troppo il volto, ma adesso gli si scorgono gli occhi. Quel tanto che basta per ghiacciare Coco. Occhi cisposi, disperati. La ragazza indietreggia. Socchiude le palpebre. E si rifugia in un respiro profondo. È la sola maniera per non gridare, per non scappare terrorizzata. Quell'uomo è suo padre. Il padre che aveva accompagnato lei e le sue sorelle al convento di Aubazine. Il padre che le aveva salutate dicendo: "Verrò a prendervi presto, piccole". Il padre delle cui sporche imprese apprenderà ancor di più dai racconti di Joséphine Pardieu, la sorella di suor Juliette. Le monete le cascano dalle mani. Soltanto una finisce tra le dita dell'uomo. Altre due rotolano mezzo metro più in là. Étienne ne raccoglie una. Verso l'altra si lancia fulmineo l'uomo, improvvisamente ravvivato da un'energia che pareva non avesse. Coco è già in piedi, guarda altrove. Il tenente Balsan non può interpretare ciò che sta avvenendo, non può sospettare che un terremoto sta squarciando il ventre della donna che ha accanto. «Coco, che ti succede? C'è qualcosa che non va?» «No, Étienne, non è nulla. Un malessere leggero, ma andrà via subito.» Vorrebbe accovacciarsi nuovamente verso quel corpo molle e prendergli il viso tra le mani. C'è una frase che da tanti anni le dimora dentro: "Perché non sei mai venuto a prenderci a Aubazine? Perché? Ce l'avevi promesso. E io ti avevo creduto". Si accorge di odiarlo ancora soltanto per questo. Resta ferma, invece. "Mio padre. È proprio lui" riflette. Ne è certa, ma cosa se ne farà mai adesso di questa notizia? L'istinto le suggerisce che ora deve riguadagnare soprattutto un'apparenza presentabile. Sa che potrebbe non incontrare mai più l'uomo che più d'ogni altro le è accaduto di aspettare. La rabbia e il dubbio le danno qualche conato di vomito. Tacere. Fingere che non sia lui. E quasi certamente impedirsi di vederlo ancora. Un rischio che Gabrielle corre e che forse desidera: «Possiamo andare, Étienne. Mi sento già meglio».

I cavalli di Étienne

Il suono selvaggio del nitrito la coglie di sorpresa e un po' la spaventa. Ma lei ama i cavalli, come fossero fratelli. Li ama fin dai tempi in cui ha potuto conoscerli e avvicinarli a Courpière. Qui a Royallieu, non lontano da Compiègne, nella tenuta che i Balsan hanno recentemente acquistato, i cavalli sono animali sacri come certi bovini nel cuore dell'India. Del resto sono loro gli amici delle lunghe passeggiate quotidiane, i protagonisti delle riunioni di galoppo all'ippodromo di Vichy, i partner negli scontri durante i chukker quando si gioca a polo. Coco sta accarezzando Solange, una splendida cavalla dal mantello sauro, decisamente vispa: «È bellissima, Étienne. È questa che dovrei montare?». «Oh no, Coco. Meglio cominciare con qualcosa di più tranquillo. Solange è una cavalla strepitosa. Sa anche essere docile quando vuole, ma è un po' troppo allegra.» «È francese?» chiede la ragazza, ancora incantata dalla bellezza del quadrupede. «È svizzera, è una Freiberg. Una razza che gli allevatori hanno fatto venir fuori dai purosangue inglesi e dagli anglo-normanni.»

Il mondo verde e affascinante di Royallieu è lì, e lei può farne la sua casa. Quando vuole. Étienne non scherza, di lui pare davvero che ci si possa fidare. Non è la prima volta che la conduce tra i suoi cavalli, nello spicchio di universo in cui egli appare sereno più che in qualsiasi altro luogo. «È qui che voglio vivere con te» le ripete mentre si muovono tra le scuderie e le stalle, controllando che gli zoccoli siano ben ferrati, che mangiatoie, rastrelliere e abbeveratoi siano pieni, che le gualdrappe siano ripulite e ben fissate. Coco fin qui si è limitata a studiarne gli occhi. Ha deciso che la risposta va rinviata, va amministrata con cura. Sa di non essere la prima che Étienne desidera e tanto meno la prima che il tenente seduce e tiene con sé per placare piccoli capricci fugaci. Ecco, è questa l'idea che non le piace. Durar poco, essere una passeggera come tante altre. Non ha dimenticato il tono drastico usato da Émilienne nella prima notte vissuta al Café Chantant. Certo, lei intanto ha già il merito non trascurabile di aver superato la soglia del quarto d'ora. Ma non le va giù la prospettiva che questa soglia per lei sia lontana solo qualche settimana più della media. Intuisce che Étienne è un uomo che può diventare importante per la sua vita successiva. Ma Coco non intende rinunciare a se stessa. Royallieu è un paradiso che la attrae, ma in nome di quegli spazi incantevoli non è disposta a sacrificare la sua tenacia, quella che le consente di guardare orizzonti ancor più lontani.

Gli spazi immensi, lì a Compiègne, somigliano tanto alla libertà. E in fondo è quello il vero traguardo di Coco. Lei ha un temperamento che continuamente le suggerisce di rincorrere l'indipendenza e possibilmente piccole novità che sappiano darle la sensazione di strappare il presente da quei brandelli di passato che ancora sente sulla pelle. Quel nomignolo – "Coco" – non si può dire che abbia un suono a cui Gabrielle si è del tutto affezionata, eppure bisogna ammettere che inizia a piacerle. È un frammento di qualcosa di inedito. Un po' come rinascere. Ma, soprattutto, quel nomignolo è il passaporto per varcare una frontiera, per accedere alla nuova vita che sta desiderando da tempo e che ora comincia ad assaporare. D'un tratto tra i prati della Piccardia, cavalcando nella tenuta di Royallieu, mademoiselle Chanel sente che sta celebrando l'addio ai giorni dei conventi delle suore e delle padrone, quell'addio così ferocemente inseguito e così abilmente occultato fino a oggi. «Devi insegnarmi a montare in modo perfetto, Étienne.» La risposta è in un sorriso gonfio d'orgoglio. L'ufficiale innamorato prende con gioia l'investitura, lo affascina l'idea di ricoprire il ruolo di professore che Coco gli sta assegnando. E poi ama troppo i cavalli per non sentirsi intimamente felice tutte le volte in cui ha davanti la prospettiva di giorni da vivere accanto a loro. «Confessa, piccola, non mentire. Tu su un cavallo ci sei già salita. E anche piuttosto spesso.» Coco è brava, sorprendentemente brava. Intanto ha il dono di piacere ai suoi quadrupedi, e questo è l'indizio al quale Étienne bada più che a ogni altro. A Courpière, da bambina, aveva cavalcato spesso. Ma si trattava di cavalli ben diversi. Animali da tiro sui quali lei giocava e sognava. Qui può ancora giocare, ma non ha bisogno di sognare. Può progettare. Il futuro adesso ce l'ha accanto e può toccarlo, può correrci sopra e provarne l'ebbrezza, può addirittura sentir suo il privilegio di accettarlo o rifiutarlo. Étienne accarezza dal basso la gamba della ragazza che pende sulla destra del cavallo. «Restiamo qui, Coco. Restiamoci insieme. Non è meraviglioso sapere che tutto questo è nostro?»

La Desboutins questa mattina ha un'allegria irritante. E una insistente voglia di esibirla. Soprattutto al cospetto delle tre o quattro clienti che sono in boutique. «Oh, madame Desruelles, quest'abito la fa davvero apparire come una Regina del Mare.» È una definizione di cui si serve spesso. Ma nessuno sa bene cosa voglia dire. Probabilmente è soltanto il richiamo a una favola ascoltata quand'era bambina. Difficile che si tratti di un libro letto da qualche parte. Madame non deve averne maneggiati troppi. E nelle occasioni in cui è costretta ad accorgersi da sola della inadeguatezza piuttosto deprimente del suo sapere, quando un congiuntivo le sbanda sulla lingua, la Desboutins tenta di uscirne vittoriosa con il solito colpo di praticità che basta a riaprirle il cuore: «La vita, la vita vera si impara solo qui, in sartoria». Nel frattempo, Gabrielle è impegnata nell'esercizio di imparare a conoscere le donne. Tolta la mamma e le sorelle, qualche zia e un nutrito gruppo di suore, non ne aveva conosciute troppe. Vuol capire cosa cercano veramente quando scelgono di passare la soglia del negozio di madame Desboutins. Sono disposte a pagare per piacersi o per piacere? Vogliono l'eleganza o solo la certezza che stanno acquistando capi all'ultima moda? Gabrielle ha iniziato a capire che possono essere veri gli uni e gli altri aspetti e che ciascuna donna insinua un po' del proprio temperamento nelle decisioni che prende quando si esamina nello specchio del camerino. Ma c'è qualcosa che tormenta Coco e che lei è certa di aver intuito per prima: quelle scelte sono una penitenza per il corpo e per l'anima. "È forse scritto su uno dei libri sacri che le donne debbano pagare un prezzo così alto e faticoso per andare in giro con la sensazione di essere desiderate?" La "Regina del Mare" chissà chi era e chissà cosa significa. Ma per la giovane Chanel diventa il simbolo di ciò che le piacerebbe cancellare dagli orizzonti della moda. Una "Regina del Mare" riesce a immaginarla immersa nelle profondità. La vede circondata da bolle, con un enorme vestito di velluto che lentamente si dilata ondeggiando come una medusa, gonfiato dall'acqua che s'insinua in ogni piega. Una regina col fiato ormai esaurito dalla lunga apnea e i polmoni che le si strozzano dentro. Perché essere una "Regina del Mare" e non una Sirena? Perché non si sceglie di vivere sfilando agilmente tra le onde e le apnee dell'esistenza? «Gabrielle, da' un'ultima occhiata all'abito di madame Desruelles. A me sembra perfetto.» Ma Gabrielle quella mattina è già Coco. Scruta attentamente ciò che indossa la signora a cui s'è appena accostata. Nota subito lo svolazzo di tulle sulla parte superiore della schiena che pare il soffio d'una balena. «Questo lo toglierei» sembra dire solo a se stessa mentre già esegue, «e anche di quest'altro farei a meno», e sfila dal dorso del vestito di madame Desruelles una massiccia treccia di *taffetas* che pare la cresta ossea di un rettile. La Desboutins sta amabilmente costringendo dall'altra parte della sala una diciottenne accompagnata dalla madre a credere che il verde trifoglio le stia meglio, molto meglio, di qualsiasi altro colore. «Ma che sta facendo?» protesta più stupita che indignata madame Desruelles, mentre alle sue spalle quella imprudente sartina le sta smontando il vestito. «Sto tentando di renderle più comoda la vita. Lei quest'abito intende indossarlo solo per alcuni minuti o pensa seriamente di poterlo tenere anche per alcune ore?» «In effetti» è la risposta della donna, «qualche volta mi accade di portare un indumento come questo anche per ore, magari per farci delle lunghe passeggiate. Ma perché mi fa questa domanda?» Gabrielle ritarda la replica di alcuni secondi, quasi spingendo con lo sguardo la donna verso la soluzione dell'enigma, prima che sia necessario rivelargliela. «E quando passeggia lei preferisce star comoda, star libera o marciare come un soldato?» Sono parole, queste, che anche madame Desboutins fa in tempo ad ascoltare. Giunge precisamente in quell'istante ed è sorpresa di notare che, distesi sul tappeto del camerino, ci siano un fiocco di tulle e una preziosa treccia di *taffetas*, abbandonati come corpi morti, impossibili da rianimare. Vorrebbe chiedere di cosa mai si parli e a cosa sia riferita la frase interrogativa di Gabrielle appena udita. Ma quella è una mattinata di euforia festosa. «Allora, questo vestito?» dice senza accorgersi di quanto sia spericolata la sua domanda e quanto sia diventata complessa la questione. «La sua collaboratrice l'ha semplicemente distrutto» spiega torva madame Desruelles. Gli occhi della titolare della rinomata boutique Desboutins sono due braci in cui si è appena ravvivato il fuoco. La collera le impedisce addirittura di sbottare immediatamente. Ha bisogno di una riserva più abbondante di ossigeno, per esplodere nel modo che le appare più opportuno e per garantire forza sufficiente al fragore del tuono che sente crescere dentro. Perciò tace e inspira. E quando sembra che le labbra stiano cedendo all'energia di tutto il livore accumulato, madame Desruelles calpesta la miccia e spegne tutto. «Però devo ammettere» riprende mentre si esamina leziosa allo specchio «che c'è un tocco di genio in tutto questo. Per la verità, non è che quest'abito mi convincesse poi tanto.» E adesso? Cosa può fare in casi del genere una povera titolare della boutique meglio frequentata di Moulins? La cliente ha troppo nome e troppi quattrini perché la si possa contraddire. E ora che difende quella sciagurata di sartina, impedisce anche qualsiasi altro tipo di sfogo. «Be'» riesce a sussurrare mentre sente che le viscere si torcono dolorosamente, «il vestito ha un suo valore. Ma anche così, reso un po' più sguarnito, più semplice, devo ammettere che conserva un suo fascino.» «No, no, madame Desboutins. A me così piace molto di più. Sa che le dico? Nella sua versione originale non l'avrei preso. Adesso invece so che lo acquisterò.» Maledetta, probabilmente parla così solo per confonderle le idee. Ora non sarà possibile strapazzare la giovane Chanel nemmeno quando la Desruelles sarà andata via. Non ha appena detto che comprerà il vestito solo perché quella matta di Gabrielle glielo ha completamente deturpato? "Forse questo mondo ha cominciato a correre troppo velocemente" riflette Madame, "e io qualche volta non riesco a stargli dietro."

In ogni caso, quella disgraziata venuta dalla campagna comincia a esprimere idee fin troppo spavalde. Intanto, nessuno le ha mai chiesto di esprimere un bel niente. E poi è una bestialità vandalizzare i vestiti in quella maniera. «Ragazzina» le dice quando madame Desruelles ha ormai gonfiato la cassa coi suoi franchi ed è uscita salutando con tutta la sua effervescenza, «passi per questa volta. Cercherò di dimenticare quest'episodio. Ma tieni presente che iniziative come questa non sono gradite. Dunque, sei pregata vivamente di non far mai più nulla di simile. Sono io, io sola, a decidere come vanno presentati i vestiti che questo atelier produce, propone e vende.» Strano, Gabrielle non ha lo sguardo spaventato. E nemmeno troppo mansueto. Addirittura, non sta abbassando il capo, né pare che voglia scusarsi, sembra anzi intenzionata a rispondere qualcosa. «Ha ragione, Madame» commenta la ragazza, «gli abiti sono i suoi ed è giusto che lei ne faccia quel che le pare. Adesso però la saluto. Io vado via. Buona fortuna. Mi saluti le ragazze.» La Desboutins spalanca le palpebre come se avesse voglia di farne uscire gli occhi. Analizza le parole e la posa della ventenne che ha di fronte quasi dovesse imporsi di non scordarle per l'intera vita. «Ma che dici? Sei ammattita? Va bene, oggi sono di buon umore e farò finta di non aver sentito nemmeno questo.» È vittima di un dilemma, adesso. Sta facendo la cosa giusta per il bene del negozio, perché in fondo quella tipetta di talento ne ha davvero? Oppure sta inspiegabilmente umiliandosi al cospetto di una ex contadinella, assunta con un gesto di pietà e solo a causa dell'intervento della badessa del Notre-Dame? «Non si disturbi, Madame. Ho detto che vado via e andrò via.» Il tuono che la Desboutins covava dentro, e che era stata costretta a reprimere dieci minuti prima nel camerino, dormiva. Non era affatto dissolto. Si rifà vivo adesso, ancor più cattivo e assordante. «Cosaaa? Ma chi diavolo credi di essere, puttanella? Sei solo una poveraccia che finirà presto sulla strada. Qui potevi salvarti, ma adesso è chiaro che sei malata dentro e che sei destinata alla rovina.» L'urlo è fin troppo lacerante perché le altre sartine lo considerino ordinaria gestione delle dipendenti. Gisèle corre a vedere cosa stia accadendo e anche altre ragazze giungono con l'aria intimorita e lo scopo di interpretare il motivo di quella esplosione rabbiosa. Scorgono Madame con la giugulare gonfia, apparentemente indecisa se proseguire con le contumelie o aggredire fisicamente Gabrielle, che dista un metro da lei e che ora ha smesso pure di rivolgere lo sguardo alla sua ex datrice di lavoro. «Ciao, ragazze. Vi auguro tanta buona fortuna» dice mentre indossa un sottile giacchino scuro pettinato e s'avvia verso l'uscita. Quando sta già passando per l'ultima volta quella soglia, avverte una voce strappata dal rancore che continua a gridare qualcosa alle sue spalle: «Sei una pazza, un'illusa. Pensi che quel tenentino ti mantenga a lungo? Ti porterà a letto ancora per una o due settimane, poi ti mollerà su un marciapiede. Spero che sia quello qui accanto, così ricorderai per sempre che io t'avevo avvertita. Vattene, adesso. Vatteneee! Togliti dai piediiii!».

Coco dai piedi stava in realtà già togliendosi, e per sua scelta. Nell'istante in cui sottraeva ogni fronzolo dal dorso dell'abito di madame Desruelles, la ragazza era già con la testa e con i progetti a Royallieu. Aveva deciso, dunque. Prati, boschi e cavalli. E naturalmente il dolce e facoltoso tenente Étienne Balsan. «È la nostra casa, Coco, la tua e la mia.» In fondo la ragazza sa quanto amorevole e fantasiosa sia questa ricostruzione, ma l'idea non la inquieta affatto. Di Royallieu non le interessa alcun titolo di proprietà. Lei è soltanto incuriosita dalla prospettiva di poter vivere quel luogo, di poter conoscere un mondo che è ben oltre le preghierine e le penitenze conosciute in convento e che è ben al di là anche dei continui "sissignora" dovuti a madame Desboutins. La affascinano i giorni da vivere correndo sul dorso di un purosangue, molto più che le serate accanto al camino bevendo tra amici di antica nobiltà.

«Ho saputo che presto arriverà qui tua madre, Étienne. Quando avremo la sua visita?» Ha la sensazione fugace che l'argomento non accenda sulle labbra dell'uomo il sorriso consueto. La notizia le è giunta freddamente dalla governante della casa, mademoiselle Colbert. Si farà viva, come periodicamente accade, la ricca baronessa vedova che ha messo al mondo Étienne. Viene da Châteauroux, cittadina della quale sono originari i Balsan e dove tutt'ora prospera l'enorme azienda tessile di cui la famiglia è padrona da quasi un secolo. «Sì, Coco. Mia madre ha fatto sapere anche a me che arriverà nei prossimi giorni, ma non so dirti ancora nulla di preciso.» «Dovrai fare in modo che io lo sappia in tempo, Étienne. Ho bisogno di rendermi presentabile. Del resto è la prima volta che potrà conoscere questa Coco. Sono pur sempre l'ultima fiamma del tenente Balsan, la donna a cui hai addirittura concesso il privilegio di vivere qui a Royallieu.» «Tranquilla, avrai modo di farti vedere nel modo che riterrai migliore. Ma vieni qui, avvicinati. Adesso ho voglia solo di far l'amore.» La ragazza si accosta a quello sguardo che ora è così caldo. E si lascia toccare. Risponde anche ai baci di Étienne che le conquistano la bocca in modo sempre più indiscreto. Eppure intuisce che quei momenti coinvolgono Étienne molto più di quanto siano graditi a lei. L'uomo le cerca il seno con la mano, continuando a baciarla con calore. A Coco non sembra di provare fastidio, ma davvero non capisce cos'è che debba darle piacere. Quella carezza continua a passeggiare ardente sul suo torace. Fino a quando la mano di Étienne si spinge verso il basso, insegue le sue cosce all'altezza del ginocchio, poi lentamente risale. È lì che la ragazza avverte una vibrazione ostile. «Ti prego, andiamo di sopra e facciamolo subito. Qui può vederci mademoiselle Colbert. Non mi va.» Della governante non le importa nulla. Ma preferisce spendere il tempo dell'amore a letto, dove si farà più in fretta, dove sarà più facile spingere l'uomo verso la soluzione fatalmente definitiva, e poi ritrovarselo sfinito e già semiassopito. In fondo è la maniera che Coco trova anche più gradevole nel far l'amore. Perché quel tocco rivoltante tra le gambe le ricorda vecchie immagini e vecchi supplizi, le riporta nell'anima i troppi tormenti vissuti al tempo ormai sepolto della piccola Gabrielle.

«Signorina Colbert, tutto pronto?» Coco dovrebbe essere di sopra a riposare, ma s'è svegliata in sorprendente anticipo ed è già a metà della rampa che conduce nell'enorme sala da pranzo della tenuta di Royallieu. Da lì può vedere Étienne riflesso nella grande specchiera Luigi XVI, tenuta da una cornice in foglia d'oro e retta da una sontuosa console di marmo nero. La voce è quella di Étienne, e se si rivolge a mademoiselle Colbert vuol dire che sta dando disposizioni. «Sarà qui entro un paio d'ore al massimo. Ci sarà anche mio fratello Michel.» La madre, è evidente che Étienne sta parlando della madre. Ma allora perché lei non ne sa ancora nulla? Non erano rimasti d'accordo che l'avrebbe avvertita in tempo? Perché non le ha detto nulla? "Non devo sapere, è soltanto questo il motivo. Io alla madre non devo essere presentata." Per un istante indugia su uno scalino.

Dubbiosa se risalire nella sua camera o se irrompere nel cuore di quello sgradevole dialogo clandestino. Vive come fosse la donna di Étienne, ma a rifletterci bene non si sente la donna di Étienne. Torna al piano superiore e sceglie una delle finestre che le spalancano la vista sulla foresta di Compiègne. Perdendosi tra quegli spazi riconquisterà la frontiera che in fondo più d'ogni altra desidera. Sulla pelle continua a bruciarle la menzogna e l'oltraggio ancora una volta subito dalle miserie del proprio passato. «Coco, ti cercavo nella tua camera, credevo che dormissi ancora.» Non s'è accorto di nulla, Étienne. E dunque non sa che Coco sa. «Che ne pensi, ce la concediamo un'ora di galoppo?» Già, non può che essere un'ora, poi avrà da fare. «No, Étienne, puoi andarci da solo. Stamattina non mi sento benissimo.» «Cos'hai? Mal di testa? Altri malesseri? Vuoi che faccia chiamare il dottor Châtelet?» Il lungo questionario del tenente non avrà risposta. Coco si limita ad abbandonare la finestra. Sembra voglia dirigersi verso il basso. Un istante prima d'incamminarsi, dalla mano le casca un pacchettino rivestito di carta scintillante. Étienne è rapido a chinarsi e raccogliere quella piccola confezione. «Non so cosa ci sia dentro. Speriamo non si sia rotto.» L'astuccio ha salvato il contenuto, ma s'è aperto. All'interno, si scorge adesso un piccolo orologio dal taglio apparentemente maschile. «E questo cos'è?» chiede fissando attentamente il quadrante del gioiello da polso. «Lascia perdere, Étienne. Non serve più.» Coco ha un'espressione tenebrosa ed evidentemente nessuna voglia di spiegarla. «Non serve più? Non capisco, piccola, a cosa doveva servire?» Lei sta tentando di individuare il vero umore dell'uomo. Di certo, non ha nessuna intenzione di piagnucolare al cospetto di Étienne la sua delusione di ospite esclusa. «È un oggetto che avevo scelto fra tanti e che avrei regalato a tua madre, Étienne. Ma credo che questo adesso non abbia veramente più alcuna importanza.» Il tenente ha un brivido. Si sente come un peccatore del quale all'improvviso diventano pubbliche colpe fin lì rimaste privatissime. «Hai saputo che sta venendo qui, immagino. Bene, mi vedo costretto a chiederti scusa per non averti avvisata. Ma...» «No, per favore non aggiungere altro. Non ce n'è bisogno. E poi sono io a dovermi scusare con te. Confesso di aver pensato che sarei stata presentata a lei, ma ora mi accorgo di aver immaginato molto più di quel che era giusto. Mi sento una sciocca, cerca di perdonarmi almeno questo. Del resto, non vedo proprio perché mai tua madre dovrebbe conoscermi.» «Non esagerare, Coco. È naturale che prima o poi dovrai conoscere mia madre. Solo che probabilmente oggi non è il giorno adatto. È stata lei stessa a farmi sapere che è stanca e che, a causa di ciò, stavolta preferisce trattenersi a colazione solo con mio fratello e con me.» Un sorriso alterato sigilla il dialogo. Prima di sparire, Coco pesca nelle mani immobili di Étienne l'orologio che doveva presentarla, il gioiello col quale voleva compiacere madame Balsan. S'era illusa che quella donna dovesse diventare il nuovo confine dei suoi affetti, era disposta ad aggrapparsi a quella ignota gentildonna pur di appropriarsi finalmente d'una famiglia. Ma mentre insegue questo sogno s'accorge che il passato le sta sputando addosso le sue vergogne intime. Gabrielle Chanel sente nuovamente addosso le sue piaghe purulente, quelle che marchiano a vita le sventure degli umili.

L'uragano chiamato "Boy"

I fiocchi di fuoco che giocano nel caminetto sono una meravigliosa attrazione. Coco osserva quel corpo vivo e ardente che si sfrangia e si dissolve fuggendo verso l'alto. Da almeno un'ora è seduta lì. Voleva leggere, e per questo ha fatto giungere a Royallieu due riviste di moda. Le stampano a Parigi, ma l'editore riesce da qualche tempo a farle arrivare anche in provincia. A Coco la fatica che i cronisti spendono nelle loro cascate di parole stampate interessa piuttosto poco. Lei è sedotta dalle immagini enormi che invadono le pagine lucide dei periodici. È lì, proprio su quelle foto, che vivono gli abiti. Qualcuno le ha raccontato che adesso c'è il cinematografo e che su uno schermo enorme il mondo viene mostrato ancor più bello che nella realtà. Intanto lei ama le fotografie e quei colori smaglianti assai più dei modelli che esibiscono. È rapita dai cappellini più che da qualsiasi altro dettaglio. Ma la poltrona su cui ora è sistemata ha il difetto di guardare verso il fuoco. E lei non sa smettere di osservarne i capricci. Una fiammella guizza più in alto, un'altra si ferma qualche centimetro più giù. Perché? È tutto previsto? No, deve trattarsi soltanto di un complotto del caso, proprio come l'esito di dadi che si lasciano rotolare. Le viene in mente il caos generato dalle pieghe di quelle gonne. Nessuno la convincerà mai che sia armonia prestabilita. Quella è solo una scusa da furbi. I creatori di disordine mettono sul mercato la loro inutile complessità e la vendono come merce. Una merce che si arroga il diritto di restare incomprensibile. Come dire: "Scusate, non tutti potete capirla". Coco è una semplice e ama la propria semplicità. "Prendiamo questo" dice a se stessa adocchiando tra le pagine un modellino da sera. "A me non sembra affatto un cappello, ma un covone colorato che andrebbe sistemato con un forcone da contadino."

Étienne dovrebbe essere già a casa, ma non è la prima volta che annuncia un arrivo che poi slitta anche di un giorno intero. Tra mezz'ora al massimo potrebbe essere pronto il pasto di mezza giornata. Coco non ha troppa fame, in realtà non ha mai amato eccessivamente il vizio di mangiare. "Se Étienne non è ancora qui" riflette, "può darsi a questo punto che farà colazione altrove." È il piccolo pretesto che le occorre per distogliere lo sguardo dal fuoco e rivolgerlo alla porta. Ha voglia di uscire, di evadere dalla prigionia di quell'atmosfera rovente imposta dal caminetto, e offrirsi alle ventate umide di una cavalcata. Quindici minuti più tardi è già nel bosco. Esposta al fruscio gradevole degli zoccoli che scalciano sulla terra pastosa pavimentata dalle foglie. Sceglie l'andatura minima, quella che concede un fiacco galoppo a Cloton, il baio che ha deciso di montare. È il passo che le consente di percepire ogni suono del bosco. Può avvertire soprattutto il crepitio dei rametti più legnosi che cedono al peso del suo passaggio e il coro monodico dei volatili che dall'alto la sorvegliano. D'improvviso alza gli occhi verso il cielo. Non è facile distinguerlo. Il verde ancora compatto delle cime dei faggi e delle querce è un tetto pressoché impenetrabile. Ma Coco ha distintamente udito un boato, non vuole che il temporale la colga impreparata nel bosco. Prepara la schiena a trasmettere l'impulso necessario a lanciare il cavallo verso casa, ma s'accorge che dall'alto filtrano schegge di luce intensa. C'è un pallido sole, è davvero strano che tuoni. Può darsi che una nuvolaglia fitta stia sopraggiungendo da sud, annunciando la propria minaccia ben prima di mostrarsi. Ma un nuovo boato, stavolta più gentile, solletica la sua curiosità. Più che un boato è un ruggito prolungato. Lei prosegue il suo pacato galoppo senza meta. E c'è di inquietante che il ruggito sembra seguirla, braccarla, certamente sta avvicinandosi. Fermarsi? Spronare il cavallo verso una marcia più spedita? Non c'è tempo per pensare. La bestia avverte il fragore che è distante ormai non più di quindici metri, lanciato in direzione contraria alla sua. Reagisce tentando di farsi schermo con le zampe anteriori, che solleva verso l'alto fino a dare alla groppa un angolo impossibile da cavalcare. Coco stringe d'istinto le briglie tra le mani e il dorso dell'animale tra le ginocchia, ma ciò non le basta a restare seduta. Nell'istante in cui il cavallo raggiunge una posizione quasi eretta, la ragazza sente che sta per avviarsi verso una caduta rovinosa che la spaventa. Le rimane forse il tempo per scegliere un male minore. Scarta verso destra e si lancia a terra. Un attimo di volo e poi sente che dalla spalla e dall'anca s'irradia un dolore bruciante. Resta immobile, i soli muscoli attivi sono quelli del volto, che le si sono contratti in una smorfia involontaria. «Mademoiselle, non si muova, la prego. Se può, faccia solo un cenno per dirmi che sta bene.» È la voce di un uomo. Un uomo chino su di lei. Coco lo troverebbe anche d'aspetto assai gradevole, se non sospettasse che è il responsabile unico del suo dolore intenso e di tutto quel che sta avvenendo. «Credo di essere viva» riesce a dire sforzandosi, «e credo pure di non esserlo per merito suo.» «Mi spiace, Mademoiselle, ma non immaginavo di incontrare un cavaliere qui a quest'ora. Quando sono entrato nel bosco con la mia automobile, il giardiniere che ho incontrato all'ingresso m'ha riferito che monsieur Étienne Balsan è uscito e non ha ancora fatto ritorno. Ritenevo perciò...» «Qualsiasi cosa lei abbia ritenuto» lo interrompe Coco mimando il tentativo di rialzarsi, «ha ritenuto la cosa sbagliata. Guardi come m'ha conciata, e devo pure ringraziare il cielo. Poteva andar peggio.» «Direi che posso ringraziare il cielo anch'io» sorride l'uomo, adesso consapevole di non aver creato danni serissimi. «Intanto perché m'accorgo di non averle fatto poi così male. E inoltre perché adesso sono lietissimo di avvertire un obbligo tassativo: farmi perdonare da lei.» Niente da dire. Oltre che essere gradevole d'aspetto, quel tipo ci sapeva fare anche coi modi e le parole. Non le restasse un indolenzimento feroce alla spalla, anche Coco sentirebbe forse la tentazione di manifestare la sua gioia per quell'incontro fortuito e davvero travolgente. «Posso presentarle la mia automobile? È inglese, proprio come me. E a una prima occhiata direi che dall'impatto è uscita decisamente meno malconcia di lei. Il mio nome è Arthur, mi chiamo Arthur Capel. Forse più conosciuto come "Boy".» La ragazza conosceva perfettamente quel nome, tante volte udito da Étienne. Sapeva anche che Boy, il suo migliore amico, era atteso da giorni. "Ma non mi fido fino a che non lo vedo" aveva aggiunto Étienne annunciando l'eventualità del suo arrivo. "Già tante volte in passato m'ha scritto che stava per farsi vivo, e che intendeva raggiungermi finalmente qui a Royallieu. E poi invece non s'è visto per mesi." Boy continua a dedicare premurose attenzioni alla donna ferita, che ormai massaggia la spalla con la mano sinistra mescolando l'espressione del dolore a un sorgente sorriso. «E posso sapere chi ho avuto l'onore di investire, Mademoiselle?» Il suo umorismo audace spalanca il sorriso della ragazza. «Io sono Coco. Per la verità è così che si diverte a chiamarmi Étienne. Il mio vero nome è Gabrielle Chanel.» «Mi dia pure dell'idiota, Mademoiselle. La autorizzo, anzi la invito a farlo. Mi chiedo solo come io abbia fatto a non capire. Eppure la descrizione che Étienne mi ha fatto sul suo conto nelle ultime lettere che m'ha inviato a Londra parlavano chiaro. Dicevano: è splendida, luminosa e splendida. E a quel che vedo, s'è mantenuto anche piuttosto cauto.» «Tutti così spavaldi e galanti, dalle vostre parti, monsieur Capel?» Boy prende una pausa, spezza il dialogo e comincia a fissarla. Malgrado i resoconti scritti del suo amico, non è così che l'aveva immaginata. Il tenente Balsan si è sempre circondato di compagne ben diverse da questa. Le altre cinguettano, esibiscono cappellini carichi di esotismi e risolini da pettirosso. E vanno a cavallo, se ci vanno, rigorosamente in posizione da amazzone. Questa Coco, a una prima occhiata, è una graziosa fanciulla travestita da maschietto. «Il suo cavallo» riprende lui «mi pare che abbia smaltito lo spavento. Vogliamo dirigerci a piedi verso la casa? A questo punto l'automobile la lascerei qui. Per oggi di danni mi sembra di averne fatti abbastanza.» Coco obbedisce con uno sguardo. Regala un paio di schiaffetti affettuosi al garrese dell'animale e impugna la cavezza incamminandosi. Amichevolmente al fianco di colui che, solo qualche minuto prima, ha rischiato d'ammazzarla.

«Balsan sa bene che questo cognac, il Fins Bois, è il solo che riesco ad accettare durante le mie frequenti puntate in Francia. Sembra di ritrovarci dentro il sapore delle botti di rovere di Slavonia.» Boy è della razza degli intenditori che tuttavia bevono molto raramente. «Sarò pure mezzo francese, ma devo ufficialmente dichiarare che qui prevale la mia metà britannica, e quella apprezza soprattutto un buon *blended* whisky.» Si sono trasferiti nella sala del caminetto, quella che Gabrielle ama di più, e lì Boy s'è fatto portare un *ballon* con quell'acquavite dell'Armagnac ad alta gradazione. Ormai è chiaro che l'inaffidabile Étienne non sarà a casa neppure per la cena. Data l'ora, diventa via via più probabile che a questo punto trascorra anche la notte fuori. Coco osserva l'ospite come un'artista farebbe con l'opera appena compiuta. Lo squadra a caccia di un difetto. Uno qualsiasi, purché giustifichi una critica e un ritocco. Perché fin qui, incidente a parte, davvero le pare di non aver trovato in quell'uomo alcunché fuori posto. Insomma, sembra che anch'egli appartenga alla categoria degli inediti. Nelle settimane trascorse a Royallieu, Coco ha conosciuto decine di amici di Étienne. Intimi e non, uomini, donne e donnine antipatici e digeribili. Ma tutti, senza eccezioni, solennemente... stronzi. Una razza continuamente starnazzante, che lei giudica pesantemente vuota. In un paio d'occasioni ha anche provato a mettere al corrente Étienne delle proprie opinioni, ma la risposta è sempre stata una difesa d'ufficio di quella truppa scostante e piena di nulla. Certo, può darsi che sentirsi così palesemente esclusa da quel mondo la spinga inconsapevolmente a detestarlo. Ma Coco sa osservare i comportamenti propri come fossero quelli altrui. E s'è accorta che il suo gioco preferito è mostrarsi diversa, diversa talvolta fino alla provocazione aperta.

Ecco il motivo per cui Boy era già stato etichettato. Perché mai Coco doveva sospettare che fosse un esemplare unico? È un amico di Étienne, dunque sicuramente uguale a tutti gli altri. Il monsieur Capel che si ritrova accanto, invece, non ha nulla degli invasori abituali di casa Balsan. Quelli s'annoiano quando fingono di divertirsi e si divertono a fingersi annoiati. «Conosce Étienne da molti anni, giusto?» «E da alcune settimane, mademoiselle Coco, conosco anche lei grazie alle lettere del mio amico. Perdoni l'audacia, ma non le sembra il momento adatto per darci del tu?» «Giusto, passiamo al tu» e gli tende la mano come per formalizzare definitivamente il nuovo registro col quale si parleranno. «Sì, con Étienne ci conosciamo da tanto. E naturalmente è inutile aggiungere che la nostra è un'amicizia nata accanto a dei cavalli.» Coco sa bene che Boy è un cavaliere di enorme talento, uno dei migliori giocatori di polo che mai si siano visti nelle sfide organizzate a Royallieu. Di lui sa pure che è titolare di una enorme fortuna finanziaria, ricavata da antenati comunque assai oscuri. Qualcuno sussurra che sia addirittura membro della stirpe illegittima di Edoardo VII. Di certo, la famiglia è un discorso che Boy evita sempre con grande attenzione. Madre e padre sono due enigmi, verosimilmente enigmi comunque di nazionalità britannica. «Sarà una permanenza lunga, stavolta, qui in Francia?» La ragazza nemmeno saprebbe dire se la domanda che ha posto vuol essere un convenevole e nulla più, o piuttosto un tentativo di recuperare informazioni, ora che la presenza di Boy inizia a interessarle davvero. «Non so ancora. Ho in effetti alcuni affari da sbrigare. Soprattutto, cercherò di evitare la tentazione della fretta. Mi piace pensare che il soggiorno durerà fino a quando lo troverò riposante.» «Sei giunto oggi casualmente o sei invitato al ricevimento dei parenti in programma domani sera?» Non aveva mai rivolto a nessuno interrogatori tanto serrati ed è stupita da se stessa, stupita che la chiacchierata le venga fuori con questa modalità inedita. «Ricevimento dei parenti?» sorride con fascino Boy. «Non se ne parla nemmeno. Non mi sento tipo da ricevimenti e per giunta non appartengo alla cerchia dei parenti. Tu invece ci sarai?» S'accorge che per un motivo misterioso la domanda punge Coco. La donna palesemente sceglie di tacere e arrossisce. Poi tenta di evadere con una risposta balbettata. «Mah, non so, vedremo.» «Non posso intuirne il motivo» la soccorre l'uomo, «ma se sono stato importuno, te ne chiedo comunque scusa.» «Non preoccuparti, Boy. E anzi, scusa tu il mio imbarazzo. Vedi, i ricevimenti dei parenti, qui a Royallieu, hanno regole un po' speciali. Capisco che tu non abbia mai preso parte a nulla del genere, quindi non puoi sapere.» Monsieur Capel ha l'aria incuriosita. «E nemmeno riesco a comprendere di cosa mai possa trattarsi.» Non lo trovasse così piacevolmente diverso, Coco non confesserebbe mai quegli imbarazzanti segreti a Boy. «Ti spiego. Tu sai che Étienne ama organizzare feste e ricevere amici e amiche. Ebbene, la gran parte di queste ultime, compresa me, viene ritenuta una presenza sconveniente quando si fanno vivi da queste parti i parenti di casa Balsan. Questo vuol dire che nelle sere in cui è programmato un cosiddetto ricevimento dei parenti alcune di noi sono invitate a starsene in disparte e a consumare la cena con gli stallieri e la servitù.» Scopre d'averlo indignato. In fondo è ciò che lei sperava, in modo da smaltire il proprio impaccio. Ma Boy ha soprattutto una statura da uomo raffinato. Gli ci vogliono non più di un paio di secondi per occultare ogni apparenza di sdegno e saltare con classe a un argomento meno scomodo. «Voglio cavalcare. Qui da Étienne ci sono sempre splendidi cavalli. E magari fare in modo che si organizzi per i prossimi giorni un bell'incontro di polo. Sì, tutto sommato sgranchirmi un po' è proprio ciò che vorrei.» Coco lo sta desiderando. Col corpo. È qualcosa che va oltre la seduzione che quella figura esercita sulla sua anima. Sente che è la prima volta, che non ha mai desiderato così. Gli fissa le labbra, osserva come si schiudano morbide nella pronuncia di alcune parole. Le giunge nella testa uno strano pensiero. "Chissà se quando bacia tiene gli occhi aperti o chiusi." Impiega poco a capire che quel curioso dilemma nasconde la voglia improvvisa di appoggiare le labbra alle sue, voglia di sentire il sapore di quell'uomo che dolcemente le sta mordendo il cuore.

«Étienne, finalmente, pensavamo che per questa sera non tornassi.» L'ufficiale lancia via il mantello e corre verso l'amico: «Boy, che sorpresa! Non dirmi che m'avevi avvertito, perché da tempo ho smesso di crederti. Visto la splendida Coco? Non è meravigliosa? Spero che vi siate trovati simpatici». «Calma, calma» lo placa Capel, «ma possibile che non ci sia stanchezza che sappia frenarti? Sono contento di vederti, amico mio. Ma devo dire che sul conto di mademoiselle Chanel avevi torto. M'hai scritto che è splendida. Io invece l'ho trovata semplicemente sublime. E sì, anche molto molto simpatica. Ma ovviamente non posso sapere se questa è una sensazione che ha valore reciproco.» «Oh, ne sono certo, Boy. Coco, dimmi, non è come te lo avevo descritto? Un inglese di quelli che riconosceresti anche al buio a una distanza di mezzo chilometro. Pardon, volevo dire mezzo miglio.» Coco s'aggrappa al silenzio. Ciò che ha dentro non è confessabile, tanto meno a Étienne e al suo entusiasmo sincero di questo momento. «Avete già mangiato, voi due?» s'informa Balsan. «Se mi fai assegnare una stanza, Étienne, io mi ritirerei fin da ora. Ho alcune lettere da scrivere e un enorme bisogno arretrato di riposare. Perdonatemi, ma per stasera preferisco rinunciare alla cena, pur di guadagnare sonno.»

«Monsieur Balsan, sono giunti i vostri zii, madame e monsieur Jouvet.» «Va bene, Marcel, fa' passare.» Il ricevimento dei parenti sta per aver luogo nella tenuta di Royallieu.

Un rituale di ostinata salvaguardia delle apparenze. Dunque, non devono esserci donne in vista che non siano della famiglia quando un membro qualsiasi dei Balsan annuncia la sua visita. Il libertino Étienne, il licenzioso tenente che ama frequentare ogni piacevole vizio, torna un banale e ossequioso bigotto quando è il buon nome della stirpe a essere in gioco. Coco sa di doversi dissolvere e s'è dissolta per tempo. È andata a Moulins fin dalla mattina, ne approfitta per starsene un paio di giorni con Adrienne, la sua giovanissima zietta. «Allora, Gabrielle, come va la vita a Royallieu? Dev'essere eccitante starsene continuamente nel bel mezzo del gran mondo.» La nipotina preferisce arricciare il nasino, lasciando che una quota di mistero avvolga i propri giudizi. Passeggiano come non avveniva da molte settimane. Guardano divertendosi quel che le boutique esibiscono in materia di abiti e cappellini. È il pianeta che amano frequentare. «Guarda, Adrienne, guarda quant'è ridicolo quello. Sarebbe anche carino, se si togliessero i tre quarti del piumaggio inutile che lo appesantisce. Immagina come bisogna camminare stando dritte e immobili per poterlo tenere in equilibrio. Bah!» Adrienne ha opinioni più morbide. Tutto sommato a lei l'eleganza ridondante di quelle stoffe non dà troppo fastidio. «E quell'abitino senza busto, Gabrielle? Io dico che si tratta di un modello di Poiret. Si vede dallo stile. Dài, non dire che non è bello.» «Bello? Tu dici che è bello? A me questi suoi nuovi modelli alla turca, coi turbanti, con queste tuniche di velo, non è che piacciano granché. Anzi, mi sembrano un modo per sostenere che noi donne in fondo siamo animali buoni per stare in un harem. Sì, l'eliminazione del busto è una splendida idea e la condivido pure. Ma continuo a pensare che in questi vestiti non ci sia la semplicità, non ci sia la libertà di...» La interrompe un suono che conosce, un suono che le dà uno spavento e un palpito gioioso. Ne ha avvertito uno identico qualche giorno prima, mentre cavalcava. Stavolta può girarsi verso la strada e notare senza alcun pericolo il veicolo scoppiettante che passa di là. Boy. Boy Capel. È lui. Vorrebbe mostrarsi, fare in modo che s'accorga di lei. Ma vuole anche evitare gesti chiassosi. Due note che vengono fuori da quella carrozza di metallo lucente le dicono che Boy l'ha vista e che sta allegramente giocando col clacson. Sta anche fermandosi e sollevando fino alla visiera del berretto gli occhiali che lo proteggono dalla polvere. «Coco, che ci fai qui?» Lei è raggiante. Occupata a trattenere tutta l'esultanza che avrebbe voglia di manifestargli. «Ciao, Boy. Sono con Adrienne. Vieni, te la presento.» Non riesce a dir nulla di più incisivo. Boy accosta l'automobile al margine della strada, mentre la gran parte dei passanti è rapita dalla presenza di quell'oggetto così assordante e voluminoso. Un simbolo di seducente e volgarissima modernità. «Coco, mi fa piacere incontrarti. Come mai non sei a Royallieu?» «Ieri sera c'è stato il ricevimento dei parenti. Niente contro la servitù e contro l'eventualità di mangiare con loro. Ma ho preferito venir qui a Moulins per stare un po' con la mia zietta. Sì, può sembrare strano, ma Adrienne è proprio la mia giovanissima e meravigliosa zia.» La ragazza al suo fianco ha un tenue sorriso generato dalla modestia. «E... e posso tenervi compagnia, zia e nipotina?» Adrienne si limita a lanciare uno sguardo verso Coco, cui indiscutibilmente tocca il ruolo della protagonista. «Ma certo, Boy. Sarà un piacere averti con noi.» L'inglese è un compagno di notevolissima simpatia. Coco scopre di ammirarne ogni parola e ogni gesto. Non c'è affettazione in lui, né il penoso tentativo di elevarsi al di sopra del mondo. A Coco, monsieur Capel sembra davvero più in alto di tutti gli altri, e ciò avviene mentre lui non compie alcuno sforzo per sottolinearlo. La passeggiata dei tre dura un'ora e mezzo buona. Fino a quando Adrienne è costretta ad allontanarsi. «M'aspetta madame Guimard a casa sua. Le sto adattando un abito e deve misurarlo. Sono costretta a lasciarvi. Ci rivediamo più tardi.» «D'accordo, t'aspetto tra un paio d'ore in Rue de Bouchers. A dopo.» Rimasti in due, s'abbandonano a un vivace cammino per alcuni minuti. «E tu come mai sei venuto a Moulins?» «Ho qui da tempo un appartamento nel quale avevo da pescare alcuni documenti. Non è lontano. Vuoi accompagnarmi?» Gabrielle gli si affianca e ne asseconda il passo. Meno di mezzo chilometro più avanti, in Rue Théodore de Banville, Boy si ferma e infila un portoncino dopo aver tentennato. Salgono una rampa di scale alla cui sommità si trovano due porte d'ingresso. Boy si dirige verso quella di sinistra. Con una chiave che già tiene tra le dita fa girare la serratura ed entra. Se doveva cercare documenti, quello è il posto giusto e anche quello sbagliato. Ce ne sono montagne. Enormi mucchi di carte; alcuni ordinatamente impilati su due grossi tavoli che occupano il centro della stanza, altri più caoticamente accatastati in prossimità delle pareti, almeno in maniera da trovare appoggio. Boy sembra sapere in che direzione volgere la ricerca. Trascura ciò che è in terra e apre una prima cartellina sistemata sullo scrittoio in noce al quale immediatamente si accosta. Non è quella giusta. Ne sfoglia una seconda e poi una terza e una quarta. Coco resta immobile in un angolino alle sue spalle. Impacciata e silenziosa. Boy mette da parte tre o quattro pagine prese a un fascicolo. «Per fortuna non c'è polvere. Da quando l'ho acquistato, faccio in modo che i locali siano ripuliti ogni giorno come si conviene.» Mentre offre questo chiarimento, la osserva e ne coglie l'imbarazzo. È diversa dalla Coco con la quale è stato in strada fino a pochi minuti prima. Diversissima da quella mandata per aria nel bosco di Royallieu meno d'una settimana prima. Decide che è il momento di realizzare ciò che ha in mente da quando l'ha vista dall'automobile. Le si avvicina e la abbraccia poco più in alto della vita. Intanto con la bocca le cerca le labbra e la bacia. Si riserva solo un piccolo indugio, il tempo per comprendere se quel suo gesto quasi brusco sia gradito o disprezzato. Dopodiché prosegue spedito verso un bacio che ha il compito di trasmettere alla ragazza tutta la passione che Boy ha bisogno di comunicarle. Coco è in quel bacio, c'è tutta. Con una passione simile a quella di Capel e una vibrazione mai avvertita in nessuno dei contatti avuti in precedenza con uomini. Di lui ha già avuto una irresistibile voglia, ma si trattava dell'amico di Étienne. Ora la circostanza è diversa. Un uomo la stringe e la emoziona. Un uomo del quale ha soltanto fretta di accarezzare la pelle. Nella stanza accanto c'è un letto su cui s'abbandonano prima di darsi il tempo di buttar via gli abiti, forse anche per evitarsi l'imbarazzo di fermarsi un istante e potersi guardare. Devono andare avanti senza soste, furenti e ansiosi l'uno dell'altro; solo così avranno ancora a disposizione l'impulso feroce del loro desiderio smisurato.

Fuga da Royallieu 1 – Boulevard Malesherbes

La gonna beige di gabardine rimarrà nel guardaroba. Le è sempre piaciuta tanto, ma non è sua. E questo è un addio che ha un peso anche simbolico. Dunque, il bagaglio con cui va via dovrà somigliare a quello con cui in questa casa s'è presentata, all'incirca un anno fa. È la fine di un'altra piccola epoca della sua esistenza. Royallieu tra un po' sarà un ricordo. Dolce quanto basta, di sicuro deludente più di quanto Coco avesse concepito nel giorno in cui vi mise piede, al fianco di Étienne. Ma in genere accade esattamente così. Proprio l'uomo che l'ha guidata qui, l'uomo che modellava in forme suggestive i suoi sogni, ora è diventato colui dal quale Coco ha fretta di allontanarsi. E nel cuore Gabrielle Chanel ha adesso il dilemma consueto di chi vive uno strappo. È meglio subire il dolore di lasciarsi o sarebbe stato meglio non conoscersi mai?

Étienne aveva saputo e aveva taciuto. Per questo, adesso, Coco gli concede una quota di compassione per il suo ruolo di vittima e una quota di sdegno per la sua capacità distorta di alimentare, digerire, fingere e star zitto. Il tenente sa da tempo di lei e di Boy. Del contatto intimo tra la compagna con cui ha scelto di vivere e l'amico a cui è stretto da un legame saldissimo e misterioso. Non ha dovuto sospettare nulla, ha direttamente visto e appreso. Piuttosto è lei, la fedifraga, che non ha mai sospettato di Étienne, mai immaginato che lui conoscesse ogni dettaglio, ogni piega che la storia segreta tra lei e monsieur Capel ha preso negli ultimi tempi. Quell'Étienne impassibile, sorprendentemente abile a nascondere la sua consapevolezza, tutt'ora immutato nei suoi comportamenti e nelle sue premure verso la ragazza nata povera a Saumur. Perché ha taciuto e con quale forza ha continuato a vivere come fosse del tutto ignaro? Coco preferisce non chiedersi quanto sapesse invece Boy. Di lui è innamorata come non le era accaduto mai. E questo la porta a trovare spontaneamente ogni pretesto per salvarne l'integrità. Certo, può darsi che lui sapesse della scoperta di Étienne. Può anche darsi che i due amici ne abbiano parlato tra loro, come complici che sanno scambiarsi confidenze profonde e che con disinvoltura riescono a barattare la merce, rafforzando così il loro antico vincolo. Ma no, Boy non ha appreso nulla. Era all'oscuro quanto lei dei silenzi ambigui di Étienne.

Ma ora conta staccarsi da questo pezzo di vita. Conta riprendere l'inseguimento di quel che Gabrielle voleva quando scelse di lasciare alle spalle Moulins e la sartoria di lusso di madame Desboutins. Voleva correre il rischio della libertà, sfidando le urla tenebrose di Madame e lo sguardo timoroso di Adrienne. C'è davvero monsieur Capel in questo domani nuovamente imprevedibile? Gabrielle s'è stretta al suo fascino britannico quando ormai Royallieu s'era fatta piccola, quando i recinti della tenuta della famiglia Balsan cominciavano a strozzarla. «Étienne, io non me la sento di continuare a lungo con questa vita» confessava in un pomeriggio piovoso. «C'è qualcosa che non va bene, Coco? Tutto può migliorare, certo, ma credo che anche adesso tu qui abbia tutto, tutto quel che una donna può desiderare.» «Non è questo il punto. Io ti sono ancora infinitamente riconoscente per quel che mi hai dato, per la vita che mi hai regalato negli ultimi mesi. Ma forse per me il punto è proprio questo. Comincio davvero a sentirmi inutile. Io voglio qualcosa che sia costruito da me. Non so se riesci a capirmi, ma è ciò che sento.» Étienne non la prese sportivamente. Quello era un affronto al suo affetto, al suo amore. Anzi, peggio, somigliava in effetti a un oltraggio diretto verso la sua disponibilità di generoso anfitrione. «Che dici? Qualcosa di costruito da te? E cosa vorresti costruire? Sentiamo.» Coco trovò l'audacia per esprimere ciò che tratteneva dentro da alcune settimane e che desiderava da sempre. Parlò cautamente del suo proposito di disegnare cappellini. E magari pure di venderli. «Voglio guadagnarmi da vivere con le mie capacità. Con quel che so fare e che mi piace fare. Chiamalo anche orgoglio, se ti pare. Ma è il mio istinto a suggerirmi questo bisogno.» «Cappellini? Credevo che i tuoi bisogni fossero un po' meno ridicoli, ragazza mia.» E la lasciò lì, impedendo ogni replica a quella discussione che per Coco fu sgradevole e necessaria. Bisogni ridicoli, li aveva definiti così. Sparandole addosso una parola che Gabrielle s'era già sentita sulla pelle, al tempo del soggiorno tra le monache del Notre-Dame. Suor Marie aveva giudicato ridicolo un ricamo di Gabrielle, di cui la ragazza era anche fiera. Stavolta era ridicola un'idea. S'accorgeva di odiare la derisione altrui. E questa puntualmente giungeva a graffiarle l'anima.

Étienne si fece più tenero, nei giorni che seguirono, ma restò ugualmente perfido quando sentiva d'avere una possibilità di sbeffeggiare i nuovi propositi di Coco. «Guarda la donna ritratta in quella tela» disse mentre entrambi godevano il tepore diffuso dal camino nella sala grande della casa. «Secondo me sulla testa ha un cappellino che può essere migliorato. Vuoi occupartene tu? Te la senti?» Era il segno della sua totale incapacità di comprendere chiunque gli stesse accanto. Coco si convinse allora che anche la sua grande amicizia con Boy Capel fosse dovuta a quella sua ottusa maniera di rinunciare del tutto a interpretare il compagno inglese. Capel possedeva un temperamento infinitamente più complesso di quello di Étienne. Era un contenitore troppo più profondo, nel quale il tenente probabilmente non s'era mai sporto. E questo gli consentiva di tener viva una relazione amichevole alimentandola proprio con la sua superficialità. «Per me non è uno scherzo, Étienne. Disegnare cappellini è una mia passione vera, anzi un sogno. Un sogno nel quale non voglio più cullarmi, ma che adesso voglio realizzare. Anche a Parigi, perché no? Saprei come fare per imporre pure lì le mie idee.» Sapeva però anche di non averne i mezzi. Da un anno a questa parte, al di là di poche centinaia di franchi messi da parte grazie al lavoro nella boutique di madame Desboutins, Coco aveva speso la vita usando quel che Étienne le metteva a disposizione. Una consuetudine che inghiottiva ogni volta come un boccone indigesto, ma che d'altra parte costituiva in quella fase la sola possibilità di andare avanti. In fondo, anche l'alloggio e il nutrimento le erano forniti dal rampollo di casa Balsan. Perciò, inutile star lì a dolersene troppo. Per il momento, mantenersi a carico di Étienne era la sola via di scampo alla miseria e forse anche a quel marciapiede che in quell'ultimo giorno di lavoro la collera della Desboutins le aveva preannunciato e augurato. Perciò, innegabilmente, il progetto della produzione artigianale di cappellini, con l'apertura eventuale di un piccolo atelier, doveva forzatamente passare per lo stesso percorso. Le tasche di Étienne Balsan. «A me non sembra affatto una buona idea, mia cara. Resto convinto che Royallieu, con le sue comodità, i suoi spazi, i suoi boschi e i suoi cavalli, per il momento debba bastarti.» Rispose così. Stringendo un po' le palpebre mentre diffondeva nella stanza fumo tirato via a una Zubelda preparata con miscele orientali, turche soprattutto. Da sempre la sua sigaretta preferita.

Quando nei giorni infelici di Coco intervenne Boy Capel, lei non trattenne a lungo il desiderio di parlargliene. Gli raccontò delle sue ambizioni e gli riferì indignata del sistema sbrigativo col quale Étienne aveva preso a smontargliele. «Cappellini, eh? Mi fai capire cosa intendi?» Capel sapeva stuzzicarla nel modo che lei più amava. Erano seduti in giardino, con la certezza dell'assenza di Étienne ancora per qualche ora. Coco si fece immediatamente portare un foglio bianco e l'occorrente per disegnare. Le bastarono cinque o sei schizzi per dar vita a un modellino che, pur improvvisato con inchiostro su carta, era già così un piccolo capolavoro di gusto e originalità. Capel, tutt'altro che un esperto in materia di modiste, colse immediatamente sia l'attitudine raffinata sia l'entusiasmo da cui era saltata fuori la bellezza di quel semplice disegno. «Faremo in questo modo» le disse un paio di giorni più tardi. «Io impiegherò il mio denaro, tu il tuo talento. Messi insieme, saranno gli ingredienti del successo dell'atelier che potrai inaugurare.» Il sogno sembrava lì, ormai veramente a portata di mano. Le restava l'ostacolo rappresentato da Étienne. Come far passare la faccenda senza grossi traumi? L'orgoglio di Balsan era apparso ferito già quando Coco gli aveva soltanto rivelato i suoi progetti. Cosa avrebbe detto adesso, al cospetto di questa umiliante novità? Quei progetti si stavano per realizzare comunque, e per giunta li avrebbe finanziati qualcun altro. E non un qualcun altro qualsiasi, ma addirittura il suo grande amico mezzo inglese. Strano che pure Boy non avesse meditato da solo su tutto ciò. Ma a pensarci bene, nella complessa materia della sua personalità c'è una rilevante porzione di anarchia, di strafottente atteggiamento nei confronti di chiunque possa illudersi di delimitare la sua intoccabile sovranità su se stesso.

Coco decide di proseguire in silenzio l'operazione che può trasformarle il domani e intanto non riesce a fiutare che Étienne la bracca con un silenzio sicuramente più abile e morboso del suo. Al punto da farsi vivo all'improvviso con una sorprendente proposta. «Vuoi proprio andare a Parigi? Ci ho pensato un po' su. Potrei metterti a disposizione un appartamento che qualche tempo fa ho preso in Boulevard Malesherbes. Non lo uso, puoi utilizzarlo tu per farne il laboratorio che hai in mente. Così potrai finalmente produrre e vendere i tuoi adorati cappellini.» Una garçonnière che Étienne occupava saltuariamente con le amanti rimorchiate nella capitale. Ma l'abitudine di frequentare Parigi s'era ormai diradata, tanto da ridurre fin quasi a zero quella categoria di occasioni. Quando Coco gli riferì la strana e imprevedibile sortita di Étienne, Boy stette a rifletterci come cercandovi l'inghippo, la svolta pericolosa. Ma commentò soltanto: «Sai che ho anch'io un appartamento lì accanto? Sì, proprio in quello stesso Boulevard Malesherbes di Parigi». Un motivo in più, si direbbe, per accettare quel che il tenente Balsan aveva messo sul piatto. Bene, affare fatto. Coco Chanel, la giovane Coco, carica di qualche abitino, di un po' dei suoi fogli pieni di idee e di tanta ambizione, sbarca nell'immensità di Parigi. Le occorrono un paio di giorni per dare a quel polveroso appartamentino un aspetto convincente da decoroso laboratorio di moda. Al suo fianco ha nuovamente la zia Adrienne, e questo è in fondo un altro dei piccoli sogni che sta realizzando in quelle ore che freneticamente le si spalancano davanti. L'inizio è un cappellino rosso, sul quale Coco lavorava da alcune settimane. È l'esito di un modello visto in una foto pubblicata su una delle riviste che a Royallieu faceva giungere da Parigi. "È anche carino" pensò osservandone i dettagli, "ma io ne farei un cappellino vero, gli toglierei tutto quel che adesso lo fa somigliare più a una torta con le fragoline." E lavorando con la sua pulsante fantasia sottrattiva, ne tira fuori un modello di rivoluzionaria potenza. Un cappellino che pesa un terzo rispetto ai modelli che le donne ammiravano nelle boutique parigine più frequentate, al quale mancano penne e piume, su cui nessuna cineseria abbaglia con le proprie tinte intense. Insomma, un cappellino che vive di sé, sovraccarico di un impensabile nulla. Una frontiera della purezza fino alla quale nessuno s'era ancora spinto. Una misura sobria che fin lì nessuno aveva esplorato con tanto gusto.

Non manca che un solo minuscolo dettaglio. Si venderà mai un pezzo simile? Gabrielle si sente provvisoriamente rassicurata dalla sua stessa eccitazione, Adrienne si sente provvisoriamente rassicurata dall'eccitazione di Gabrielle. Intanto si accorgono che raccattare clienti è un esercizio più complicato di quel che avevano creduto, pure in quell'universo gremito d'esseri umani che è Parigi. Adrienne sembra incaricata soprattutto della caccia alle prime compratrici. Gabrielle è la creatrice, lei per ora se ne sta rinchiusa nel laboratorio a produrre altri piccoli splendori raffinati e provocatori. Del resto, qualora dovesse farsi viva un'acquirente, sarà necessario sottoporle almeno una mezza dozzina di modelli, in maniera da concederle una decente possibilità di guardarsi intorno e scegliere. La prima capita sul pianerottolo due giorni più tardi, quando ormai è sera, poco prima delle 19. Gabrielle e Adrienne stanno sgranocchiando dei panini, la cena rimediata quella sera. Sentono bussare e corrono ad accogliere colei che forse non sa di essere la cliente del grande debutto. È mademoiselle Tréhot. Qualcuno le ha sussurrato che è appena stato aperto un piccolo laboratorio di modista in Boulevard Malesherbes, lo stesso in cui la curiosità la spinge adesso. «Buonasera, sono qui per...» «Vuole vedere i nostri cappellini, vero?» la interrompe una Coco sopraffatta dall'entusiasmo. «Eccoli, qui ci sono solo alcuni modelli. Presto, entro un giorno o due al massimo, ne avremo anche molti altri.» Mademoiselle Tréhot è una donna piuttosto attraente di poco più di quarant'anni. Sorella nubile di un celebre avvocato, è moderatamente facoltosa e impiega buona parte delle proprie risorse nell'acquisto di abiti e cappellini, la sua passione. Gli occhi le cadono immediatamente su ciò che vede intorno a sé. È colpita soprattutto dal cappellino rosso, la creazione originaria. «Mi scusi», chiede «questo dev'essere completato?» A Gabrielle la domanda va un po' di traverso. «Oh no. È un modello che è nato per essere così, semplice come sa esserlo la natura. Senza grandi complicazioni. E vuole soprattutto essere comodo, leggero e anche...» «E lei crede davvero» la interrompe l'ospite «che qualcuno accetterà di indossare questo sgorbio? È mostruoso, è come mettere un pentolino di stoffa sulla testa e uscire per strada. Mi avevano detto che qui avrei forse trovato modelli nuovi, non m'avevano detto che siete qui per prendere in giro chi viene a trovarvi. Buonasera signore.» Gabrielle non replica, né ha la forza di accompagnare alla porta mademoiselle Tréhot; compito ingrato che Adrienne tiene per sé. La grande innovatrice incompresa approdata a Parigi vorrebbe piangere, piangere a dirotto e rumorosamente. Qualcosa però la trattiene. Se credeva nel suo lavoro mezz'ora prima, non sarà certo una borghesuccia a scoraggiarla. Si va avanti. E visto che l'hanno provocata, la sfida prosegue. Ancor più estrema, ancor più audace, ancor più Chanel.

Una sigaretta tra le dita, un fiocco tra i capelli e lo sguardo perso nel vuoto: è già Chanel.

© Bettmann/Corbis

Coco, perfetta incarnazione dello stile anni Trenta: dal taglio dei capelli, alla morbida blusa di seta impreziosita dalla pelliccia di volpe.

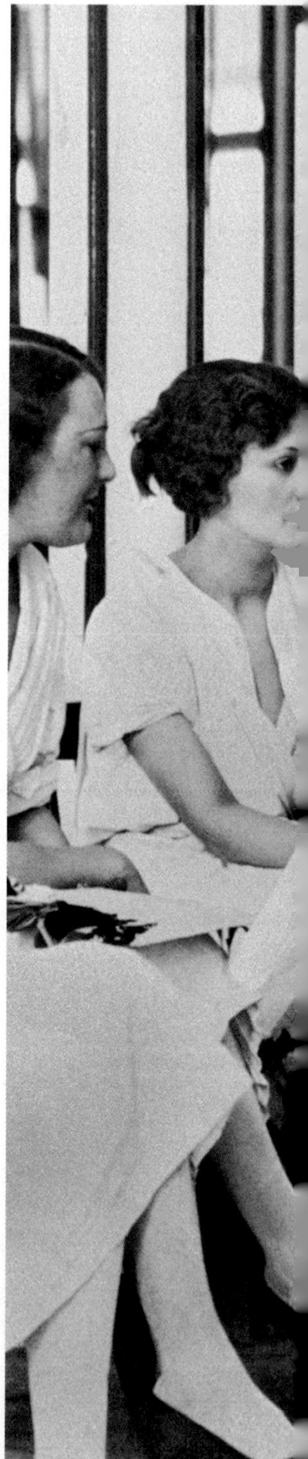

Eleganza sempre e comunque: anche nelle riunioni di lavoro.

Coco Chanel in perfetta tenuta da caccia nelle foreste nei pressi di Dieppe insieme a Winston Churchill e al figlio Randolph.

Impeccabile e attenta ai dettagli anche in un momento di relax nei giardini della sua villa di Roquebrune in compagnia di Lady Dunn.

© Hulton Deutsch Collection/Corbis

Collana di perle, tailleur con gonna rigorosamente sotto il ginocchio, riga marcata dei capelli e posa da mannequin: et voilà Coco.

"Non rinuncerei mai a un cappello
né alla pelliccia. Che femmina sarei?"
Parola di Chanel.

© Condè Nast Archive/Corbis

Gara di eleganza (e di femminilità) tra Coco e la divina Romy Schneider.

"So di non essere bella. Ma ho il fascino della diversità": così Coco Chanel commentava le sue pose da mannequin.

Due campionesse di classe ed eleganza a confronto: Jeanne Moreau e Coco.

Sguardo attento, tenuta impeccabile, Coco sorveglia dall'alto delle scale la sfilata della sua collezione.

© Pierre Bernasconi/Apis/Sygma/Corbis

"Anche a passeggio
non dimentico mai di essere
per tutto il mondo un marchio
di stile."

L'immancabile cappello, anche per il tè delle cinque.
Un segno inconfondibile dello stile Chanel.

Fuga da Royallieu 2 – La principessa

Boy accarezza il ventre nudo di Coco. Ha esaurito e buttato via la sigaretta con la quale sigilla quell'ora d'amore. Da una settimana ha acquistato un letto più grande. Lui viene molto più spesso a trovare Parigi, Coco viene molto più spesso a trovare lui, nell'appartamento che dista poco più di cento metri dal suo laboratorio di modista. «Pensi ad altro, vero?» Coco sta semplicemente riflettendo sulla profonda stupidità umana. Com'è possibile che lei proponga cappellini pratici, nemmeno troppo costosi, con bei colori e linee graziose, e che i parigini si ostinino a ignorarla? Anzi, peggio. Quella decina di ospiti che il laboratorio ha accolto fin qui sono andate via con la faccia delusa, se non addirittura sdegnata. Un paio di visitatrici hanno lasciato Boulevard Malesherbes perfino ingiuriando l'opera di Coco. E nessuna – nessuna – ha comprato qualcosa. La nuova serie di cappellini, aggiunta alla mezza dozzina che già nelle settimane precedenti Coco meditava di esporre, è pronta e invenduta. Così come è intatto sul suo palchetto il cappellino rosso, il piccolo incipit della sua avventura parigina. «Devo farcela, Boy. Ma devo confessarti che comincio seriamente a temere una sconfitta. Ho imparato a perdere, so cosa vuol dire. Nei miei primi vent'anni di vita è accaduto spesso, spessissimo. È per questo che adesso voglio vincere, devo vincere.» «Se ti riferisci al tuo laboratorio, Coco, io ho l'impressione che tu possa tirarlo un po' su soprattutto facendolo conoscere. Forse intestardirsi e starsene lì dentro a sfidare il mondo creando modellini nuovi non è la soluzione unica.» Già, farsi conoscere. Darsi un nome prima di averlo, convincere Parigi che quei cappellini posseggono fascino, anche prima che Parigi possa ammirarli. Il suggerimento di Boy può essere la nuova strada da percorrere. E a Coco viene anche in mente dove si possa cominciare. La tenuta di Royallieu è pur sempre la sua residenza attuale. Organizzerà un ricevimento coi soliti amici di Étienne. Dovranno esserci tutti. E stavolta sarà lei a occuparsi personalmente anche dell'allestimento della serata. Lei che di quel tipo di ricevimenti ha sempre pensato tutto il male possibile. È proprio lì che comincerà a diffondere la suggestione della novità, l'incanto ancora ignoto del suo genio. E deve partire da Émilienne d'Alençon, la donna che per prima l'ha ricevuta nella cerchia di Étienne. «Durerai un quarto d'ora.» Le aveva pronosticato un futuro lungo quindici minuti, nella serata in cui Gabrielle era timidamente apparsa al Café Chantant e poi anche sul palco pronta a cantare. Nell'opinione di Boy, Émilienne è l'emblema malato della società che detesta. Sofisticata per mestiere più che per vocazione. Una che probabilmente da anni non esprime un solo pensiero genuino o indulgente. «Sembra che sia nata solo per gorgheggiare le sue malevolenze. Gliene escono a getto continuo da quella bocca snaturata dal rossetto.» «Hai ragione, Boy. Ma non le si può negare una certa intelligenza. E poi ha un innegabile carisma che fa pesare sugli altri ogni volta che può. Ed è questo che occorre a me. Dovrò assolutamente fare in modo che sia mia alleata.»

È necessario molto più tempo di quel che Coco aveva immaginato per metter su una festa di quel tipo. È importante che partecipino tutti, e tutti quelli più adatti a comprendere e accogliere il fascino innovativo dei suoi cappellini. Un viaggio di Étienne complica ancor più le cose e allunga i tempi, durante i quali più volte su Coco cade la tentazione di rinunciare a ogni progetto. Buttar via Parigi, i sogni e quei maledetti cappellini che nessuno afferra. C'è l'allenamento duro dei giorni di Brive-la-Gaillarde, e quello precedente degli anni di Aubazine, a tener tutto in piedi. Coco può disperarsi, ma non può cedere. Ha imparato che il dolore non va esibito. Mai. Altrimenti si fa della propria debolezza la più devastante delle armi avversarie. È questo che la secondogenita di Albert e Jeanne Chanel crede di aver appreso dalla vita. Non sa che quel vigore è soprattutto suo, del suo straordinario temperamento datole dalla natura. Non le è stato fornito dalla sofferenza. Quel vigore è nella tenacia della madre, nella leggerezza irriducibile del padre. I colpi presi l'hanno resa virile, invincibile. Ma c'è anche chi, ai colpi, reagisce crollando e sbattendo la faccia sul tappeto.

Scrive a Émilienne una lettera. La prega di aiutarla e lo fa senza utilizzare troppe schermaglie retoriche. Sa che quella donna ha un intuito affilato. Al cospetto di un discorso meno esplicito, scorgerebbe mille motivi per dubitare, per sospettare, per fantasticare chissà quale retroscena. Coco decide che a Émilienne va riconosciuta una sottile saggezza, e dunque la sola strategia praticabile per invocarne l'aiuto è quella di sottoporle la verità, senza involucri. Il risultato è trionfale. Quattro giorni più tardi, Coco riceve la risposta di mademoiselle d'Alençon. Il tono è pieno di altrettanta stima. È chiaro che le due si temono e si piacciono. E pare che a questo punto abbiano deciso di giocare la partita schierandosi dalla stessa parte. Nella sua lettera, Émilienne non dice granché, annuncia soprattutto la sua disponibilità a raggiungere Coco, a incontrarla al più presto. «Anche a Parigi, se vuoi. Aspetto perciò che tu mi faccia sapere dove e quando.» È stata la donna di tanti, compreso Étienne. Ma ne è sempre uscita col proprio nome, ed è questo che la distingue da altre che puntano a imitarne le conquiste. Lei è Émilienne d'Alençon, malgrado i quarti di nobiltà dei compagni conosciuti nelle sue notti. Prosciugatrice di patrimoni, alcuni la etichettano così. Ma nemmeno questa minacciosa fama ne ha arrestato il cammino. Per anni è stata la più seducente e inseguita. Un ruolo da protagonista che finanche le sue quarantacinque stagioni sanno decorosamente tenere ben stretto. Si incontrano a Compiègne, nella tenuta dei Balsan che Émilienne ha frequentato spessissimo, soprattutto col buio. «Non sta andando tutto perfettamente a Parigi. Anzi, per dirla interamente, va decisamente male. Émilienne, ti prego di non stupirti se ne sto parlando proprio a te. Sei una figura che io dovrei detestare ed è chiaro che tu dovresti detestare me. Ammettiamo pure che non ci siamo state troppo simpatiche nei mesi scorsi. Eppure devi credermi, non c'è nessuno che io apprezzi quanto te tra i personaggi che ho conosciuto al fianco di Étienne.» «E in questa faccenda, mia cara, come credi che io possa concretamente aiutarti?» Quel «mia cara» è un irresistibile retaggio della sua perenne recita esistenziale. Ma Coco ha colto ben altro nella risposta della donna che le è seduta di fronte. Non ha cinguettato, né gorgheggiato, come direbbe Boy. Ha anzi dato alla propria voce una tonalità piuttosto bassa, da colloquio ordinario. E mai lei aveva sentito Émilienne dialogare così. Aveva anche creduto che probabilmente non ne fosse più capace, confusa com'era, ormai per sempre, nel suo consueto eloquio ammaliante, perfido e canterino. Proprio quel tono rassicura Coco. Sa di avere un'alleata. Non sta parlando con la celebrata e ostile mademoiselle d'Alençon, ma con una Émilienne dal volto inedito, di cui decide che può fidarsi. «Ho pensato a un ricevimento. Uno di quelli che si tengono qui a Royallieu. Ma lo voglio speciale. Voglio che siano protagonisti i miei cappellini, ma devono esserlo senza dare nell'occhio. Tu mi capisci, vero Émilienne? La gran parte degli ospiti di questi ricevimenti ha l'abitudine di acquistare ciò che indossa direttamente a Parigi. Dunque, voglio fare in modo che diventino non solo miei clienti, ma che il loro flusso, e poi il loro passaparola, trascini tanti altri come loro nel mio laboratorio di Boulevard Malesherbes.» «Devo ammettere, Coco, che ci sono un paio di cose di te che mi piacciono molto. Intanto sai parlar chiaro, e poi sei ambiziosa. Ho commesso un errore sul tuo conto. Riesco a perdonarmelo solo perché quella sera avevo una gran fretta di giudicarti. Quando t'ho conosciuta, in quel locale di Moulins, ho pensato che fossi una delle solite commesse che Étienne e quelli come lui rimorchiano quando gli pare. A volte se ne innamorano pure, ma è inevitabile che le scarichino prestissimo. Ma non è questo il punto. Queste commesse vivono le proprie brevi avventure senza sospettarne il finale. Credono d'essere diventate principessine, destinate a vivere felici e contente fino alla fine dei giorni. Immaginano che questi giovanotti sperperatori di quattrini debbano mantenerle per sempre. Ed è esattamente questo che diventa il loro scopo e anche il motivo della loro sconfitta. Non avevo ancora incontrato ragazze capaci di staccarsi da questa condizione prima di essere cacciate via. Sei la prima, Coco. Ammiro la tua voglia di lavorare e ammiro sinceramente la tua capacità di lottare per conquistare un successo che sia davvero tuo. Non so quanto a lungo riusciremo a starci simpatiche, amica mia, ma sappi che ora sono felice di essere al tuo fianco.» È la prima vittoria che Gabrielle doveva ottenere. Ora sa che la conquista del mondo di Étienne sarà infinitamente più facile. Fino a quando era soltanto la nuova compagna del tenente Balsan, quel mondo non le è mai stato a cuore. L'ha cordialmente odiato e nulla ha fatto per appartenervi, o almeno per evitare di sentirsene esclusa. Adesso è in quello stesso mondo che vuole insinuarsi, ma illuminata dalla propria luce.

Una splendida occasione gliela fornisce Boy. Per metterla in atto servirà soltanto qualche settimana ancora di pazienza. Ma Coco avverte che in ballo c'è il suo domani, è disposta ad aspettare. Da alcuni giorni lui non è monsieur, ma mister Capel. È partito per la Scozia dove ha da sottoscrivere l'acquisizione di un cantiere navale nel porto commerciale di Glasgow. Prima d'andar via ha spiegato a Coco che prevede un passaggio a Londra e il rientro a Parigi dopo tre settimane, e che potrebbe portar con sé una vecchia amica della sua adolescenza inglese ansiosa di dedicare una visita alla Francia, Vittoria Melita di Sassonia-Coburgo-Gotha, terza figlia del principe Alfredo, duca di Kent, scomparso solo qualche anno prima al termine di una orribile malattia, e quindi nipote diretta della regina Vittoria. Coco la vede come la donna che può cambiarle la vita. Dovesse partecipare alla sua serata e soltanto spendere una parola per un suo cappellino, tutto potrebbe trasformarsi in un solo istante. In attesa del ritorno di Boy, c'è da organizzare tutto il resto. E qui l'aiuto della sua nuova amica è decisivo e totale. Émilienne le suddivide una prima lista di ospiti, che Coco aveva buttato giù, in utili e inutili. «Attenta, non tutti sono i ricconi che sembrano. Alcuni di quelli che normalmente si imbucano in queste occasioni sono soltanto dei furbastri di buona famiglia senza un franco. E magari anche seppelliti dai debiti. A volte partecipano proprio per questo, tentano solo di spillare denaro al primo fesso pieno di soldi che agganciano.» È il primo grande insegnamento che la ragazza di Saumur raccoglie sui trucchi invisibili di questo mondo che luccica. Perciò, si comincia con l'escludere qualche nome. Concederà probabilmente la sua presenza una principessa di sangue purissimo, dunque sarà giustificata per questa serata una selezione assai più severa del solito. «E poi, cara Coco, non dimenticare il più importante dei dettagli» le prescrive Émilienne sorridendo. «Porta almeno un cappellino in più per me. Dovrò indossare uno Chanel anch'io, non ti pare?» Cercava cautamente un'alleata, le sembra d'aver trovato una fedelissima sorella.

Boy si fa aspettare ben più del previsto. E intanto dalle puntate a Parigi di Coco vengono fuori solo resoconti deprimenti. «Ho ricevuto due visitatrici nei giorni scorsi. Una ha osservato tutto con attenzione. Ha anche sorriso con molta cortesia, quando è arrivata e quando è andata via. Ma poi non ha voluto prendere niente.» Adrienne non ha grandi notizie, i modellini targati Chanel restano merce estranea per il gusto parigino. In questo periodo la moda è dettata soprattutto dall'atelier Lewis, capace di sfornare disegni sicuramente nuovi rispetto alla vecchia tradizione, ma secondo Coco comunque superati, materiale che a sentir lei la donna di questo tempo dovrebbe non solo evitare di comprare, ma disprezzare del tutto. "Non si tratta solo di cappellini, io metto in gioco l'idea di donna. Voglio dare a tutte la possibilità di sentirsi tali senza doversi per forza bardare come un cavaliere medievale che va in battaglia. E senza l'obbligo di caricare la testa con quella specie di colonnati buoni per una basilica d'Oriente " Spesso, quando s'abbandona a queste frequenti tirate con le quali sottolinea la diversità del suo lavoro, Coco trascura l'aspetto forse più genuino del talento che si ritrova. Le sue creazioni sono soprattutto straordinari esempi di raffinatezza. Avranno pure una loro aspirazione sociale, ma sono capolavori assoluti del gusto. È arte pura della quale solo pochissimi hanno la sensibilità per coglierne il genio. «Una lettera per mademoiselle Gabrielle Chanel.» Un fattorino spezza l'atmosfera cupa che ormai da tante settimane c'è in Boulevard Malesherbes. «È Boy. Vediamo cosa mi scrive.

> Sono appena arrivato in Francia, nella serata di martedì sarò a Parigi. Ho viaggiato solo, ma entro un paio di giorni mi raggiungerà a Parigi la principessa Vittoria Melita. Le ho già accennato della serata che stai allestendo. Dice che è sinceramente onorata di esserci e che è molto curiosa di conoscere i tuoi cappellini. Il resto potrò raccontartelo direttamente. Ti amo. A presto.
>
> Boy Capel

«Martedì? Ma è domani. Stasera resto qui da te, Adrienne, non torno a Royallieu. Voglio rivederlo subito. Vederlo appena sarà a Parigi.»

Sui tavoli c'è arrosto di cinghiale e ratatouille provenzale. Per il dessert di fine pranzo, si tengono d'occhio gli insegnamenti del grande Marie-Antoine Carême, il cuoco che per anni ebbe l'incarico di addolcire il palato del ministro Talleyrand, di Giorgio IV d'Inghilterra e dello zar Alessandro I. Croccanti, torroni, meringhe e vol-au-vent. Almeno centoventi ospiti hanno già le mandibole piuttosto impegnate. Ma si attende Boy Capel, che pare debba presentarsi stasera addirittura in compagnia di una testa coronata britannica, un membro della famiglia reale. All'improvviso si fa silenzio: un domestico si è precipitato da Étienne per informarlo dell'arrivo, nella tenuta di Royallieu, della carrozza di monsieur Capel. Il padrone di casa si dirige verso la porta e guarda verso l'esterno. Alcuni secondi dopo si sentono le ruote della elegante carrozza a due posti, la carrozza a bordo della quale dovrebbero esserci i passeggeri più prestigiosi e attesi. Appena frena accanto all'ingresso della villa, ne esce Boy Capel che con un cenno impedisce al cocchiere di avvicinarsi. Vuole girar lui attorno alla carrozza e assecondare la discesa della donna accanto a cui sedeva. Di quella che dovrebbe essere Vittoria Melita di Sassonia-Coburgo-Gotha si vede solo la sagoma e la grazia con cui affronta il predellino. È ancora troppo avvolta nel suo soprabito perché se ne possano in qualche modo distinguere i tratti. C'è un indizio, però. L'ossequio che monsieur Capel riserva a quella figura che con movenza armoniosa gli porge la mano e al suo fianco s'avvia verso le luci del party in cui ansiosamente l'aspettano. Étienne non è tipo da saper spendere parole adatte a un benvenuto ufficiale, così conta sulla capacità del suo amico Boy di introdurre la principessa nel mezzo del suo ricevimento e riservarle il riguardo che merita.

A Coco vibra ogni parte del corpo. È la sua serata, ma nulla di quanto s'aspetta è ancora accaduto. Non può nemmeno avvicinarsi troppo a Boy, che è totalmente preso dal suo ruolo di accompagnatore della nobilissima ospite britannica. Lui e Vittoria Melita si sono fatti direttamente accompagnare nelle stanze a loro riservate, in modo che la principessa, dopo le fatiche e la polvere del viaggio che li ha condotti lì, possa riprendersi e prepararsi per la festa. Nella sala del ricevimento si finge di comportarsi come in ogni altra occasione analoga. Ma la febbre della novità circola vistosamente tra i presenti. D'un tratto, il domestico Marcel s'accosta discreto a Coco. «Mademoiselle, la desiderano di là.» La ragazza s'affretta a rispondere alla convocazione. Marcel la dirige verso la più ampia delle stanze riservate agli ospiti. La porta è aperta. Sulla soglia, con un solo piede all'interno, c'è Boy. «Ciao, Coco. Come procede il party?» «Come vuoi che proceda? Molto bene. Ma adesso tutti aspettano la principessa. Potrei dire che c'è quasi tensione.» «Bene. Vittoria Melita sarà pronta presto e placherà le ansie. Ma credo che prima abbia bisogno di te. Vero, Vittoria?» Entra con lo sguardo nella stanza. E col braccio indica a Coco che può introdursi. La principessa è seduta, accanto ha una domestica inginocchiata che le sta ravvivando i volant dell'abito. «Salve. Lei dunque è Coco.» Parla uno strano francese, ma decisamente comprensibile. «Sì, Altezza. Io sono Coco Chanel. Mi dica cosa posso fare per lei.» «Il mio amico Boy mi dice che lei ha probabilmente il potere di migliorare il mio abbigliamento attuale. Siccome tra un po' dovrò presentarmi a un ricevimento francese, vorrei che fosse lei a procurarmi i consigli e i dettagli giusti.» Coco acciuffa al volo il messaggio incoraggiante della nobildonna giunta dalla corte di Gran Bretagna. «Principessa, a lei può bastare l'uso della bellezza che la natura le ha dato. Ma se proprio mi chiede un consiglio, avrò l'ardire di proporle uno dei cappellini che io stessa ho disegnato. Se vorrà indossarlo, farà di me la donna più felice e orgogliosa della terra. Mi dia il tempo di prenderne alcuni, tra i quali potrà scegliere.» È di ritorno in quella stessa stanza dopo meno di un minuto. Tiene a bada l'affanno della corsa e dell'eccitazione e intanto si sforza di interpretare lo sguardo di Vittoria. «Sa che sono molto diversi dai cappellini che normalmente si vedono in giro? Questo già vuol dire che lei non ha paura delle scelte difficili. Nuotare contro la corrente del fiume è un esercizio da spericolati, oppure da geni che sono sicurissimi di sé. Ma vorrei dirle innanzitutto che sono splendidi. Davvero, li trovo semplicemente deliziosi.» Il primo che prova è quello rosso, la creazione originaria. La prima opera esposta e invenduta di Boulevard Malesherbes. Ma quelle erano clienti di sangue plebeo. Adesso invece Coco ha davanti Vittoria Melita, figlia del duca di Kent, pronta a dirle che i suoi cappellini sono incantevoli e addirittura a indossarne uno. «A me piace soprattutto questo» dice ammirando allo specchio l'effetto cromatico che ha sull'abito azzurro chiaro che porta. «Ne apprezzo la foggia e la lucentezza del tessuto. Io però da lei vorrei tanto una cortesia.» «Mi dica, Altezza, farò tutto quel che posso.» «Questo cappellino rosso vorrei metterlo adesso, mi pare adattissimo all'occasione. Quest'altro scuro gradirei invece portarlo via con me. Vorrei tanto farlo vedere a mia sorella Alessandra, so che pure a lei piacerà moltissimo. Sia chiaro, però, lei mi dirà quanto costa e io glielo pagherò.» «Con Sua Altezza di denaro non parlerei mai. Già considero un meraviglioso privilegio la notizia che lei porterà con sé il cappellino e lo mostrerà alla sua nobile sorella.»

Quando la sua sagoma principesca si fa viva sul fondo della sala, Vittoria Melita di Sassonia-Coburgo-Gotha è accolta da un applauso che sorge senza alcuna sollecitazione. I presenti sono talmente sospesi nel loro desiderio di accoglierla e poterla conoscere, che appena ne avvertono la presenza immediatamente liberano quell'acclamazione così spontanea e composta. La nipote della regina Vittoria è ospite della stessa serata cui partecipa ciascuno di loro. C'è materiale in abbondanza per trascorrere il resto della vita a raccontarlo. Non c'è chi non la trovi affascinante ed elegantissima. E il tocco di quel curioso cappellino sembra, alle donne soprattutto, uno dei tanti segreti di quella grazia straripante. È di un rosso cremisi che sa sedurre e ha una linea morbida e sinuosa. Dev'essere anche piuttosto leggero e comodo. Qualcuno sussurra che sia frutto della più recente moda inglese, disegnato e prodotto da una rinomatissima modista di Londra che serve l'intera Casa Reale. Una diceria che non ha il tempo per diventare leggenda. Ma intanto nessuno può sospettare che dietro quel piccolo prodigio del gusto, sistemato sul capo della principessa, c'è la compagna di Étienne Balsan, proprio la ragazza che è lì, accanto a ognuno di loro. C'è Coco Chanel, il cui prossimo passo sarà il tentativo di associare il proprio nome a quel cappellino rosso e lucente, confezionato con tessuto di duchesse, che Vittoria Melita sta portando in giro per la sala con tanta aristocratica dignità.

Fuga da Royallieu 3 – L'addio

«Mi dica che è pronto già stasera. La prego, Coco.» «Ci provo, Madame. Ma non posso garantirglielo. Un cappellino così ha bisogno di tanta cura, non è un lavoro che si possa fare in fretta. Ma le assicuro che proverò a consegnarglielo già per questa sera.» In Boulevard Malesherbes c'è una seconda cliente di cui sta occupandosi Adrienne, altre due sono in attesa nella piccola antisala. I cappellini esposti adesso sono poco meno di venti. Ma si esauriscono rapidamente. In quell'ambiente piuttosto ridotto, Coco non riesce a esporne di più, nonostante ne abbia già pronti almeno un'altra decina. E tra i suoi schizzi ci sono dozzine di modelli che presto avrà il tempo di realizzare. Non subito, però, perché il piccolo atelier nell'ultimo mese è preso d'assalto da compratrici affamate. C'è chi di cappellini ne acquista anche tre o quattro per volta. D'improvviso, Coco e Adrienne, le stesse che quattro settimane prima si deprimevano nella solitudine di quel luogo, ora non hanno nemmeno il tempo per manifestarsi vicendevolmente la propria gioia. «Hai preparato il pacchetto per Londra, Adrienne?» «Tutto fatto, Coco. Esattamente come mi avevi detto tu. L'ho riempito col modellino blu in *côtelé* e con quello azzurro più chiaro in tweed.» «Bene, Vittoria Melita merita tutto questo. In fondo, è la prima artefice delle nostre vendite di questi giorni.» Sembra un esercizio complicato anche il semplice conteggio dei soldi che si riscuotono. Coco s'accorge soltanto che ogni sera la cassa ne contiene un mucchietto via via più robusto. Per il momento si limita a metterli da parte in una vecchia scatola che porta con sé da quando era a Aubazine. Lì ci conserva da sempre una spazzola, un paio di foulard e delle piccole forbici. Ricordi che risalgono addirittura ai giorni di Courpière. Questo denaro le pare adesso il completamento concreto dei suoi sogni lontani. E dunque è giusto sistemarlo proprio in quella scatola.

Le pare anche che i disagi non finiscano mai. Se prima era sconfortata dai pochi clienti che non compravano nulla, ora è aggredita dal timore di non farcela a reggere quell'irruzione di compratori che il piccolo appartamento ormai fatica vistosamente a contenere con sufficiente decoro. Insomma, s'affaccia l'esigenza di traslocare, di trasferire quel meraviglioso e redditizio viavai di clienti in un ambiente finalmente più ampio e accogliente. È naturale che la fase iniziale di un'attività come quella potesse provvisoriamente accomodarsi in un locale adattato. Ma adesso gli affari stanno assumendo un aspetto decisamente serio. Anzi, oltre che a nuovi locali, bisognerà pensare al più presto anche a una collaboratrice che affianchi lei e Adrienne. Soprattutto per darle il tempo di progettare disegni e realizzare i modelli da mettere in vendita, sottraendo almeno una parte della giornata di lavoro alla necessità costante di starsene in negozio a servire clienti. Toccherà parlarne con Étienne. Lei adesso ha del denaro, ma non basterà mai a soddisfare l'idea che ha in mente. Nei suoi piani c'è un atelier in pieno centro, dove finalmente potrà preparare l'offensiva alle boutique che Parigi rispetta di più, quelle che continuano a dettare le regole della moda in Francia e forse in Europa. È evidente che Étienne le abbia messo a disposizione l'appartamento di Boulevard Malesherbes soltanto perché ormai inutilizzato, tenuto lì come pura proprietà del tutto improduttiva. Adesso che è necessario il salto, sarà difficilissimo convincerlo ad aiutarla. Certo, c'è Boy, che già in passato l'avrebbe soccorsa, se non ci avesse pensato Étienne. Ma perché mai far ricorso a lui? E poi come riuscirebbe a giustificare con Étienne questa vicinanza così stretta con l'amico inglese? Resta la necessità di un trasloco che si fa urgentissimo col trascorrere dei giorni. Il passaparola, quello che Coco aveva immaginato e poi anche sollecitato, sta producendo esiti insperati. Le clienti sono ora quasi una folla quotidiana. Spesso si fa anche fatica a rispettare l'orario di apertura e chiusura. Coco e Adrienne scorgono regolarmente figure già in attesa al di là della porta, al mattino, quando inaugurano la nuova giornata di lavoro. E quando ormai è sera, più volte sono costrette a rinviare le acquirenti al giorno dopo per l'impossibilità di proseguire troppo oltre l'orario previsto di chiusura.

«No, Coco, non se ne parla. T'ho accontentata una volta, non asseconderò i tuoi capricci anche una seconda.» Le parole di Étienne hanno esattamente il tono e il senso che la donna aveva saputo prevedere. «Non sono affatto dei capricci. Succede solo che quello spazio è diventato del tutto inadeguato.» «Io invece continuo a credere che tu dovresti star qui a Royallieu e smetterla di giocare con quei cappellini. Ma è chiaro che non giochi solo con quelli.» La frase è volutamente misteriosa, anzi monca del finale che Étienne avrebbe potuto darle. Ma più probabilmente quella è un'uscita suggerita solo dalla rabbia, l'indizio di parole che il tenente non voleva dire e che ha pronunciato senza sapersi domare. «Non capisco quel che intendi dire, Étienne. Ma posso ripeterti che i miei non sono capricci e che con quei cappellini non sto affatto giocando. Vuoi anzi la mia verità? È qui a Compiègne che mi sento ormai solo una stupidotta che sta giocando con la propria esistenza e con i tuoi soldi. Io non voglio andare in giro a comprar abitini dopo aver chiesto a te il permesso e il denaro. Voglio costruirli, quegli abitini, so di poterci riuscire. E voglio anche costruire per me una vita che abbia un senso.» Alza la voce, adesso, fino quasi a frantumarla in un pianto. E la irrita vedere Étienne che accoglie quella spiegazione così accorata fumando con leggerezza e continuando a opporle il suo sguardo ebete e distratto. «Mi ascolti, Étienne? Mi ascolti? Non mi va di vivere come una mantenuta. È il solo motivo per il quale mi umilio a chiedere il tuo aiuto.» «Sta' tranquilla, ragazza. Prima che si stanchi di te, Boy non sarà così sgarbato da negarti un po' di quattrini per tenerti buona.» La questione prende d'improvviso una piega tutta diversa. Étienne sa? E fino a che punto sa? E soprattutto, sarà il caso di rispondergli o di lasciar cadere una faccenda che per Coco resta comunque scomodissima da affrontare? «Boy, dici? Hai ragione, lui può darsi che sia davvero disposto ad aiutarmi. Sono sicura che capirà presto che una società con me potrebbe essere un ottimo affare economico.» Sceglie di simulare a metà. Prima di tracciare nuove strategie è necessario cercare di capire che cosa le sta accadendo intorno. I cappellini ultimamente le hanno sottratto del tutto il tempo e l'energia per farlo. I suoi giorni sono stretti tra disegni, tessuti, clienti e quel letto più grande acquistato da Boy. Étienne rappresenta un'avventura ormai consumata, seppellita dall'oblio. Ma ora deve vedere Boy, parlargli di quel dialogo.

Entra nel laboratorio di Boulevard Malesherbes facendosi largo tra due signore che ricorda bene. Una è madame Delacroix, l'altra è madame Simonard, sorella minore della prima. «Coco» le si rivolge chiassosa madame Delacroix, «che bello ritrovarti. Non avevo saputo più nulla di te. Madame Desboutins m'ha solo detto che avevi preferito andar via, ma senza chiarire dove. Appena ho saputo che avevi allestito qui a Parigi un piccolo atelier tutto tuo sono corsa a prendere mia sorella per visitarlo. Voglio vedere se il tuo talento è quello di un anno fa. E ne sono certa.» «Spero che apprezzerete il mio lavoro, Madame. Ora le chiedo scusa, ma ho notizie urgenti da comunicare a Adrienne. Buongiorno.» Mai aveva rivolto tanta freddezza a chi frequentava il suo laboratorio. Anzi, non aveva mai fatto niente del genere nemmeno con le ospiti della boutique Desboutins. È nervosa, tesissima. «Adrienne, oggi dovrai cavartela da sola. Io ho molto da fare qui intorno. A intervalli di un paio d'ore cercherò di farmi viva, in maniera da assicurarmi che tutto prosegua regolarmente. A dopo.» Sa che qualche isolato più avanti, nella sua garçonnière, troverà Boy impegnato con la sua corrispondenza e le sue montagne di carta.

«Ti ha detto qualcosa? Ti ha parlato di me, di noi?» «Calma, calma. Hai l'aria sconvolta.» Boy è impassibile sempre. Coco nemmeno riesce a immaginare che ci siano eventi in grado di agitarlo, per gravi che possano essere. «Gli ho spiegato la mia voglia di traslocare da qui, la necessità di un atelier più grande e magari anche più centrale. È stato sprezzante. E questo me l'aspettavo. Ma quando ho reagito, ha replicato che a me avresti pensato tu. Poi ha detto anche che io vengo qui per giocare coi cappellini e non solo.» Boy ascolta concentrato. «E non ha aggiunto altro?» chiede come se s'aspettasse ulteriori rivelazioni. Per un istante fuggevole, a Coco pare di essere rimasta la sola a non sapere e a non capire. «No, più o meno s'è limitato a questo. Però devo confessarti che più volte ho avuto la sensazione che stesse alludendo ad altro e che stesse trattenendosi per non aggiungere più nulla.» «Bah, è difficile da interpretare. Io gli parlerei chiaro, lo sai. Non l'ho fatto solo perché dargli un dolore non piacerebbe né a me né a te. E questo è un punto sul quale fino a oggi siamo stati d'accordo. Ma è evidente che prima o poi dovremo deciderci.»

Ha una strana voglia di far l'amore. Subito. Prima che si aggiungano altre parole a quell'incontro affannato. Sulla scrivania nota una strana pagina su cui sembra sia scritto il suo nome e una data, nel mezzo di un testo di cui non può distinguere il senso. Boy ha un foglio tra le dita della mano destra a cui ogni tanto continua a dedicare occhiate. Coco brutalmente glielo sottrae e lo lascia cadere. Prende nella sua la mano di Boy rimasta vuota e con quella s'accarezza vigorosamente un fianco e poi il seno. Boy è assai meno attivo, forse solo perché gli piace partecipare a quell'istante lasciandosi guidare. Quando è certa che la mano di Boy continuerà a massaggiarle il corpo, mette la sua sulla cintura dei pantaloni dell'uomo. Vuol sentirlo eccitato, vuole che sia pazzamente ansioso di spogliarla e amarla. Geme, prima ancora che i loro corpi siano davvero a contatto. È il desiderio più incontrollato che mai abbia assaporato. E non sa spiegarsene il motivo. «Prendimi, Boy, prendimi subito.» L'uomo ha la testa affondata nel collo della donna. Tira un sospiro profondo e intanto le solleva la gonna piuttosto aderente per poter finalmente toccare coi polpastrelli le smanie intense di Coco. S'accende una fiamma così bruciante che presto divora tutto. Dopo l'impeto e il piacere frenetico, Boy riesce solo ad abbandonarsi sulla poltrona che ha di fianco. Coco resta in piedi, com'era stata durante l'amore. Si ricompone parzialmente, rifugiandosi in fretta nel bagno che per fortuna è lì accanto. Qualcosa le ha dato quell'attimo di passione acuta, quasi lancinante. Ha il timore che tutto sia nato dal pensiero di Étienne, dalla novità di ritrovarsi accanto a Boy con la consapevolezza che Étienne sappia tutto. Le appare come una depravazione inaccettabile. Ma proprio non riesce a escluderla. E poi c'è un'altra circostanza che adesso si fa spazio tra le sue piccole angosce. Quel foglio sulla scrivania cos'era? È certa che sopra qualcuno avesse scritto proprio il suo nome, Coco. Scritto da chi? E perché?

Sente che è vicina una svolta. Sente che è l'ora di sovvertire una parte almeno delle abitudini che durano da un po'. Per qualche giorno se ne sta con Adrienne al laboratorio. È il modo per convincersi definitivamente che quella collocazione non è ormai più utilizzabile. Gli affari si alimentano progressivamente e con una velocità che nessuno, nemmeno lei, avrebbe sospettato. Forse proprio Coco è l'ultima a percepirlo, ma ora si può serenamente affermare che Parigi s'è accorta di lei e dei suoi rivoluzionari cappellini. La prima ondata di clienti giungeva direttamente dalla magica serata in cui la nipote della regina Vittoria le aveva offerto la propria elevatissima collaborazione. Ma adesso la sua piccola boutique da modista è meta di compratori che provengono da zone della città anche piuttosto distanti. La stessa madame Delacroix, con la quale si riprometteva di scusarsi se mai si fosse ripresentata, era una testimone di quanto i confini del suo successo si fossero allargati rispetto alle settimane precedenti. Addirittura fino alla lontana Moulins, nella provincia meridionale dell'Alvernia. Le servono soldi, per conquistare il cuore di Parigi. Ma ora sa che nella sostanza può far da sola. Ed è decisa ad andare in fondo, disposta finanche a vedere se stessa come un'opportunista, una che ha usato l'ospitalità e il mondo dei Balsan e che ora improvvisamente li rifiuta perché di quell'ospitalità e di quel mondo non ha più alcun bisogno. È chiaro pure che non può più reggere i ritmi di un'attività che non è quella dei primissimi giorni. Troppo spesso deve rinviare le consegne dei suoi modellini, troppo spesso è costretta a rinunciare a ordini voluminosi per la totale impossibilità di farvi fronte. Adrienne è la consueta collaboratrice fedelissima e preziosa. E finalmente Coco è felice d'aver acquisito la disponibilità finanziaria sufficiente a pagare quanto merita la sua giovane zia. Ma il suo aiuto si limita al lavoro con le clienti, incarico che Adrienne porta a termine con mestiere e abilità che ormai possono considerarsi collaudatissimi.

Il caminetto del salone grande di Royallieu ha un'aria minacciosa. Una Zubelda ancora spenta tiene impegnato il tenente Balsan. Coco traccia curve su un foglio, cercando qualcosa che somigli all'abbozzo di un abito. Il conflitto è sospeso, come una favilla nell'atmosfera tiepida creata dal fuoco. «Voglio farti sapere» dice Coco dopo un lungo rimuginare silenzioso «che per quel mio progetto parigino chiederò aiuto a Boy.» «E chi ti dice che avrai il mio permesso?» replica Étienne mentre tiene lo sguardo e le dita affaccendati sulla sigaretta. «Non ho bisogno del tuo permesso, Étienne. E non sarà certo il periodo che ho trascorso qui a darti questo diritto su di me.» Étienne si sforza di non mutare la posa che ha assunto. Ma qualcosa nel suo aspetto, nella linea del suo labbro, appare scomposto. A lui piace apparire distaccato, però non gli viene affatto naturale, non come a monsieur Capel. «Vedo che ogni volta parli di autonomia, di indipendenza, di libertà. Mia cara, ti ricordo che eri, anzi sei, solo una sartina che faceva la commessa in una boutique di Moulins. Tutto quel che hai oggi lo devi a me.» «E va bene, vuol dire che devo ringraziarti di tutto quel che ho oggi. Bene, lo faccio adesso. E insieme ti annuncio pure che chiudo qui e che da oggi la sartina preferisce fare da sola.» Il rancore sottopelle di Étienne comincia a mostrarsi, anche nel volume della voce, che diviene d'improvviso più robusto. «Già, è comodo far così, no? Grazie, mio caro, non mi servi più. Adesso ho un altro, che è anche più raffinato di te. Probabilmente pure più ricco.» «Questo non te lo permetto, io sono stata tua ospite e ho già detto che te ne sono grata. Ma non ho mai approfittato del tuo denaro. Per il resto, non capisco cosa tu intenda dire. Io non vado con nessun altro.» Étienne si fa immobile. Blocca il gioco nervoso delle dita e la osserva. «Non vai con nessun altro. Ti credevo soltanto irrimediabilmente puttana, ora scopro che sei pure mostruosamente bugiarda. So tutto di te e di Boy. E ormai da tanto tempo. Ne ho parlato anche con lui. E mi ha confermato che vi incontrate. Del resto, quando me l'ha riferito, sapevo comunque già ogni cosa di voi due. Sappi che vi vedevate in casa sua e facevate l'amore col mio permesso. Potevate farlo perché io lo volevo e lo consentivo. Ritenevo di avere buoni motivi per comportarmi in questa maniera e non dirti nulla. A Boy ho anche scritto una lettera autorizzando ufficialmente le libertà che s'è preso con te. La ragione di tutto ciò preferisco tenerla per me.» Ha già odiato in vita sua. Ha odiato tutte le volte che una suora obbligava Julia a far brillare un crocifisso. Ha odiato quando le impedivano di avvicinare e assistere la madre, della quale voleva essere la sola responsabile. Ora odia il silenzio di Étienne. Odia quel foglio notato sulla scrivania di Boy. Odia la paura che ha dentro. S'accorge d'aver vissuto pezzi di esistenza, pezzi intimamente suoi, che non conosce.

Qualcuno può entrarle nella vita a sua insaputa e osservare quel che accade senza esser visto. Odia la sua penetrabilità, le sue illusioni fragili. Credeva di costruire in segreto la sua nuova libertà, proprio mentre un mondo reticente e perverso la pedinava.

Le sfide di Deauville

Biarritz è bella forse più di Deauville. Nemmeno l'odore acre della guerra riesce a rovinare quel curioso colore camomilla che tinge l'atmosfera nelle ore del pomeriggio. La risacca energica dell'Atlantico ha il potere di portar via quell'angoscia collettiva che tiene prigioniera la Francia ancor più che le armate tedesche. L'intuito e il buon gusto di Boy hanno condotto fin qui gli affari impetuosi di Coco. «Se hai vinto a Deauville, puoi stravincere a Biarritz» le aveva suggerito durante un tramonto trascorso insieme proprio sulla spiaggia di Biarritz. Così l'azienda Chanel dilata le sue frontiere. Si passa dal Nord che guarda da vicino l'Inghilterra e quasi s'affaccia sul confine belga, al Sud che tocca il margine orientale dei Paesi Baschi. Due France distanti, due France anche assai diverse tra loro. "La guerra è una tragedia per tutti, piena di buone occasioni per alcuni" ripete ogni tanto Gabrielle a se stessa. E lei insegue ovviamente il privilegio di sistemarsi tra gli "alcuni". Del resto, il trionfo è diventato ormai un suo piccolo vizio, una dolce abitudine. Rue Cambon le ha dato la certezza di poter conquistare Parigi. Rue Gontaut-Biron le ha offerto la sensazione di poter battere anche la guerra, lì a Deauville. Per questo affrontare adesso Biarritz è una sfida già piena di buoni presagi. Può farlo, tra l'altro, dall'alto di una solidità finanziaria notevolissima. E dalla robusta certezza che Boy le sarebbe comunque vicino, anche nel caso in cui dovesse aver bisogno di grosse somme per soddisfare scelte particolarmente ambiziose. In fondo, in circostanze come questa monsieur Arthur Capel è anche un prezioso consulente e supporto economico, oltre che l'amante tenero cui Coco è legata da ormai così tanto tempo. «E tu dove sistemeresti questa nuova boutique Chanel?» Lei sa che Boy fingerà di accogliere la domanda con la sua indifferenza consueta e imbevuta di decoro. In realtà, l'inglese ama molto esibire il suo intuito e ritagliare per sé un ruolo da consigliere defilato, qua e là disposto a mettere a disposizione il suo fiuto infallibile. «Una piccola idea in effetti l'avrei. Ricordi Villa de Larralde, quello splendido edificio in Rue Gardère?» «Certo che la ricordo, è bellissima. Non la si ammira dalla strada quando si raggiunge il casinò della città?» «Appunto, mi riferisco proprio a quella. Potremmo prenderla, adattarla alle esigenze della tua boutique, e procedere dritti verso la conquista di Biarritz.» «Ma... Boy. È una costruzione di pregio elevatissimo. Prenderla e ristrutturarla costerà una cifra enorme, avrò bisogno di investire tanti soldi. Temo seriamente di non averli tutti.» «La formula te l'ho già rivelata tanto tempo fa, l'hai già dimenticata? Io ci metto il denaro, tu ci metti il talento. Fin qui ho sempre avuto ragione, no? È andata bene a Parigi, e poi nuovamente a Deauville. Dunque, perché non proseguire?» Nessuno sapeva motivarla come lui, darle quelle scariche possenti di adrenalina, stavolta capaci di mettere addosso una voglia feroce di partire già per Biarritz. E magari avviare immediatamente i lavori a Villa de Larralde.

Tutto sommato, si stava celebrando una piccola replica di quel che era avvenuto già a Deauville. Malgrado gli sbalzi di fortuna causati dagli eventi. Coco aveva traslocato lì ben prima che il conflitto d'inizio Novecento entrasse come un presentimento nella vita dei francesi. Gli affari erano parsi floridi inizialmente, fino al giorno in cui lo scoppio concreto della guerra non aveva reso le strade di Deauville un desolante deserto, compresa Rue Gontaut-Biron e le sue boutique esclusive. Boy si sforzò di tirarla su. Sosteneva che dopo quel primo allarme, proprio i luoghi più defilati dalla capitale avrebbero fatalmente accolto la grande fuga. E se la maggioranza più sprovveduta era costretta a scegliere la provincia interna e la campagna, i borghesi facoltosi si sarebbero puntualmente dati appuntamento sulla battigia di stazioni eleganti come Deauville o come Biarritz. Sarebbero stati gremiti non solo di agiati francesi, ma anche di una gran fetta dell'aristocrazia spagnola. E – perché no? – di quella italiana. Coco non poteva che dargli retta. Intanto perché era lui a rischiare più denaro. E poi perché a lei si richiedeva soprattutto il compito che avrebbe svolto anche gratuitamente, compito del quale era da sempre innamorata. Fin da bambina, Gabrielle voleva disegnare cappellini e abiti per signora. Ora Coco aveva finalmente appreso di essere pure in grado di venderli. Adrienne restava in ciascuna di queste avventure la compagna che voleva più vicina. Sapeva di averla continuamente al fianco, sapeva soprattutto che era la sola della quale riusciva a fidarsi come di se stessa.

«Pesce fresco! Pesce freschissimo! Fresco, appena pescato!» Coco passeggia distratta con Adrienne sul lungomare di Deauville. Le grida degli ambulanti sfiorano soltanto il loro chiacchiericcio. «Oggi fa davvero caldo, vero Coco?» La nipotina tace. Ha gli occhi d'improvviso rapiti da un bersaglio indefinito. Guarda verso l'ambulante. Ma non può essere interessata a lui. «Adrienne, per favore, osserva attentamente quell'uomo.» «Lo vedo, Coco. Come l'ho visto anche ieri e certamente due giorni fa. Ti dico subito che a me non piace affatto. Ha un naso un po' irregolare. E poi è così poco raffinato. No, non cercare di convincermi che...» «Non voglio convincerti di nulla, zietta. Però ti invito a osservarlo meglio. Intendo dire che devi soffermarti non sull'uomo, ma sul suo abbigliamento.» «L'abbigliamento? Devi essere matta, Coco. Non mi piace affatto nemmeno l'abbigliamento. Ehi, non stai forse pensando...» La nipotina interrompe ancora i pensieri teneri di Adrienne.

«Certo che ci sto pensando. Visto che piano piano ci arrivi? Tu hai appena detto di avere caldo, no? Naturale, dipende soprattutto da quel che indossi. Non hai certo degli abiti coi quali puoi difenderti dall'afa. Né dall'umidità, né dalle alte temperature. Da' invece un'occhiata a quell'uomo. Lui sì che combatte il caldo nel modo migliore. D'altra parte, un abbigliamento da pescatore o da marinaio non è pensato a caso.» «Coco, non stai mica tentando di dirmi che quel venditore di pesce ispirerà i tuoi prossimi abiti per signora? Devo ricordartelo io che sei una famosa creatrice d'alta moda? Questo è troppo, sarebbe come confessarmi che sei diventata completamente pazza.» «Può darsi, Adrienne, può darsi. Può darsi che qui nasca l'idea della mia prossima collezione. E può anche darsi che io pazza lo sia davvero.»

La baronessa Guizot ha dimenticato un settimanale fresco di stampa sul tavolino della boutique di Rue Gontaut-Biron. Nessuna delle commesse ci aveva badato. La stessa Coco si accorge di quel giornale quando è ormai tardi per richiamare la baronessa, la cui carrozza è ormai inghiottita dall'angolo in fondo alla strada. A Coco viene in mente che poco prima proprio quella rivista l'aveva incuriosita. Aveva infatti notato che la baronessa Guizot, in attesa di un vestito da visionare, spendeva grasse risate sfogliandone le pagine. Comincia perciò a sbirciare anche lei tra i fogli di quel giornale, a caccia dello stesso divertimento, e s'imbatte in una pagina di vignette che cattura immediatamente la sua attenzione. Le figure caricaturate hanno in effetti un disegno di grande forza ironica. Ma lo spasso diventa incontenibile quando si riesce anche a riconoscere i personaggi ritratti da quella matita così perfidamente benedetta. Coco vuole conoscere il nome dell'autore. In basso, a destra dell'ultima vignetta, non ci sono che tre lettere di uno pseudonimo a sigillare quella meraviglia: Sem. Chanel non ne ha mai sentito parlare, ma ora è decisa a sapere tutto sul conto di questo genio autentico, questo sublime maestro di crudeltà che fin qui le era incredibilmente rimasto del tutto ignoto. S'informa sulle riviste che pubblicano i suoi schizzi velenosi e due giorni più tardi se ne ritrova una sul ripiano della corrispondenza. Quando giunge a pagina 29, sente un sussulto dentro. Non sa se è una piccola esplosione d'ira o d'allegria. C'è in alto una vignetta che ritrae una partita di polo. Il giocatore disegnato in primo piano è inconfondibilmente Boy Capel; ma non può cavalcare in posizione comoda, perché in groppa ha davanti a sé proprio lei, Coco. È inutile aggrapparsi all'eventualità che quella sia solo una sensazione sbagliata. Magari personaggi generici che somigliano così straordinariamente a loro due. Guardando più attentamente l'insieme della vignetta, sopra una cappelliera disegnata sullo sfondo c'è anche scritto il suo nome, Chanel. Gabrielle fatica davvero a interpretare quel che prova. Vedere le sue foto e il suo nome sui giornali è un'esperienza che ha già assaporato più d'una volta. Ma questo è il sintomo di una notorietà che diventa assai più imbarazzante. E che tuttavia solletica anche l'amor proprio. Sem produrrà pure una satira crudele, ma è senza dubbio un distributore gratuito di popolarità. Del resto, nelle puntate successive delle sue vignette, Sem raffigura una Coco giovanile, in abiti da cavallerizza tipici del suo coraggioso stile "a maschietto". A tante altre signore note a Deauville tocca un trattamento diverso. Sem le trasfigura fino a renderle caricature grottesche, irresistibilmente ridicole. È evidente che invece apprezzi sinceramente Coco Chanel, almeno lei. Nel 1914, Sem pubblica una raccolta delle sue vignette più recenti, *Le vrai et le faux chic* (Il vero e il falso chic), e Coco vi appare più volte. Il volume godrà di un vastissimo successo che, inevitabilmente, trascinerà con sé la fama della stilista.

Poco prima che la Grande Guerra s'infiammi, Deauville è la dimora più frequentata da Boy e Coco. Sulla promenade, lei ama esibire i suoi abiti più freschi. In fondo, la sua ispirazione originaria parte sempre da modelli che piacciono a lei e che siano adatti soprattutto a lei. Ma la novità più vistosa esplode nelle ore che dedica al sole e alla spiaggia. È lì che può mettere in pubblico il suo costume da bagno in spugna. Ridottissimo rispetto alle tradizioni femminili dell'epoca. Assai più succinto di un abitino da sera di un incantevole colore blu *marine.* Pian piano, anche le clienti più audaci acquistano e indossano in riva al mare quel che è un piccolo gioiello di eleganza e un passo enorme nella mutazione del gusto. Gli uomini sono tutti senza fiato. Alcuni perché indignati, altri perché sedotti da quei corpi finalmente liberati e ben visibili.

A Parigi continua ad avere la residenza in Avenue Gabriel. Sulla scrivania trova la corrispondenza consueta. "E questo telegramma da dove viene?" si chiede dando una prima occhiata alla busta che ha per mittente l'istituto Notre-Dame.

> Addolorati di comunicarle che si è appena spenta mademoiselle Julia Chanel, sua sorella. Ha vissuto serenamente nel timore di Dio e serenamente è stata accolta nella grazia del Signore Onnipotente.

Julia è morta. La sorella maggiore cui Coco da sempre badava come fosse una figlia, quella bambina dolcissima che aveva sempre bisogno d'aiuto, e per cui la madre l'aveva supplicata: "Non abbandonarla mai". È andata via adesso dalla sua strana solitudine del Notre-Dame, alla stessa età in cui era andata via la mamma. Coco avverte il morso di una colpa che ha radici lontane. Ha degli alibi forti, ma non le bastano. Non adesso. «Forse non avrei mai dovuto lasciarla lì, sola» racconta quella sera stessa a Boy, «ma lei non ha voluto seguirmi. Aveva deciso che lì al Notre-Dame era ormai fissato il suo mondo. Quando lasciai il collegio ho insistito perché venisse con me. E di nuovo ho provato successivamente a portarla via. Ma ogni volta ho dovuto accorgermi e capire che le avrei fatto del male. Non riesco a dimenticare il giorno in cui salutavo per sempre le suore del Notre-Dame. Per me era l'inizio della vita. Lei mi guardava in silenzio mentre io sollevavo quel bagaglio che preparavo da settimane. Mi disse soltanto: "Lasciami qui, Gabrielle, lasciami qui, il mio posto è questo, il tuo no".» C'è un modo per espiare quel residuo di rimorso che avverte. E anche per lasciar sopravvivere l'affetto per Julia, che adesso le manca. «Qual è la scuola migliore che conosci, Boy, quella nella quale faresti educare tuo figlio?» «Direi Beaumont, senza dubbio. È il college che ho frequentato io, forse il più esclusivo dell'Europa intera. Si trova nel Lancaster. Ma perché me lo chiedi?» «Manderò lì a studiare André. È il solo figlio avuto da Julia. Voglio che lui abbia tutto quello che la madre non ha avuto.» Monsieur Capel è coinvolto e si lascia coinvolgere. «Conservo tanti ottimi amici a Beaumont. Sta' tranquilla. Sarò io a occuparmi interamente di tuo nipote. In ogni senso. E intanto farò in modo che venga accolto al più presto nel college.»

C'è uno strano sussurro in questi giorni a Deauville. La duchessa de Longueville, una delle clienti migliori, è quasi quotidianamente nel negozio di Coco. Compra abiti, niente da dire, e ne compra tanti. Si direbbe che in cambio voglia ascolto, che cerchi un uditorio nel quale diffondere le sue gustose dicerie. Oggi s'insinua nella boutique col volto pieno di boria che ha nelle occasioni solenni. La novità dev'essere di valore inestimabile. «Sapete che si dice in giro?» parte con la solita introduzione. «Pare che Kitty, la baronessa Henri de Rothschild, abbia definitivamente scaricato Poiret, che fino a ieri è stato il suo fedelissimo sarto.» Coco dedica in genere una falsa attenzione a quei farneticanti reportage. Ma questo ha un'aria decisamente attraente. Troppo più attraente della media. Kitty de Rothschild è una dama così in vista da poter cambiare le sorti di un atelier. Strano che proprio Paul Poiret, detto "le magnifique", un uomo generalmente così astuto, la lasci volare via. La duchessa ha dettagli interessanti da aggiungere, questioni che in qualche modo fanno luce su quest'affare misterioso. «Pare che la baronessa abbia chiesto alla sartoria di inviare modelle nel suo palazzo. Voleva rinnovare il guardaroba estivo, ma senza muoversi da casa. E pare che Poiret l'abbia anche accontentata.» Coco evita con cura di apparire entusiasta della piega che prende il racconto. Ma è lampante che stavolta la duchessa de Longueville abbia argomenti forti e che dunque adesso possa finalmente godersela, per questo indugia sulla narrazione e solletica abilmente la curiosità di chi le sta intorno. «Pare che abbia fatto allestire la sfilata delle modelle Poiret nella sua camera da letto e che lei se ne sia addirittura rimasta tra le lenzuola.» Non è tutto, non può essere tutto. Poiret avrebbe digerito anche questa. Ma la maledetta continua a perder tempo, a raccontare quei fatti tanto succosi con una lentezza insopportabile. «Bene. Pare che la baronessa sia spesso circondata – come dire? – da giovani amichetti che le fanno compagnia. E pare che durante la sfilata ne fossero presenti in buon numero. Il guaio è che questi giovanotti non si sono comportati troppo educatamente con le modelle. Io immagino che fossero tutte decisamente carine. E che perciò su di loro sia caduto qualche apprezzamento eccessivo, magari anche pesante.» «E quindi Poiret ha fatto giungere a palazzo de Rothschild le sue rimostranze?» Coco è allo stremo, tanto da intervenire di persona pur di sollecitare il finale di una storia che le sta a cuore. La duchessa ancora una volta non sa sottrarsi alla sua formula convenzionale. «Pare che...» Temporeggia ancora un po', poi prosegue «... che sia accaduto anche di peggio. Successivamente, è stata la baronessa a recarsi nella sartoria per fissare l'acquisto di alcuni vestiti, quelli della sfilata che più le erano andati a genio. Ebbene, Poiret l'ha accolta con un piglio assai brutale, le ha ricordato che in casa sua era avvenuto un episodio inqualificabile e che perciò da quel momento lei in quella boutique non era gradita. Possiamo giudicarla come vogliamo, ma è veramente successo l'incredibile. Ha praticamente messo alla porta Kitty de Rothschild.» Coco si accorge che sta chiudendo un pugno, come chi deve stringervi dentro una vittoria. È chiaro che Poiret abbia perso la testa, ed è chiaro soprattutto che presto dovrà pentirsene. Ora tocca a lei accendere in fretta quel pentimento. Tocca a lei insinuarsi nei rancori della baronessa de Rothschild. Bisogna marciare sull'errore imperdonabile del rivale. Una marcia che Coco compie trionfalmente.

La conquista del mondo

Parigi resta il nodo cruciale di tutto quel che avviene in Francia. E anche il cardine di quel che accade nell'azienda Chanel. Ma Biarritz è una sfida che Coco s'avvia a vincere ormai senza avversari. La ricca borghesia francese, l'aristocrazia spagnola e tutta la robusta truppa di danarosi che Boy aveva previsto puntualmente affollano quella incantevole porzione del litorale dei Pirenei atlantici. Mentre altrove la guerra continua a tuonare e ammazzare. Nella capitale, Coco conserva personalmente il controllo della boutique di Rue Cambon. A Biarritz vuole che la direzione sia affidata alla sorella più giovane, Antoinette. La famiglia è un tema che continua a illuminarle e addolorarle la vita. I ricordi sono pugnalate che tiene conficcate dentro. A volte, di notte soprattutto, si tocca le guance. Le sente umide, le pare di avere ancora sul volto lo spruzzo caldo del sangue che la madre sputava col suo ultimo soffio. E negli occhi tiene viva la faccia di Julia che la scongiurava di lasciarla tra le monache del Notre-Dame, di non portarla via di là. La povera Julia. Mamma inconsapevole di un bambino a cui aveva potuto riservare solo uno strano tipo di amore, indefinito. Un bambino che aveva tenuto nel ventre quando riusciva a intuire solo confusamente quale ne fosse la causa. Il triste destino di Julia la volle psichicamente semplice e debole, ma intelligente quanto bastava per comprendere la sua inadeguatezza, le sue piccole diversità. Forse per questo preferì rimanere rifugiata nel monastero di Notre-Dame. Sapeva di non possedere una vita normale e non ne cercava una. Voleva solo dare un riparo alla sua esistenza breve e fragile.

Di Antoinette si fida. È sveglia e fedele. Proprio come la zia, Adrienne, cui non rinuncerebbe mai. E a cui in effetti sceglierà di non rinunciare mai. «Bisogna spostare ancora un po' di dipendenti a Biarritz» ha ordinato Coco nella sua ultima puntata parigina. Gli affari sembrano davvero sbilanciati sul versante attivissimo delle due stazioni balneari. Ma della capitale non si può fare a meno. Non si deve. E poi Parigi tornerà rapidamente il centro dell'universo, appena la guerra sarà esaurita. A Deauville tutto procede per il meglio. I suoi dipendenti che lavorano a Biarritz sono già molte decine. Eppure nelle ultime settimane sembrano non bastare mai. Del resto, i due più costosi alberghi del posto, il Miramar e l'Hôtel du Palais, non hanno camere vuote da ormai molti giorni. E anche le suite più dispendiose vanno a ruba. Ci sono periodi in cui Boy si assenta a lungo. Con la guerra, è stato nominato membro di una Commissione franco-britannica, alla quale i governi dei due paesi hanno affidato il compito di importare carbone in Francia. E lui, il celebre Arthur Capel, del settore carbonifero è uno dei magnati europei ormai più potenti. È un incarico, tra l'altro, che lo tiene decisamente al sicuro, distante dal rischio di vedersi affidare il comando d'una guarnigione di prima linea, in una delle trincee sistemate al fronte. Malgrado i fragori del conflitto, e le notizie orribili che giungono da una Parigi ormai in ginocchio, Coco può riflettere su quanto sta accadendo alla sua esistenza. Il lavoro l'ha completamente ribaltata, e nel giro di pochissimi anni. Ora, da poco superati i trent'anni, può osservare Antoinette e Adrienne che a un passo da lei lussuosamente vestono le sue stesse creazioni. Ha centinaia di dipendenti sparsi tra le boutique e le fabbriche dalle quali provengono i tessuti. E ha un nobiluomo inglese del quale sente d'essere innamorata come nel giorno in cui il rombo della sua Daimler la fece cascare sul terriccio del bosco di Royallieu. Sono diventate lontanissime Courpière e Aubazine. È diventata lontanissima anche Moulins, e l'esperienza vissuta per un po' nella sartoria di madame Desboutins. È lontano pure Étienne Balsan, forse il vero snodo del suo destino. A lui deve l'addio al ruolo dimesso di sartina. Quando apprende che anche Royallieu è occupata, che non è più la residenza dei Balsan, ma la sede di un distaccamento militare tedesco, il cuore le si stringe. A Étienne deve l'incrocio con Arthur "Boy" Capel, l'uomo che l'ha condotta fino a Rue Cambon e poi alle spiagge di Deauville e Biarritz. Ciascuno ha un suo ruolo, nel copione ancora incompleto della commedia di Coco, ma l'unica, vera protagonista è una volontà forte e determinata. Una volontà che sempre più di frequente si traduce in un comportamento istintivamente accentratore e autoritario, anche al cospetto di chi le sta più lealmente accanto. Il mondo comincia a considerarla la più grande. E lei di ciò non sembra affatto sorpresa.

Con Antoinette sistemata alla guida degli affari di Biarritz, Coco può raggiungere spesso Parigi. Intanto perché considera comunque l'attività di Rue Cambon come il cuore originario della sua azienda. E poi quello è il pretesto per incontrare monsieur Capel, che gli impegni della Commissione tengono assai spesso nella capitale. Ma è facile avvertire il rischio continuo che ormai si corre da queste parti. Da molti mesi mademoiselle Chanel non è più una sprovveduta creatrice di abiti che dei suoi conti finanziari ignora tutto o quasi. La disavventura che le è capitata a Rue Cambon, quando s'è improvvisamente accorta che in cassa non c'era praticamente nulla e che il pagamento dei dipendenti e dei fornitori continuava a provenire dai conti correnti intestati a Capel, le ha fatto mutare atteggiamento nei confronti della questione. L'ossessione di non essere una mantenuta è tutt'altro che sepolta. Ed è la stessa persistente ossessione che già aveva vissuto al tempo del soggiorno a Compiègne, in casa Balsan. Ora che le sue boutique hanno un marchio e un numero robusto di clienti, la sostanza non cambia. Lei vuole mezzi propri. E smettere per sempre di inventarsi il passato e una famiglia al cospetto di chi il denaro può sbatterglielo in faccia. Non accadeva così a Aubazine e al Notre-Dame? Alle Chanel e a poche altre ospiti provenienti da famiglie povere si consentiva di non pagare alcuna retta per il soggiorno. E quando le ragazze paganti le facevano notare questa distanza, Gabrielle cominciava a fantasticare di un papà ricco, anzi ricchissimo, necessariamente assente solo a causa delle tante attività commerciali che lo trattenevano in America. "Poco tempo fa" raccontava spesso "mi ha anche scritto una lettera da lì. E mi ha spiegato che adesso è molto lontano, ma che presto tornerà in Europa e verrà qui per pagare alle suore tutto quel che è dovuto. Per me e per le mie sorelle. Perché lui dice che gli Chanel pagano, pagano sempre." Solo al tempo dei primi successi della sua boutique parigina, grazie a Boy, ha del tutto dimenticato la gestione del denaro. Sa di guadagnarne e dunque sa di poterne spendere. Ma del saldo tra l'una e l'altra voce ha smesso di preoccuparsi. Né monsieur Capel le ha mai fatto notare alcuno squilibrio. Apprendere che anche nel ruolo di padrona stava nuovamente rischiando di passare per una mantenuta le causa una vera e propria fase di crisi. Ne viene fuori solo nel giorno in cui mette definitivamente ordine in questo settore. «Da questo momento» dice severa al contabile che ha assunto, «voglio un resoconto continuo della situazione della cassa.» L'avrà. E quel saldo resterà sempre largamente positivo. Quando a Biarritz richiede un ennesimo controllo sui conti, al termine le sottopongono una situazione nella quale la liquidità dell'azienda Chanel è diventata enorme. Tale addirittura da consentire a Coco la realizzazione del suo progetto. Restituire ai conti bancari Capel tutto il denaro anticipato negli anni, tutto il denaro grazie al quale lei è giunta fin dove si trova adesso. Senza farne parola con nessuno, dispone che la cifra sia immediatamente e interamente riconsegnata al suo grande creditore. Proprio a Parigi, due settimane più tardi, dopo il consueto salto in Rue Cambon, può incontrare Boy appena rientrato dall'Inghilterra. «Sai che a Londra ho ricevuto una comunicazione dai Lloyds, la mia banca?» «Ah sì? E di che si trattava?» «Dovresti saperne qualcosa. Si trattava di una cifra proveniente dalla Francia. E precisamente dal tuo conto. Mi dici perché mai hai fatto una cosa del genere?» «Non credo che sia necessaria una spiegazione, Boy. Tu nel corso di questi anni m'hai dato tanto denaro, quello che io non avevo e che doveva servire a realizzare i miei sogni. Adesso che una buona parte di quei sogni li ho realizzati, non vedo il motivo per non restituirti quel denaro.» Boy stringe un po' le palpebre. La fissa dando alle labbra un ghigno lieve. «Pensa, ogni volta che ti ho versato dei soldi ero convinto di metterti tra le mani un nuovo giocattolo col quale tenerti impegnata. Ti ho sottovalutata, Coco. Tu quel denaro l'hai utilizzato per comprarti la libertà.»

Pochi hanno maledetto la guerra per la carenza di stoffe pregiate. Coco è tra quei pochi. Ma per la sua attitudine ad andare avanti comunque, per la sua flessibilità nell'adattarsi a soluzioni più audaci, se la cava assai meglio rispetto alla quasi totalità dei concorrenti che in quei mesi tentano di sopravvivere sul mercato producendo alta moda. Intanto Chanel ha già in piedi un nuovo duello con Paul Poiret. Ha vinto quello che metteva in palio la baronessa Kitty de Rothschild, cliente pregiatissima, qualche anno prima. Adesso la lotta è sulla provocazione dei centimetri da scoprire. Poiret s'è rivelato temerario, proponendo nell'ultima collezione una donna che forse per la prima volta è autorizzata a mostrare le caviglie. Coco Chanel risponde alla sua maniera e obbedendo ai propri vecchi principi. Se la donna dev'essere libera, può tranquillamente esserlo fino ai polpacci e addirittura alle ginocchia. E non si vede perché questo debba creare sdegno. Come nelle precedenti scelte difficili, gli inizi le procurano attacchi feroci, il seguito dimostra che invece aveva visto giusto. Ma adesso il problema è soprattutto orientato sulla quantità di stoffe disponibili. Data la difficolta di assicurarsene, si rischia di dover rallentare la produzione. Un colpo di fortuna e un tocco di genio aiutano Coco. Chiacchierando con Adrienne, le torna in mente il caso di un industriale protagonista di un cattivo affare. Una storia che risale ad alcuni anni prima. Costui, di nome Rodier, aveva acquistato un enorme quantitativo di jersey, sperando di venderlo a sua volta ai fabbricanti di moda. Ma gli era rimasto tutto nei magazzini, interamente invenduto perché considerato un tessuto povero, scadente, assolutamente inadeguato a confezioni di pregio anche molto basso. È su di lui che Coco concentra d'improvviso l'attenzione. «Adrienne, credi che riusciremo a rintracciare quel Rodier?» «Oddio, Coco. Tu stai pensando al tessuto che quell'uomo tentava di vendere. Lo ricordo bene, era jersey. Roba inutilizzabile per i nostri modelli.» «Questo lo dici tu, mia cara. Io invece penso che di quella stoffa possiamo fare l'ultima grande attrazione di Chanel.»

«Monsieur Rodier» cinguetta quando lo incontra dopo soli tre giorni, mostrandogli un enorme sorriso, «lei ha ancora quel jersey che tentava di venderci un po' di tempo addietro?» «Naturalmente sì, Mademoiselle, dovrei averlo nei miei magazzini. Cos'è, adesso le occorre?» «Ma no, monsieur Rodier. Diciamo che potrebbe anche interessarmi, ma soltanto se lei è disposto a vendermelo al prezzo che quella stoffa merita, un prezzo ovviamente assai modesto.» «Mademoiselle, io posso soltanto temere che il prezzo che lei ha in mente renda forse più conveniente lasciare quel tessuto ancora nei magazzini. Se non sarà così, vedrà che ci metteremo certamente d'accordo.» Coco ha negoziato anche troppo a lungo per i suoi gusti di quel periodo. E anche per la necessità assoluta di mettere le mani su quella merce. «Ascolti, Rodier. Io voglio quel jersey. E lo pagherò quel che è giusto. Ma voglio soprattutto che lei me ne procuri altro. Lo compri, lo produca, faccia quel che le pare, ma deve fornirmene in quantità almeno dieci volte superiore a quello che ha oggi in magazzino.» «Mademoiselle, con tutto il rispetto, temo che questo sia invece del tutto impossibile. Io ho quel jersey fermo lì da anni, e lei viene a propormi di procurarne ancora. Per accettare dovrei essere pazzo. O dovrei immaginare che lei me lo paghi tutto immediatamente. E questo immagino che sia da escludersi. Dunque, le faccio sapere che è stato un piacere incontrarla e le auguro una buona serata.» «Stia fermo dov'è, Rodier. Non si permetta di muoversi. Io devo avere quel jersey. E lei mi venderà quello che ha immediatamente a disposizione. Poi, a partire dai prossimi giorni, si impegnerà a procurarmene altro. Tanto altro. Vedrà, alla fine questo nostro accordo si rivelerà un buon affare per entrambi.» Ricevuta la prima consegna di quelle balle, Coco si chiude nel suo laboratorio per capire cosa può tirar fuori dal tessuto. Quella maglia rasata, ottenuta con un lavoro di aghi, non è affatto semplice da lavorare. E infatti i primi tentativi la scoraggiano. «Forse dovevo dar retta a Adrienne e non comprare questa robaccia.» Ma uscire da lì dentro senza almeno un risultato decoroso sarebbe una evidente sconfitta. No, impossibile. La difficoltà che trova col jersey è tutta nel dare curve al disegno dell'abito, specie sui fianchi. La soluzione è semplice, banale. Basta eliminare ogni evidenza al punto vita. E se questo vuol dire una nuova piccola rivoluzione del gusto, al diavolo tutte le prudenze. Meglio così. Per sperimentare la novità, disegna su se stessa il primo esemplare, una tecnica che del resto usa molto spesso. È una giacca tre-quarti che fila via completamente dritta all'altezza della vita. Un modello che non ha precedenti, nel taglio e nel tessuto. Ma è Chanel. E il pubblico, per cominciare quello di Biarritz, raccoglie la provocazione come l'ultimo prodigio del genio di Saumur. "Harper's Bazaar", una delle più autorevoli riviste di moda americana, pubblica ben presto una foto del nuovo stile Chanel ricavato col jersey. L'abito nell'immagine ha una sciarpa annodata sui fianchi e una scollatura dalla quale viene fuori un gilet di taglio maschile. "Harper's Bazaar" definisce tutto ciò "davvero delizioso, pieno di charme, fantasia e talento".

L'irruzione di Misia

Vuole conoscere Cécile Sorel, l'attrice che tutta la Francia ama. E un amico l'accontenta in fretta. Si organizza una cena in casa dell'artista e Coco è tra gli invitati. Per meglio dire, è tra gli invitati la nuova Coco, che da alcuni giorni ha rivoluzionato il suo aspetto. Ha adesso un taglio di capelli che su una donna non s'era mai visto prima. Aveva sempre portato capelli lunghi fino alla vita, tenuti poi raccolti in una grossa treccia. D'improvviso, appare in pubblico addirittura con il collo scoperto e coi capelli ridotti a una decina di centimetri circa. Tempo una settimana e quella scelta improvvisa, forse addirittura dettata solo da un incidente domestico nel quale s'è bruciata alcune ciocche, è già una moda che tante condividono e sperimentano su se stesse, anche i personaggi più in vista. Quando il "Journal" pubblica un articolo di costume nel quale Paul Morand sottolinea la nuova direzione del gusto dettata da Coco, taglia i capelli la cantante Marthe Davelli, li taglia madame Le Tellier, ritratta dal pittore Helleu in un celebre quadro. E li taglia pure Adrienne Chanel. La serata in casa di Cécile Sorel non è un gran divertimento per Coco. Soprattutto perché resta profondamente delusa dopo aver osservato da vicino la famosa attrice. Ne scopre i piccoli difetti, ogni imperfezione del volto, le irregolarità della dentatura. Si accorge di quanta finta eleganza ci sia negli ambienti di cui è ospite. Trova eccessivo il tendaggio e nota che è anche irrimediabilmente liso. Trova i tappeti e l'arredamento ridondanti e fasulli. Il suo vicino a tavola durante la cena è un pittore di origini catalane, José Maria Sert. Ha realizzato qualche anno prima le scenografie per *La leggenda di Giuseppe* di Richard Strauss, con la coreografia del grande Michel Fokine. Ma forse nella sua cerchia è ricordato soprattutto per aver decorato i saloni dell'Hotel Waldorf-Astoria di New York. Sert è un amabile dialogante. Ma nemmeno la sua verve riesce a tirar su l'umore rabbuiato di Coco. Piuttosto, è dopo la cena che lei trova finalmente un po' di sollievo. Conosce la donna che presto diventerà la moglie di José Maria Sert. Si tratta di Misia Godebska, figlia di uno scultore polacco e nata col più semplice nome di Marie. Misia in passato è già stata madame Natanson e poi madame Edwards. È una eccellente pianista e soprattutto una conoscitrice unica di arti e di artisti. Nessuna come lei può vantare un'amicizia così stretta con uomini come Diaghilev e Cocteau, Picasso e Dalí, Radiguet, Satie e Ravel. La sua anima slava la mette a contatto soprattutto con gli spiriti più geniali che provengono dall'Oriente europeo. Addirittura Bakst, Nijinskij o Stravinskij. È per questo che Proust la inserisce tra le figure della sua *Recherche*. Misia non è una principessa, ma Proust le dà questo titolo e la nasconde dietro il cognome russo Yurbeletiev. Poi la definisce "giovanile patrona di tutti quei grandi uomini". Questa donna ha un'indole prorompente e in quell'occasione pure a lei capita di restare colpita dalla figura disinvolta di Coco Chanel. Discutono tra loro con gran partecipazione. E quando a fine serata stanno per salutarsi, Misia rivolge al mantello che Coco sta indossando un complimento sincero. «Lo trovo davvero meraviglioso. Amo il velluto e questo rosso lo rende delizioso.» Coco lo sfila dalle sue spalle e lo poggia su quelle della nuova amica. «Lo prenda, Misia, la prego. Mi fa piacere.» Misia sorride e con un gesto pieno di riconoscenza restituisce il mantello. Ma quell'offerta, che trova squisita e sinceramente generosa, la commuove. «Verrò a trovarla, Gabrielle. Ci conti.»

Misia ha una biografia decisamente singolare. Quando è solo una bambina, le sue lezioni di piano hanno per maestro prima Liszt, più tardi Fauré. È nata mentre la ma dre Sophie, una donna belga, muore in seguito alla notizia che suo marito, dopo averla messa incinta, ha ingravidato anche la zia di lei, la seducente Olga. È una tragedia che Misia terrà dentro fino alla fine dei suoi giorni. Quando è adolescente, allevata dalla nonna in Germania vicino a Bruxelles, oltre che da Franz Liszt, la sua casa è spesso frequentata anche da Hector Berlioz e dal grande direttore d'orchestra Hans von Bülow.

Già l'indomani, Misia Edwards è in Rue Cambon, ansiosa di rivedere "la donna piena di fascino" conosciuta la sera prima alla cena in casa di Cécile Sorel. «Gabrielle, che piacere ritrovarla. Anzi, diamoci immediatamente del tu.» Coco mostra di gradire quella ricerca fervida di confidenza, ma la vive alla sua maniera. Con molta più discrezione e tanti silenzi. Misia non ama il piccolo soprannome che ormai tutti le attribuiscono. L'ha sentito pronunciare poco prima di entrare nel suo atelier. E l'ha trovato sgraziato e del tutto inadatto. Per lei la donna adorabile che ha di fronte non può chiamarsi Coco, ma Gabrielle. Sempre e solo Gabrielle. «Devo ammettere che ieri sera mi hai davvero stregata. Hai una raffinatezza naturale che da tempo non vedevo in una donna.» Misia è un vulcano di entusiasmo e complimenti. «Ora capisco che questo sia il luogo sacro del tuo lavoro. Ma voglio che ci si riveda. E vorrei tanto che ciò accadesse presto.» Coco lancia così il suo invito. «Potete venire tu e il tuo compagno a cena a casa mia. Ci sarà anche monsieur Arthur Capel. Vi aspettiamo in Boulevard Malesherbes, allora.» «Ne sono strafelice, Gabrielle. Ci saremo.» Chanel non sa che quello è molto più che un invito a cena. È l'atto inaugurale dell'amicizia più burrascosa e intima che la vita le riserverà.

Boy si vede sempre meno. Il 1917 è un anno in cui le ostilità sembrano ancora più dure che nelle stagioni precedenti. Lui continua a lavorare per i governi britannico e francese, tenendo contatti frequentissimi col suo amico Clemenceau, che in quella fase è presidente del Consiglio e ministro della Guerra. Un uomo che tanti avversari politici continuano a chiamare «la Tigre», per le battaglie focose combattute prima contro il clericalismo e l'antisemitismo, poi a favore dell'intervento militare contro la Germania. Arthur Capel è spesso in missione nella sua Inghilterra, dove le vicende belliche gli suggeriscono la stesura di un volume, *Reflections on Victory and a Project for the Federation of Governments*. È l'editore Werner Laurie a pubblicarglielo. Nel libro, Capel pronostica la vittoria franco-britannica e sostiene che successivamente non sia praticabile una pace eccessivamente gravosa per gli sconfitti tedeschi. "Chi schiaccia l'avversario, organizza soltanto una tregua buona a preparare una nuova guerra."

Coco trionfa nell'universo della moda. Mentre l'antica fama di Boy nel campo degli affari, la sua popolarità da campione di polo e adesso l'amicizia pubblica con Clemenceau fanno di lui una delle figure di spicco di quel periodo. Sul versante politico e su quello mondano. Per giunta, l'ambizione non gli manca. Questo gli fornisce l'occasione per rivedere tante vecchie conoscenze del suo gran mondo, ma adesso può farlo dall'alto di una posizione ancor più elevata. Fa visita a una sua vecchia amica, la duchessa di Sutherland, donna di ceppo familiare nobilissimo, ora impegnata in campo militare con l'incarico di presiedere il servizio delle ambulanze. Accanto all'amica, scorge tra le infermiere una ragazza che ricorda d'aver conosciuto tempo prima a Londra. È Diana Lister, anch'ella proveniente da un casato di rango notevolissimo: il padre è lord Ribblesdale. Diana è vedova, condizione in cui si trova da poco e a distanza di pochissimo tempo dal matrimonio. Boy resta colpito dal suo aspetto e dalla sua storia. Se ne invaghisce al punto da proporle un nuovo matrimonio. «Sì, Boy. Voglio sposarti anch'io.» Coco è lontanissima da questo groviglio di eventi. Ma la notizia delle nozze di due personaggi tanto in vista può circolare con una rapidità sorprendente. Tanto più ora che Arthur Capel assume un incarico di prestigio enorme. Viene infatti nominato segretario politico della sezione britannica del Consiglio Supremo Interalleato, con sede a Versailles. Il fidanzamento lo costringe a una imbarazzante confessione a Coco, a cui preferisce sottoporsi di persona e che non vuole affidare alle poche righe di una lettera. Si presenta a Parigi e la incontra. «Ciao Coco, come va?» Non la vede da molte settimane. E stavolta non ha dato notizie di sé. «Io sto bene, qui la guerra continua a essere dura. Ma questo non devo dirtelo io, coi tuoi incarichi lo sai perfettamente. Anche se in Inghilterra la situazione deve per forza essere migliore.» «Sono qui perché volevo parlarti.» «Certo, Boy, credo anch'io che sia il caso di parlare.» Ma Boy proprio non riesce a rivelare quel che ha dentro. La sua è una missione diplomatica vicina al fallimento. Salva tutto proprio lei, Coco. Intuisce quel che sta avvenendo e col cuore che quasi smette di pulsare aiuta il compagno. «Devi darmi una notizia piuttosto spiacevole, vero? Se è così, per favore, dilla subito. Facciamo prima. E poi ci sono abituata.» Boy ha un sussulto. Qualcosa che stranamente somiglia alla riconoscenza. «Vedi, Coco, negli ultimi tempi sono accadute...» «No, Boy. T'ho chiesto di dire tutto subito. Almeno non dirmi parole inutili.» «Hai ragione. Sto per sposarmi, Coco. Da alcune settimane sono fidanzato con Diana Lister, sarà lei mia moglie. So che non è...» «Va bene, Boy, credo sia tutto. Ti auguro di essere felice. E credimi, te lo auguro sinceramente. Addio.»

Arrivederci, Boy

Rue Cambon s'è fatta piccola. L'attività è cresciuta al punto che l'atelier del civico 21 non basta più. Perciò, l'azienda cambia dimora anche a Parigi, nel settembre del 1919. Ma Chanel decide di non abbandonare quella meravigliosa strada del centro tra l'Olympia e Rue de Rivoli. Si resta perciò in Rue Cambon e si passa al civico 31, in locali finalmente ampi come le dimensioni attuali dell'attività richiedono. La giovane e innocente Gabrielle quasi non c'è più nella donna austera e potente che adesso può consentirsi di viaggiare in una costosissima Rolls-Royce scura. Guidata da Raoul, autista assunto per l'occasione. È un tocco che ritiene ormai naturale concedersi ed esibire. Ogni mattina giunge al nuovo indirizzo e attende in auto che Raoul lasci il volante e si precipiti ad aprirle lo sportello. Sa anche di entrare in un atelier nel quale per la gran parte delle dipendenti lei è la temuta, temutissima mademoiselle Chanel. «Perché questi ritagli di batista sono ancora qui? Non avevo detto di sistemarli?» «Sì, Mademoiselle, ma abbiamo anche dovuto...» Prima che appaia Adrienne, è Nathalie che ha il compito di intervenire e subire le prime sfuriate. Non è più giovanissima e lavora lì ormai da alcuni anni. «A me non interessa proprio nulla di quel che avete dovuto! Se do una disposizione, voglio che sia eseguita. Immediatamente!» «Sì. Sarà fatto, Mademoiselle. Anne! Martine! Presto, togliete da qui questi ritagli di batista. Bisogna sistemarli in un posto migliore.»

Adrienne è pensosa. C'è da tirar fuori la nuova collezione e la concorrenza s'è già fatta avanti presentando modelli ancor più pomposi che in passato, disegnati su tessuti esotici e pregiatissimi e sempre più ricchi di decori e ornamenti vari. È finita la guerra e quella si direbbe la reazione fatale al nuovo corso dell'esistenza collettiva. Alle speranze che rinascono, al desiderio di dare l'addio agli stenti. Fine del conflitto vuol dire fine dei sacrifici. Dunque, che lo sfarzo nuovamente trionfi. Coco sembra orientata anche stavolta a scegliere una direzione diversa. «Sei certa che le donne ti capiranno, Coco? Non credi che alla fine il lusso sia sempre un motivo di seduzione?» Ormai Adrienne recita da controcanto quasi per professione. Anzi, ha imparato che questo tipo di rilievi hanno l'effetto di scatenare nella nipote un comportamento ancora più estremo. Là dove immagina una sfida, Coco Chanel sceglie sempre e comunque di affrontarla a modo suo. «Sai che ti dico, Adrienne? Dobbiamo combattere con le nostre armi. L'errore, a questo punto, è allinearsi. Abbiamo imposto il jersey, no? E tu credi davvero che ci siamo riuscite solo perché eravamo in guerra? Io dico che quella è stata una battaglia vinta soprattutto perché il mondo delle donne ormai cammina in avanti. E vedrai, ci accorgeremo anche che non ha più nessunissima voglia di tornare indietro.» Gli ordinativi impartiti ai fornitori di tessuti parlano chiaro. Ancora montagne di jersey, che ormai sembra diventato il nuovo inattaccabile marchio della moda Chanel. Poi anche satin, crespo di Cina, tulle, lana pettinata di *serge*, velluto, pizzo, seta di *faille*.

«Ti aspetto alle 9, stasera. Solito posto.» Il solito posto è la casa di Boulevard Malesherbes, nella quale Coco non risiede più da ormai un anno. Da quando cioè ha traslocato in un appartamento nemmeno così grande in Quai de Billy. Il messaggio giunge su un bigliettino azzurro che a Mademoiselle viene recapitato nello studio del suo atelier nelle prime ore del pomeriggio, quando le saracinesche per il pubblico sono momentaneamente chiuse. Chi le comunica che l'aspetterà è un uomo che lei conosce perfettamente. Il compagno del quale tanti anni dopo dirà: "Ho adorato soprattutto i vestiti. Ho voluto bene a tante donne. Ho amato due soli uomini. Uno è mio padre, che ricordo appena e che in quanto ad affetto non mi ha mai restituito nulla. L'altro è Boy Capel". La aspetta perché né il fidanzamento né il sontuoso matrimonio di Arthur con l'erede di lord Ribblesdale hanno mai dissolto l'attrazione profonda che ciascuno prova per l'altro. C'è voluto davvero poco tempo, insomma, per accorgersi che ancora si desiderano. E che tutto sommato sulle questioni morali, con la situazione un tantino disdicevole che viene a crearsi, si può anche soprassedere. Coco riesce ad accettare tutto ciò in nome dell'amore che sente per Boy. Ma ci riesce anche a causa di una sensazione forte che i quarant'anni non più così lontani le suggeriscono. Sente che la sua vita non prevede il matrimonio. Sa che le sue relazioni, quelle che il futuro le assegnerà, saranno simili a quelle vissute fin qui. Amori, infatuazioni, semplici affetti e magari anche rapporti ancor più fugaci. Non nega a se stessa che sposarsi è stato un piccolo sogno coltivato al tempo di Royallieu, quando Étienne le sussurrava parole dolci che lei ogni volta amava interpretare come il preludio a un'offerta di matrimonio. Poi nuovamente durante gli inizi della storia intensa vissuta con Boy. Sogni con i quali adesso ha chiuso. "Forse ci si sposa quando si vuole veramente un uomo. E allora lo si bracca, lo si insegue, lo si circonda. Io ho voluto soprattutto starmene coi miei abiti nei miei laboratori. Perciò dagli uomini non potevo pretendere granché. Tanto meno proposte di matrimonio. Chissà, può darsi che senza saperlo non le volessi neppure io."

Non riuscirebbe a odiare Boy. L'uomo che, proprio come il padre tanti anni prima, le ha inferto una ferita che non smetterà mai di procurare dolore. «Dimmi che mi ami ancora, Coco. Dimmelo.» Dal petto, Coco sente il pianto che le sale alla gola. Ma ha imparato ad amministrarlo, a rimandarlo giù nello stomaco. L'ha imparato fin dai giorni in cui voleva mostrare alla mamma di essere tranquilla, perché quello le pareva il modo per tenere tranquilla anche lei. «Ti amo, Boy. Ti amo al punto da starmene adesso abbracciata in un letto con te.» L'uomo la stringe intensamente. Ha il mento appoggiato alla spalla di lei. «So che ho sbagliato, amore mio. E per una volta nella vita penso che non rifarei...» «Non m'importa, Boy. Non sono qui perché voglio sentirti parlar male della tua esistenza attuale o della tua nuova famiglia. Non so se adesso hai dei rimpianti. Ma questo per me non conta più nulla. Se anche tu ne avessi, non m'interessano. Non m'interessano per niente. Mi piace amarti e mi accorgo che non riesco a fare a meno di desiderarti. È per questo che mi ritrovo ancora qui. Solo per questo.»

Un pacco di abiti è imballato e sistemato nel retro dell'atelier, tra quelli in partenza. È destinato ai ricordi, quelli da cui Coco un giorno scappa e che il giorno dopo ha voglia di riabbracciare. Il pacco contiene vestiti per la moglie di suo fratello Alphonse. Una delle figure con le quali Coco evita accuratamente contatti frequenti, ma che non ha dimenticato nel giorno in cui la ricchezza le è entrata in casa. «Adrienne, per favore, occupati tu come al solito della spedizione del pacco e dell'assegno.» La zia più giovane è la sola a sapere che, in aggiunta al periodico invio di abiti, Coco passa al fratello una cifra che consente all'intera sua famiglia una vita agiata. Si tratta di tremila franchi-oro, mensili e puntualissimi, scelti proprio in questa quantità perché commisurati alla paga dell'epoca di un prefetto. Alphonse è probabilmente più d'ogni altro il personaggio che per lei continua a incarnare il padre. Di lui, del vecchio Albert, non si sa invece quasi più nulla. L'altro fratello di Gabrielle, Lucien, pare abbia incontrato un'ultima volta il papà anni prima al mercato di Quimper, ritrovandolo in compagnia di una laida ubriacona come lui. Successivamente, si è saputo che Albert è anche incorso in problemi assai seri con la giustizia, sembra a causa d'una truffa. È l'evento che spinge la famiglia intera a decidere che lo dimenticherà per sempre, che seppellirà definitivamente nel passato la sua impresentabile figura di padre. Non è un caso che, a dispetto del denaro che concede ad Alphonse, Coco sappia poi essere assai brusca con lui. «Levati dai piedi. Non mi piace per niente che tu venga qui!» gli dice in faccia un giorno in cui il fratello si prende la libertà di andare a farle visita nell'atelier di Rue Cambon. Coco si occupa anche di Ivan, il figlio di Alphonse. Propone di farlo studiare, naturalmente a sue spese, in un college prestigioso. Ma il fratello e sua moglie sprezzantemente rifiutano. E d'altro canto Ivan è uno Chanel equilibrato proprio come la gran parte dei suoi antenati. Anch'egli mostra di preferire agli studi le avventure, le donne e una bottiglia scolata in buona compagnia al tavolo di una locanda.

Il sonno di Coco è turbato da qualcosa. Fuori è buio fitto, non può essere l'ora di alzarsi. Guarda l'orologio che ha sul comodino. Le quattro del mattino. Cosa l'ha svegliata? E cosa continua a molestarla? È il rumore di un'auto accesa, certamente ferma in prossimità del portone di casa sua. Adesso sovrastato dal trillo insistito di un campanello. Joseph s'affretta ad aprire, credendo così di non disturbare troppo il sonno di Mademoiselle. Ma è costretto a recarsi direttamente nella sua camera. «C'è qui fuori monsieur Léon de Laborde. Dice che ha notizie urgentissime da riferirle sul conto di monsieur Arthur Capel.» «Digli che lo ricevo subito.» Sa che non possono essere novità gradevoli. Per quelle in genere si può aspettare. Solo le disgrazie sono destinate a correre. «Mademoiselle» dice un po' ansimando lo sconosciuto appena scorge Coco, «le porto notizie che riguardano il capitano Arthur Capel.» Joseph è lì, assiste alla scena. «Il capitano era...» Coco è stretta nella sua vestaglia di satin e non rivolge mai lo sguardo verso Laborde. L'uomo tenta di riprendere e addolcire il suo racconto, al quale tarda ad aggiungere il finale amaro. «Lasci perdere, monsieur Laborde» interviene Joseph, che ha imparato a leggere nei gesti di mademoiselle Chanel, «Mademoiselle ha già capito.» I dettagli spiegheranno che Boy era in auto col suo autista Mansfield, a cui probabilmente lo scoppio di uno pneumatico ha fatto perdere il controllo del veicolo. Lui ne è uscito salvo. Arthur "Boy" Capel è invece morto sul colpo, col cranio fratturato. Stava raggiungendo a Cannes la moglie, con cui avrebbe trascorso il Natale del 1919. Un pezzo di vita è davvero chiuso. "Può darsi che io abbia in futuro altri uomini, ma non sarò più capace di amarli." Si fa portare immediatamente sul luogo dell'incidente, a Fréjus. Malgrado le sue inspiegabili nozze inglesi, Boy le resterà sempre nel cuore. Non le interessa il funerale che ci sarà nei giorni che verranno. Lei vuol toccare la lamiera che ancora fuma, vuol capire dov'è che Boy ha respirato per l'ultima volta. La donna che aveva promesso a se stessa di non piangere mai siede sul ciglio della strada e tiene la testa tra le mani. Le lacrime le colano calde dagli occhi. È l'ultimo suo regalo per Boy Capel. Il suo Boy.

Il profumo di Chanel

Misia è agitata. È imminente la partenza per l'Italia che celebrerà le nozze col suo artista di Barcellona, José Maria Sert. È impegnata da molti giorni nella organizzazione dei bagagli, degli itinerari, dei siti da visitare e della lista dei tanti amici che si dovranno salutare lì, una volta valicate le Alpi. «E sia chiaro, Gabrielle, tu verrai con noi.» Coco è silenziosa più del solito. Devastata dalla scomparsa improvvisa e tragica di Boy. Da settimane ha lo sguardo fisso e sembra escludersi completamente da quel che le accade intorno. A Misia non ha la forza di dire "no". Perché le vuol bene. E perché sottrarsi agli inviti di Misia è uno degli esercizi più complicati a cui un essere umano possa essere sottoposto. «Partiamo fra tre giorni, cara, e ho la sensazione che tu non abbia ancora preparato le valigie che porterai con te.» «Misia, io non verrò. Ho ben altro nella testa, in questo momento. E perciò, credimi, preferisco...» «Oh, per favore, Gabrielle! Sono o no la tua migliore amica? Saprò bene quel che per te è opportuno fare in questo momento. E ti dico che nulla può farti bene come un viaggio. Vedrai, ti rigenererà. E poi José e io vogliamo assolutamente che tu venga in Italia con noi. Abbiamo troppe città e troppe opere d'arte da farti visitare e anche un numero enorme di amici che devi al più presto conoscere.» A occhio e croce, veder monumenti e conoscere persone è l'ultima occupazione a cui Coco riesce a pensare. Ma d'altra parte non esiste in quel momento un'occupazione che le appaia desiderabile, che sia in grado davvero di tirarle su l'umore. Va anche detto che, a causa del lavoro, viaggi se ne è sempre concessi pochissimi. E forse l'idea di allontanarsi dai luoghi che, centimetro dopo centimetro, le ricordano Boy non è così cattiva. «E va bene, Misia. Diciamo che potrei anche cedere e seguirvi in Italia. Ma a patto di avere la libertà di rientrare qui a Parigi appena mi accorgerò che di viaggiare ne ho abbastanza.»

José fa da guida in modo piuttosto singolare. Il percorso s'interrompe una prima volta a Venezia, città che i tre amici raggiungono in auto. Lo spagnolo salta dalla visita a un palazzo del Cinquecento alla ricerca spasmodica di un caffè dove gustare un buon aperitivo. «Ho sempre cercato l'arte in tutto quel che capita, in tutto quel che abbiamo intorno. Non solo in un quadro o nella facciata di una chiesa. Pensateci bene. Perché l'arte dovrebbe riguardare solo gli occhi? Non è meraviglioso ascoltare il suono delle gondole quando navigano placide in laguna? Non è gustosissimo questo gelato alla frutta che stiamo assaporando?» Coco avverte soprattutto quanto possa essere insopportabile l'obbligo di trovare una distrazione per i propri dolori intimi. Quando si spingono fino a Roma, cede ancora al desiderio di Misia di ammirare il Colosseo "di notte, alla luce della luna". Poi lascia intendere che deve e che vuole rientrare. Così, il viaggio dei tre si chiude lì.

Scopre che la vicenda Boy ha alcuni spiragli tutt'ora aperti. C'è da subirne ancora qualche strascico. Nello stendere il testamento, Arhur Capel lascia a mademoiselle Gabrielle Chanel una somma in denaro che ammonta a 40.000 franchi. È chiaro che i soldi non possono offrirle alcun tipo di emozione. Viene a sapere, tuttavia, di non essere la sola beneficiaria di cifre di questo stesso importo. Moglie ufficiale a parte, s'intende, che solo in denaro liquido intasca quasi dieci volte tanto. Boy aveva altre storie, certamente anche contemporanee a quella vissuta con lei. Ma ci si può spezzare il cuore adesso, dopo aver accettato addirittura che lui sposasse un'altra? Piuttosto, sono i suoi sensi di colpa più elementari ad affiorare in questi momenti. Coco nasconde tutte le volte che può il suo piccolo segreto, del quale tuttavia Boy era fatalmente al corrente. Le torna in mente non a caso adesso, poiché ha appreso che monsieur Capel sarebbe assai presto diventato padre. Sua moglie Diana è in attesa di un bambino. Avrebbe voluto darglielo lei, già anni prima. E ci provarono, ma inutilmente. Mademoiselle Chanel non ebbe eredi perché non poteva averne. Quando s'illuse di poterci riuscire, proprio al fianco di Boy, un aborto spontaneo le sbriciolò ogni speranza. «Mi spiacc. Ma non riusciremo a salvare il bambino. E purtroppo non è tutto. Le sue condizioni indicano chiaramente che lei non potrà più avere figli. Le consiglio di evitare anche ulteriori gravidanze, Mademoiselle, potrebbero essere pericolose.» La sentenza del medico le aveva chiuso per sempre una porta che Coco lungo la vita non volle riaprire mai, nemmeno solo per rievocarla. La sua sterilità era certamente l'esito amaro di un intervento chirurgico subito al tempo di Moulins, un aborto cui aveva dovuto far ricorso in gran fretta e naturalmente evitando in qualsiasi maniera che si venisse a sapere. L'operazione che subì fu condotta in modo approssimativo e rovinoso. Quel giorno, mentre le incidevano il ventre, le frantumavano il suo più naturale profilo di donna.

Rue Cambon è molto più che un atelier. È il cuore della moda nella capitale della moda. Coco è protagonista non solo nell'ispirare i modelli che durante la stagione successiva le donne indosseranno, ma anche adesso – soprattutto ora che ha stretto amicizia con Misia Sert – frequentando il mondo della cultura più d'avanguardia che soggiorna a Parigi. Passa una cifra enorme a Sergej Diaghilev, come al solito schiacciato dalle difficoltà che gli procura un prossimo balletto che intende allestire. Disegna costumi per opere teatrali. E mostra d'aver accolto tutta l'influenza che le proviene dall'abbigliamento tradizionale dell'Europa Orientale. Crea la *roubachka*, un abito che ricorda la tunica lunga dei *mugik* russi. È in questa fase che produce anche numerosi capi con pelli di animali. Soprabiti con la stola o lunghi cappotti avvolgenti interamente di pelliccia. Si distingue anche qui dai concorrenti. Evita animali di pregio assoluto. Come aveva fatto coi tessuti, sceglie pelli considerate di valore più modesto. Ci penserà lei a nobilitarle con la magia inimitabile dei suoi modelli. Con sbalorditiva audacia riesce a sostenere – e a imporre alla sensibilità femminile – che finanche i gioielli, da cui non è mai stata davvero sedotta, sono di maggior eleganza quando non sono autentici. È una inedita legittimazione della patacca. Se ne avvantaggia il mercato della *bijouterie*, che da quel momento viene completamente sdoganato. Anche nelle circostanze più solenni, adesso, le gran dame si sentono autorizzate ad abbellirsi con pezzi di vetro. Coco sottolinea tutto ciò esibendo collane di perle inequivocabilmente false in tante occasioni pubbliche. Collane fissate in modo rigoroso su sei immancabili giri attorno al collo. E anche questa, immancabilmente, diviene in fretta una regola osservatissima.

A Coco in questo periodo piace che l'atmosfera delle steppe di Russia faccia da protagonista in Rue Cambon. Tuttavia, il successo più esplosivo lo conquista il vestito che lei stessa usa quando porta in giro il dolore e il lutto per la scomparsa di Étienne Balsan, avvenuta improvvisamente nel 1926. Quell'indumento delizioso e geniale passerà alla storia come il "tubino nero". Lei lo chiamerà semplicemente "*petite robe noire*". Un capo che saprà vivere una nuova stagione di clamoroso successo mondiale all'inizio degli anni Sessanta, grazie al cinema di Hollywood e soprattutto a Audrey Hepburn. Con una silhouette così simile a quella di Coco, l'attrice sarà bravissima a rinnovare in *Colazione da Tiffany* – interpretando il celebre personaggio di Holly Golightly – la fama immortale del tubino nero Chanel.

«Ma tu credi davvero al potere di quest'acqua, Coco?» Nella boutique, Adrienne vede sfilare davanti a sé gli enormi scatoloni pieni di *Eau Chanel* destinati alle profumerie di Parigi. È il frutto di una piccola idea venuta a Coco sul finire del 1919. Le avevano parlato della storia leggendaria di questa acqua miracolosa, il cui segreto era gelosamente custodito dalla famiglia de' Medici addirittura fin dal Rinascimento. Caterina de' Medici, poi regina di Francia, teneva tanto a quest'acqua perché la giudicava capace di conservarle la pelle giovanissima, sottraendola a qualsiasi forma di invecchiamento. Col tempo, gli uomini della casata scoprirono che quell'acqua era straordinariamente utile dopo la rasatura, perché evitava l'irritazione cutanea. A Coco Chanel proposero di posare il suo marchio, le due C diventate ormai famosissime, su quelle piccole bottiglie da sistemare nelle vetrine. Senza dar nemmeno troppa importanza a tutto ciò, Coco concesse la sua firma prestigiosa. «Preferisco l'acqua che mi disseta, Adrienne. So fare i vestiti e di queste faccende non è che capisca granché. Però bisogna ammettere che come affare commerciale funziona decisamente bene.» Misia è accanto a loro. Tacere non è il suo mestiere. «Sai una cosa, Gabrielle? Dovresti insistere proprio su questo terreno. Ci sono alcuni tuoi rivali della moda che hanno creato vere e proprie linee di profumi. Fossi in te, proverei a fare lo stesso. Col tuo stile, sono certa che sapresti surclassarli in breve tempo.» Aspettare non è il mestiere di Coco. «Tu dici che dobbiamo sostenere questo nuovo esame? E va bene, proviamoci.» È proprio Paul Poiret che alcuni anni prima ha tentato di lanciare profumi sul mercato. Un'operazione molto molto vicina al fallimento. *Lucrèce Borgia* e il successivo *Nuits de Chine* non piacquero nemmeno a coloro che amavano e acquistavano i suoi abiti. Questo a Coco sembrò un ottimo segnale. «In fondo, proprio dove lui ha perso, più volte io ho costruito vittorie.»

Costa Azzurra, 1920. Coco è seduta a un caffè con una vecchia amica conosciuta a Biarritz. Una quarantenne di gran fascino che lei ricorda soprattutto perché fu tra le primissime a insinuarsi nel suo nuovo negozio lì in Aquitania. E senza nemmeno diffondere troppe parole, nel giro di venti minuti al massimo comprò quattro abiti Chanel. «Credimi, è sempre un piacere rivederti, Coco. Leggo sulle riviste più autorevoli che adesso sei diventata ancor più importante. D'altra parte si capiva perfettamente che i tuoi... Oh, buongiorno a lei, monsieur Beaux. Scusa, Coco, rispondevo a Ernest Beaux, una specie di scienziato che ha un laboratorio qui accanto. Un biologo, mi pare.» Dicevo che i tuoi abiti...» «Aspetta, Chantal. Chi hai detto di aver salutato?» «Si chiama Beaux. È un tipo strano, piuttosto riservato. Dicono che nel suo lavoro sia straordinariamente bravo. Ma non so dirti di preciso di cosa si occupi.» «Io invece credo di saperlo, Chantal. Proprio alcune settimane fa mi hanno parlato di lui. Dovrebbe essere un chimico. E anche il più bravo di tutti, così dicono. Che ne pensi, andiamo a trovarlo? Sai dove abita o dove ha il laboratorio?» «Sì, te l'ho detto, non lontano da qui. Scusa, Coco, ma t'interessano i chimici, adesso?» «Capirai presto, Chantal. Se ci andiamo subito, capirai prestissimo.»

Beaux ha origini russe. Ha anche vissuto a lungo a San Pietroburgo, dove il padre ha lavorato per gli zar. «Buongiorno, signore, posso fare qualcosa per voi?» Coco ne osserva rapidamente la sagoma, sottoponendolo a un primissimo esame estetico. «Buongiorno a lei, monsieur Beaux. Sono qui perché ho voglia di realizzare qualcosa di assolutamente nuovo. Lei si occupa di profumi, giusto?» «Sì, è così, Madame...» «Mademoiselle Chanel.» Beaux sbianca. Non s'era accorto di avere davanti una celebrità di tale statura. «Oh, mi perdoni, Mademoiselle. Prego, sedete.» Coco rivolge un sorriso complice all'amica Chantal e riprende. «Quel che voglio da lei è semplice. Deve preparare per me un profumo rivoluzionario. Un profumo che sia all'altezza dello stile Chanel.» «Non aveva detto che si trattava di un compito semplice, Mademoiselle?» sorride il chimico. «Quel che mi chiede adesso è invece un'impresa complicatissima.» «Io dico che possiamo riuscirci. A cosa sta lavorando in questo periodo? Può già sottopormi qualche idea?» «Non so se lei è un'esperta, ma posso dirle che la nuova frontiera dei profumi è certamente nei prodotti di sintesi. Sono sempre più convinto che le vecchie miscele di essenze vegetali o animali appartengono ormai al passato. Ce ne sono di molto buone, per carità. Ma ora la chimica sintetica può darci risultati che solo pochi anni fa erano impensabili.» «E può farmi annusare qualcosa che ha già pronto?» «No, mi spiace. Per me un prodotto è pronto solo quando lo ritengo davvero finito. E dunque dev'essere provato, sperimentato, poi giudicato con cura e attenzione, prima che possa considerarsi veramente definitivo. Ora sono al lavoro con alcune sostanze che però continuano a crearmi problemi. Eppure sento che se ne può ricavare un risultato ottimo.» «Allora risolva il suo rompicapo con queste sostanze. Poi mi porti una serie di prodotti tra i quali potrò scegliere quello che fa al caso mio. Di quanto tempo ha bisogno?» «Con la chimica è difficile stabilire tempi esatti, Mademoiselle. Potrei riuscirci entro qualche giorno, in teoria. Ma potrei anche aver bisogno di mesi, addirittura di anni.» «Bene, io le concedo due mesi, non di più. Due mesi al termine dei quali ci rivedremo a Parigi, in Rue Cambon. Arrivederla, monsieur Beaux.»

Il chimico obbedisce. Puntualissimo, una mattina di due mesi dopo è sull'ingresso dell'elegante atelier di Rue Cambon 31. «Mademoiselle, chiedono di lei. Un tale che dice di chiamarsi Boh, Bot, non s'è capito bene.» Coco intuisce subito l'identità dell'ospite e ne ricorda bene anche la pronuncia, non esattamente da parigino purosangue. «Venga, monsieur Beaux, entri. Ha portato le sue creature?» «Certo. Eccole. Le ho numerate, faccio sempre così, in modo che non si possano confondere l'una con l'altra. Lei le annusi e mi dica quale le piace di più.» Coco stappa lentamente la prima boccetta che le viene accostata. Sopra, Beaux vi ha incollato una piccola etichetta di carta su cui con una matita ha scritto "n.1". «Bella, veramente gradevole. Sentiamo la seconda. Anzi, la numero 2. Mmh, mi piace, ma preferivo la precedente. Queste sono tutte sintetiche? Come le ha tirate fuori?» «Sono il risultato di un lungo lavoro che ho fatto con le aldeidi.» «Aldeidi? E di preciso cosa sono?» «Per capirci, nei processi chimici naturali vengono fuori dalla fermentazione degli zuccheri. Diciamo che sono dei composti, composti organici.» «Ho l'impressione che non riuscirò a capirci granché. Vediamo questo terzo preparato.» E va avanti così, fino alla quinta boccetta. Poi la serie numerica s'interrompe e prosegue dal numero 20 fino al 24. Coco annusa, lascia sfumare l'aroma di una, in maniera da poter riannusare l'altra. Alla fine, sembra decisa. «Ne scelgo due. Questa boccetta e quest'altra.» La quinta e la ventiduesima. Il chimico la sta guardando con ammirazione. «Lei è straordinaria, Mademoiselle, sono costretto a dirglielo.» «E perché mai?» «Perché la sua è la valutazione che avrebbe fatto solo un esperto raffinatissimo. Ciò che ha scelto è il meglio di quel che le ho portato. Per ottenerlo ho combinato più di venti ingredienti. Lì dentro c'è soprattutto essenza di gelsomino e ci sono le aldeidi, i composti di cui le parlavo prima. Mi ero dato un obiettivo, mentre ci lavoravo. Volevo ricreare le sensazioni che ho provato solo al Polo Nord, dove mi sono trovato durante la guerra. Lì continuamente percepivo quel magnifico odore di laghi e di fiumi quando erano esposti al sole di mezzanotte. Sappia che proprio nelle boccette che lei ha preso, Mademoiselle, io finalmente ho sentito di aver ricostruito quella identica magia per l'olfatto.»

Coco le sistema entrambe in una scatolina col logo Chanel, che fa portar lì dalla giovane Martine. «Da questo momento, monsieur Beaux, il mio compito sarà quello di avvolgere queste fragranze in una confezione che sia adeguata alla loro squisitezza.» «So che ci riuscirà, Mademoiselle. E che ci riuscirà presto. Aspetterò che mi faccia chiamare quando crede che sia tutto pronto per produrre in quantità adeguata le due essenze che ha scelto. Così chiuderemo anche la faccenda del nostro contratto.» «Mi dia solo qualche settimana. La farò contattare. Arrivederci.» S'è fatta l'ora di mangiare. Coco non ha molta fame, ha solo voglia di far quattro passi. «Adrienne, io esco. Sarò di ritorno entro un'ora al massimo.» Magari butterà giù qualcosa fermandosi al primo caffè che incontra in Rue Saint-Honoré. "E se l'idea fosse questa?" Un manifesto ruba la sua attenzione bloccando del tutto il suo cammino pensoso. È in stile cubista, quello che Parigi sta assimilando ed esportando. Lo stile pittorico che Pablo Picasso e Georges Braque hanno creato e a cui Matisse ha regalato il nome. "Sì, credo che la soluzione che cerco sia in queste forme." Torna alla boutique senza aver mangiato nulla. «Già qui, Coco?», le chiede Adrienne. «Fatemi chiamare subito Brunel. Vi indicherò io dove lo si può trovare.» È l'uomo a cui pensa per il disegno definitivo della bottiglia che conterrà il suo profumo. Uno scultore, uno dei giovani artisti conosciuti grazie a Misia. Di lui ricorda alcune raffinate forme che ha visto nel salotto dell'amica. Forme realizzate utilizzando il cristallo. «Monsieur Brunel, io voglio un flacone che sia più o meno così. Dovrà contenerci il mio profumo, dunque lo ritengo di enorme importanza» dice mentre schizza su un foglio l'idea che ha nella testa. «Mademoiselle, so cosa fare per accontentarla e per tirar fuori il risultato migliore. Mi basterà non modificare nulla di questo suo abbozzo.» Lo dice in modo galante. Ed è molto cortese anche il sorriso morbido con cui Brunel porge le sue parole. Coco apprezza. I complimenti continuano a piacerle molto, ma solo se indirizzati a lei. Dopo soli tre giorni, lo scultore è nuovamente al suo cospetto, lì in Rue Cambon, con una piccola bottiglia tra le mani che incanta Coco. Un parallelepipedo rettangolo trasparente di meravigliosa semplicità, con gli spigoli smussati. Il suo talento si ammira forse soprattutto nel tappo, tagliato con la forma sobria di uno smeraldo. «Splendido, splendido! Questo flacone è ancor meglio di quel che volevo. Brunel, lei ha fatto due capolavori. Ha saputo realizzare un'opera bellissima e poi ha saputo leggermi nel pensiero. Ci riescono pochissimi. A volte nemmeno io.»

Non resta che il nome con cui si dovrà battezzare l'ultima inedita creazione di Chanel. Ernest Beaux è accanto a lei con la piccola bottiglia che conterrà l'esito del suo lavoro. «Lei ha suggerimenti?» gli chiede Coco. Il chimico non s'aspettava la domanda. «Veramente non sono un esperto di questioni del genere.» La donna bonariamente lo deride. «Ma cosa dice? Lei i profumi li frequenta da anni. Ne ha già realizzati e venduti tanti.» «Be', se proprio vuole un mio consiglio, allora le dico che sarà il caso di cercare un bel verso profondo, elegante. Magari rubato alla poesia francese. In passato sono stati utilizzati già nomi suggestivi come *Ebbrezza di una sera, Desiderio principesco* o *Luce dell'aurora*. Con la forma che ha il suo flacone, una forma che richiama tanto l'avanguardia artistica, lei potrebbe ispirarsi a versi di poeti anche recenti. Può certamente trovare qualcosa in Valéry, in Apollinaire o in Paul Claudel.» Coco ha smesso di osservarlo, forse anche di ascoltarlo. Prende tra le mani la boccetta di Beaux. «Questa era la quinta, giusto?» «Sì, l'etichetta l'ho tolta, ma era proprio la quinta.» «Bene, ho deciso. Si chiamerà Chanel n° 5.» «Mi perdoni, Mademoiselle, credo di non aver capito. Il numero 5 non significava nulla. L'avevo utilizzato solo per distinguere quella boccetta dalle altre.» «Questo non è importante. Voglio che si chiami così.» «Ma, Mademoiselle, una cosa del genere non è mai venuta in mente a nessuno.» «Perfetto. Lei mi ha convinto definitivamente, Beaux. Vuol dire che sarò la prima. Anche stavolta.»

Julia è vendicata

La Rolls-Royce scura mangia la strada che conduce a Rue Cambon. È più grande delle altre auto che tentano di affiancarla, più grande degli sguardi curiosi che tentano di penetrare al di là dei vetri fumé. «Raoul, cambierò casa. La prossima sarà molto più spaziosa rispetto a quella attuale. Dovremo assumere nuovo personale che la curi. Occupatene tu, per favore.» L'autista china ossequioso il capo mentre continua a guardare la strada che li accompagna nel cuore di Parigi. Coco Chanel s'è già accordata con il conte Pillet-Will. Prenderà l'intero pianterreno del suo lussuosissimo hotel che domina il 29 di Faubourg Saint-Honoré. «Misia, adesso mi occorre anche il vostro aiuto» spiega il giorno dopo all'amica polacca. «Intendo il tuo e quello di José. Devo sistemare e poi arredare i grandi spazi dell'Hôtel Pillet-Will. Ho già qualche idea. Ma so già che la follia creativa tua e di José mi sarà molto utile.» Per la verità, quel che poi prevale è di gran lunga il suo gusto. Ma alcune delle intuizioni piene di eccessi di Sert riescono ad affascinarla. Coco non bada a spese. Per un solo tappeto di Savonnerie sborsa 100.000 franchi-oro. Da lì, proprio dalla manifattura Savonnerie, qualche secolo prima provenivano i tappeti ordinati da Luigi XIV per la reggia di Versailles. Del resto, se la moda del Novecento ha un Re Sole, non può che essere Gabrielle "Coco" Chanel. Almeno altri 500.000 franchi-oro sono necessari per allestire tutto il resto. Ma i guadagni di Coco Chanel sono ormai in grado di soddisfare qualsiasi capriccio alla padrona venga in mente. Negli ambienti in cui si fa salotto, hanno il risalto che meritano anche i preziosi paraventi cinesi di Coromandel, decorati con raffigurazioni della vita quotidiana nella Città Proibita, al tempo delle dinastie imperiali Ming e Qing. In fondo, questi sono gli ambienti che quasi ogni giorno dovranno accogliere tutti i nuovi maestri dell'arte che in quegli anni si aggirano per la capitale. Cocteau, Diaghilev, Stravinskij, Satie, Morand.

«Ma certo, Pablo, quando vuoi.» «Allora io verrei già stasera.» Pablo è Picasso. Si fa vivo in Rue Cambon con l'aria di chi capita lì tutto sommato casualmente. In realtà ha un disagio inconfessabile e vuole a ogni costo scioglierlo nel giro di poche ore. La sua compagna, Olga Khoklova, una delle più amate ballerine dei *Ballets Russes*, ha messo al mondo solo una settimana prima il loro figlio Paulo. Ed è appena partita per Fontainebleau, dove ha deciso che risiederà per un breve periodo. Ha bisogno di riposo e vuole guadagnarselo lì, nel cuore dell'Île-de-France. Picasso detesta star solo nelle ore notturne. E pensa immediatamente a Coco, la grande amica di Misia Sert, che ha da poco fissato la sua residenza in quella dimora principesca. Non le sarà difficile trovare una stanza provvisoria per lui. «Ne avrò bisogno per qualche giorno. Sai, noi uomini da soli siamo in difficoltà.» «È un piacere ospitarti, davvero. Può darsi che proprio in queste settimane ci troverai pure Igor Stravinskij, si tratterrà per un po' anche lui nell'appartamento di Faubourg Saint-Honoré.»

Le lunghe serate in quei saloni hanno un invitato dai comportamenti piuttosto singolari. È Pierre Reverdy, poeta surrealista, forse più incompreso di altri. Anche se letterati di talento come Aragon considerano inarrivabile il suo talento cupo. Coco ne è attratta visibilmente. Non tanto dall'aspetto dell'uomo. Ma certamente dal suo eloquio fluido e affascinante, che spesso Pierre comprime in silenzi lunghissimi e inspiegabili. La natura intima di Reverdy è un enigma impenetrabile. Alterna istanti di euforia contagiosa ad altri di malumore evidente. Soggiorna anche lui abbastanza frequentemente in una stanza che Gabrielle gli mette a disposizione. E pure qui le sue stranezze sono misteriosissime. Si trattiene lì per giorni. Poi d'improvviso scompare senza lasciare avviso né tracce di sé. A volte riesce a non farsi vivo per settimane. Coco sa che in questi casi raggiunge Henriette, sarta apprendista in un piccolo laboratorio parigino, che da tempo è la compagna di Pierre. Henriette vive al 12 di Rue Cortot, nella zona di Montmartre, in un appartamento piccolo e piuttosto fatiscente. «Hai saputo di Pierre?» le sussurra Misia in uno dei periodi d'assenza del poeta da Faubourg Saint-Honoré. «No, spero non gli sia successo nulla.» «Nulla di grave, in realtà. Però sicuramente gli è accaduto un fatto abbastanza bizzarro. Ha scelto di battezzarsi, dice di aver avuto una crisi religiosa e di aver bisogno di una fede più salda. Speriamo che non si rifaccia vivo durante una delle nostre serate con la voglia di far prediche a tutti.» Misia si apre in un ampio sorriso. Coco sta meditando invece di scrivergli al più presto. Non sa bene cosa, anche perché non può immaginare quanto intenso sia questo suo nuovo fervore religioso. Ma non vuole perdere un amico al quale sente di essere irresistibilmente legata.

«Secondo te come avvengono queste trasformazioni?» Adrienne sta dando un'occhiata attenta ai disegni che Coco ha tracciato come primissima ipotesi per la stagione estiva che verrà. «Di che trasformazioni parli, Coco?» «Mi riferisco a Pierre Reverdy. Mi pare di avertelo raccontato. Improvvisamente ha scoperto la fede. Devo dire che è sempre stato un personaggio pieno di tormenti. Ma questa faccenda della conversione religiosa, davvero, non me la sarei aspettata.» Adrienne non distoglie lo sguardo dai disegni. Le risponde, ma probabilmente senza neppure pensar troppo a quel che dice. «A volte certe scelte sono causate da un dolore. Magari da una brutta vicenda che costringe a ripensare la vita intera.» «Già, può darsi» sussurra Coco tenendo gli occhi fissi verso terra, rivolta più a sé che alla zia, «la reazione a un dolore. A un dolore intenso.» Eppure lei aveva scaricato la sofferenza per la morte di Boy solo su se stessa. Non s'è mai rifugiata nelle consolazioni sovrannaturali. «Raoul» dice poco dopo sedendo nella sua Rolls-Royce, «andiamo all'abbazia di Saint-Germain-des-Prés.» È la chiesa di cui ha più spesso sentito parlare da José Maria Sert. «La più antica di Parigi» le ha spiegato molte volte l'amico di Barcellona. «Vieni a riprendermi tra venti minuti esatti, Joseph.» Coco fa il suo ingresso in chiesa, avventura che non le capitava dal tempo del collegio Notre-Dame. E quella resta una parentesi della vita che tutt'ora conserva un sapore terribilmente oscuro. La piccola cappella che ricordava, nella quale le canoniche costringevano le ragazze a suppliche e lavori di pulizia, non ha nulla delle volte gotiche, degli archi romanici e della maestosa meraviglia in cui si ritrova adesso. "Restaurata da Victor Baltard" indica un'iscrizione assai discreta. Coco guarda verso l'altare maggiore, al termine della navata centrale. Istintivamente cerca il crocifisso. Non è laggiù, riflette, che si trova davvero il conforto che ognuno viene a cercare qui? Resta accanto all'ingresso, nemmeno s'accosta alle panche che già ospitano molte decine di fedeli silenziosi e raccolti in preghiera. Vede sfilare presbiteri con tonaca nera e cotta. Ne vede altri che indossano stole in broccato oro e in shantung di seta. Una sfilza di uomini piegati all'obbedienza del *Breviarium parisiense* come le suore della sua memoria erano piegate all'obbedienza della loro Regola. Uomini diversi da quelli del mondo esterno anche per il viso completamente rasato, privo dei baffi e baffetti che in quegli anni marcano la virilità laica. A Coco piace scrutarne gli abiti e i volti. Un sacerdote con la cotta bianca e uno scapolare di raso si sta dirigendo verso un confessionale nascosto nella navata di sinistra. Coco lo vede di profilo e sente in un istante il cuore farsi di ghiaccio. Conosce quell'uomo. Ne è certa, anche se il suo aspetto è piuttosto mutato rispetto all'ultima volta in cui l'ha visto. Intanto è privo di capelli su tutta la parte superiore del cranio. Quelli residui sulle tempie e sulla zona alta della nuca sono vistosamente ingrigiti. Lui che i capelli li aveva scuri e abbondanti. Non gli stacca gli occhi di dosso. Né ha deciso cosa fare di quell'incontro. È presa da una sgradevole insofferenza della pelle, tanto che il solo contatto degli abiti basta a farla rabbrividire. Avverte un sobbalzo violento allo stomaco che la obbliga alla fatica di trattenere l'impulso del vomito. Si rivede accanto a Julia, la sua dolce Julia. Per fortuna la immagina con un sorriso morbido. Questo un po' le placa la tempesta che sente dentro di sé e che solo un attimo fa la stava asfissiando. Segue ancora il sacerdote con la cotta bianca e lo scapolare di raso. E timidamente, quasi meccanicamente, compie alcuni passi alle sue spalle. Lui è ormai giunto al confessionale. Mentre si sta sedendo, mostra frontalmente il volto per alcuni secondi, poi fa scorrere la tendina in maniera da nascondersi definitivamente alla vista dei fedeli. È lui, è padre Dubois. Ed è il padre più disgustoso che suo nipote André potesse meritare. "È stato molto carino con me." Coco non sa cacciar quella frase di Julia dalla testa. Potrebbe urlare che il sacerdote a pochi metri da lei è in realtà un essere schifoso. Le basterebbe ciò a sporcarlo col sospetto, per sempre. Ma tace, distratta da un pensiero diverso: "Avrà il rimorso di quel che ha fatto. O ha dimenticato?". E questo timore rende la sua nausea di nuovo insopportabile. Ha deciso, non urlerà. Aspetterà.

Padre Dubois, l'uomo che macchiò in un fienile il candore di Julia, si nasconde ignaro all'interno del confessionale per non più di un quarto d'ora. Ne esce e intraprende il percorso inverso rispetto a quando è arrivato lì. Passa sul fondo della chiesa, in prossimità dell'ingresso. È a questo punto che Coco gli si avvicina. Mostra di volergli sussurrare qualcosa, perciò accosta la mano al gomito di lui, quasi con un gesto pronto a tenergli il braccio. «Posso parlarle, padre Dubois?» Lui la fissa incuriosito e con un cenno del capo comunica la sua disponibilità. Ma non ricorda quel volto ed è sorpreso che con tanta sicurezza lei sappia pronunciare il suo nome. La donna ha gli occhi gonfi d'angoscia, un'angoscia che sembra aver voglia di trasmettere. «Posso anche chiamarla Julien?» Padre Dubois adesso è inquieto. Cosa vorrà da lui quella distinta figura dall'aria così inquietante? «Certo, può chiamarmi Julien.» La risposta dell'uomo con la cotta bianca dura un'eternità. Padre Dubois continua a fissare la donna, a caccia di un indizio che gli consenta di riconoscerla. «Non mi guardi. Non può ricordarsi di me. Lei mi fa schifo, Julien. Le dico questo solo perché tanto tempo fa la mia povera sorella non ci riuscì. Lei per fortuna non poteva capire quanto ribrezzo possa procurare un verme come lei. Addio.» Si distacca da lui e vola verso l'uscita. Voleva ottenere un rimorso. La sua Julia non meritava d'essere dimenticata. Anche la mamma le aveva chiesto di badare a lei. «Possiamo andare, Raoul.» «Ha assistito alla messa, Mademoiselle?» «No, Raoul. Nessuna messa. Ma credo d'aver dato sollievo all'anima di una defunta. Portami in Rue Cambon.»

La penombra della vecchia signora

«No, non parlo inglese.» Nel parco gigantesco della grande tenuta di Eaton Hall, sul confine dell'Inghilterra settentrionale che tocca il margine nord del Galles, Gabrielle cavalca serenamente. Sul purosangue di fianco al suo c'è Vera Bate. Amica carissima di Churchill e di tutti i potenti della penisola, forse anche figlia illegittima di un membro della Casa Reale britannica. A Gabrielle piace cullarsi nel vezzo dell'ignoranza. Una francese può permetterselo. E poi oggi ha ancor meno voglia del solito di parlare. In realtà comprende perfettamente quel che si dice attorno a lei, e saprebbe senza alcun disagio pronunciare un inglese decorosissimo. Ma detesta balbettare e detesta accettare una lingua della quale non detiene i segreti. Nella camera che occupa regolarmente nelle occasioni frequenti in cui soggiorna lì, nell'enorme palazzone del duca di Westminster, c'è il suo bagaglio già pronto. Andrà via domattina. E sa che questa è la sua ultima volta, la vigilia di uno dei tanti piccoli divorzi della sua esistenza. Ha amato il duca e sa che il duca ha amato lei. Ma ha smesso da tempo di divertirsi con la pesca al salmone nei corsi d'acqua dei boschi immensi ereditati da Bendor. Sta per dire addio a un meraviglioso duca cinquantenne, uno degli uomini più invidiati e facoltosi del pianeta. Bendor è l'ultimo riuscito prodotto della stirpe dei Grosvenor, cugino del re Giorgio v e discendente di una famiglia inglese ricchissima da generazioni che ha Guglielmo il Conquistatore tra i suoi antenati. Ed è proprio al nonno di Bendor che nel Diciannovesimo secolo la regina Vittoria aggiunge il titolo di marchese di Westminster. Quando il duca porta Coco per la prima volta qui a Eaton Hall, nel 1924, l'ammirazione della donna è evidente, come lo è sul volto di chiunque metta piede nello sconfinato paradiso verde di quell'inglese pieno di passato, di fascino e quattrini. «Te lo farei visitare tutto» le dice Bendor con un sorriso guidando la sua Rolls verso l'ingresso del palazzo, «ma temo sia pressoché impossibile.» Coco si lascia assalire dalla meraviglia, un po' anche per assecondare il guizzo d'orgoglio dell'uomo: «Immagino che qui tu custodisca dei segreti inavvicinabili». «Oh no, mia cara» le risponde Bendor continuando a tenere lo sguardo sulla strada, «nessun segreto. È soltanto una questione di tempo. Se volessimo vedere tutta la tenuta percorrendola in automobile, sta' certa che partendo alle sette del mattino non riusciremmo a rientrare entro la mezzanotte.» Nell'enorme palazzo tirato su nel 1802 dalla follia di un trisnonno Grosvenor, che aveva fatto abbattere il vecchio splendido edificio risalente al Diciassettesimo secolo, Bendor e Coco giungono invece molto prima della mezzanotte. Coco Chanel è a quei tempi poco più che quarantenne, al vertice della sua parabola di celebrità mondiale della moda e del gusto. Dedicherà poco meno di sei anni della sua vita al duca, vivrà nei tanti ettari dei suoi boschi, a bordo dei 70 metri di lusso del Flying Cloud, il più sontuoso dei suoi yacht, nelle Rolls-Royce di cui lui stesso ha perso il conto. «Se non ricordo male, dovrebbero essere tra le quindici e le venti» spiega distratto a Coco, durante una rapida visita nel garage. È Vera Bate a presentarle quel britannico altissimo, coi capelli fulvi di ogni buon anglosassone. Bendor ha più soldi e più amori di quanti si riesca a contarne. Qualche giornale azzarda che stavolta sta per scapparci il matrimonio. Il duca e la stilista. Non accadrà, come pare che sia rigorosamente scritto nella sceneggiatura della vita di Coco. Adesso lei assapora la sua ultima cavalcata, la sua ultima pesca al salmone, il suo ultimo boccone d'Inghilterra di quel periodo. «Sei come la gran parte dei francesi che ho conosciuto» la rimprovera benevolmente Vera, «vi ostinate a restar chiusi nella vostra lingua e a rifiutare ogni altro tipo di cultura.» «Non si può dire che voi inglesi accettiate volentieri le altre.» «Forse hai ragione, Gabrielle. Tra noi possiamo capirci: francesi e inglesi sono troppo orgogliosi delle proprie origini.» Vera ha intuito. Coco non le ha detto della partenza e non le ha detto dell'addio a Bendor. Ma una donna come Vera non ha bisogno che certe notizie le vengano ufficialmente comunicate. Le basta un accento, un'occhiata, una piega della bocca. Con quel che ha visto, con quel che ha colto, lady Vera Bate potrebbe già scrivere pagine su quel divorzio ormai inevitabile che dividerà i suoi due amici.

«Buongiorno, ragazze. Buongiorno anche a te, Adrienne.» Quella mattina Mademoiselle si presenta in Rue Cambon con un sorriso tutt'altro che abituale. È l'ampio sorriso delle occasioni speciali. L'enorme carico di bagagli che ha riportato con sé a Parigi è già destinato verso casa. Tanto calore, tanta dolcezza non sono affatto un segno inequivocabile di felicità e Adrienne è la prima a saperlo. Coco ha uno strano modo di esser contenta. E quando lo è si comporta come se i sentimenti dovessero essere accuratamente custoditi, anzi compressi. La gioia non basta ad aprire le sue emozioni. C'è qualcosa d'altro, qualcosa di più grande e di incontenibile, che sa davvero spalancare il cuore di mademoiselle Chanel. È il senso della libertà. Adrienne la guarda e intuisce che stavolta è il capitolo inglese a essersi chiuso. E che Coco ha nell'anima l'ombra della sconfitta e l'euforia del ritorno a casa. «Allora, cosa tiriamo fuori di nuovo, quest'oggi?» La zia più giovane sorride e la abbraccia con uno sguardo. Sa bene cosa dire per ravvivarla come un fuoco: «Ti aspettavamo, Coco. Sai che senza di te non possiamo veramente andare avanti. Aspettavamo le tue idee. Ora che ci sei, siamo pronte». E Coco veste nuovamente i suoi panni, smessi per un po', di sarta geniale. Una sarta che mai tagliò i suoi modelli, ma che si limitava a dar tocchi di spillo sugli abiti già quasi realizzati. Erano corpi inanimati, quando le giungevano davanti, indossati da una mannequin. Corpi ai quali Coco, soltanto lei, porgeva il soffio caldo che dà la vita.

«Io adesso andrei, Mademoiselle. Ci rivediamo?» Coco resta in silenzio, con la sigaretta tra le labbra e gli occhi fissi verso l'alto. L'uomo che sta rivestendosi si chiama Dominique. O almeno così le pare. Deve avere ventidue o ventitré anni, non di più. Di certo sono più di trenta gli anni che lo dividono dalla donna con cui è appena stato a letto. Dominique ha un bel torace forte e gambe su cui scivolano quadricipiti assai floridi. «Sì, certo» dice lei tirando una boccata profonda, «possiamo rivederci presto. Come al solito ti chiamo io. Prima di andar via, apri quel cassetto. Quel che c'è lì dentro è un regalino per te.» «Mademoiselle, mi creda, non è davvero il caso. Lei con me è sempre così...» «Lascia perdere come sono. È un regalino che ti faccio volentieri. Prendilo, non discutere. E per favore, almeno quando siamo soli, non chiamarmi più "Mademoiselle". Capisco che per te sia complicato, ma io mi chiamo Gabrielle. Adesso va'. Mi farò viva.» Si osserva il dorso della mano quando il giovanotto ha lasciato la stanza. Cerca di cogliere un tremore, di percepire il tempo che le passa addosso. "Chi sono adesso?" si chiede ripetendo la domanda con voce quasi udibile. "Chi sono?" Non è un momento in cui possa piacersi. Sa bene che il giovanotto appena andato via, se non avesse ricevuto il regalino che mostrava di non volere, sarebbe sparito disertando ogni altra occasione. Ripensa al padre, a quanto per lei sia stato facile odiarlo, a quanto per lui sia stato difficile vivere. Sempre incollato alla sua indigenza, obbligato a obbedire, costretto a cercarsi con la fantasia e col rischio una libertà che non era in grado di comprare coi soldi. "Forse è così che si vive una vita autentica. Io ho il denaro e quasi sempre la sensazione di acquistare miserie." Spesso credeva davvero di ritrovarsi in un'esistenza fasulla.

Semplicemente decorata dalle montagne di quattrini che le sue aziende le procuravano. Tanti quattrini da poter attrarre, come le era accaduto più volte, amanti altrettanto danarosi. Ma quelli la divertivano sempre meno. Di Rolls-Royce e di barche grandi come castelli, di partite di polo e di scuderie affollate di purosangue ne aveva viste tante. Troppe. Aveva anche sognato più di quanto le fosse concesso. Coco Chanel era diventata enorme, molto più che nelle sue stesse fantasie. Mentre i sogni più semplici le si erano avvizziti tra le mani. Essere moglie, essere mamma. Forse il ruolo di Coco era veramente troppo grande per queste minuzie che appartengono alle persone comuni. Non odiava i soldi. "Gli Chanel ne hanno avuto bisogno per secoli. Perciò, ci vorranno alcune centinaia d'anni prima che ce ne stanchiamo." E in fondo non odiava eccessivamente nemmeno i propri vizi. Del resto, la nausea le passava in fretta, giusto un istante dopo essersi ritrovata da sola tra le lenzuola imbrattate di sesso. Dava a un paio di sigarette il compito di consumare il disgusto che sentiva irrompere dentro. Aspettava che tra le dita le restasse un mozzicone logoro e che questo disgusto fosse dissolto. Si alzava e si rivestiva coi pensieri a Rue Cambon, al quantitativo giusto di cachemire da prenotare, a un color cremisi da perfezionare. Mezza giornata più tardi, già meditava sul prossimo Dominique da arruolare.

L'Europa si prepara a sfaldarsi come un fiocco di neve che tocca terra. Ma pochi leggono nel buio di quell'atmosfera cupa. Coco ha presagi che somigliano a brividi. Cenni sottili del corpo che la riportano ai giorni assolati del 1914, quando il mondo organizzava gioioso il proprio suicidio. «Stavolta non aspetterò che scoppi la guerra, Adrienne. Non ne sopporterò un'altra. Chiudo tutto, la faccio finita con la moda e con le fabbriche.» Adrienne interpreta quelle parole a volte come brontolii foschi di una visionaria troppo innamorata di se stessa per privarsi di ciò che ha creato, altre volte come rivelazioni spaventose di un profeta infallibile, un ingegno raffinatissimo condannato a veder tutto sempre prima degli altri. «Pensi davvero che possa scoppiare una guerra, Coco?» «E tu pensi davvero che sia così difficile, Adrienne? A volte ho il sospetto che gli abitanti di questo pianeta ne allestiscano apposta una ogni tanto, e sai perché? Non conoscono un modo migliore per sentirsi veramente uomini.» È un timore che a Coco strozza il respiro in gola. Un timore al quale sa sfuggire soprattutto assaporando la pelle fresca di giovanotti ambiziosi. «Dimmi che ti piaccio, Jean-Paul. Dimmi che ti piace far l'amore con me.» «Sì, Coco, mi piaci. E voglio vederla tutta la tua faccia di donna che gode.» Jean-Paul di anni ne ha ventisette al massimo. È uno degli amichetti più assidui. È per questo che, giù ad aspettarlo, ha una scintillante Alfa Romeo 12C, una quattromila di cilindrata con cui l'immensa Chanel tenta di non farsi dimenticare. Quando il motore dell'Alfa porta via Jean-Paul, a Coco occorre stavolta più del solito paio di sigarette per assorbire il disgusto che sente nel ventre. C'è una guerra che la aspetta fuori, un'altra che le divampa dentro. Almeno una, sa che dovrà perderla. Sa anche che ha bisogno di una pace che fin qui non s'è data mai, fin dal giorno in cui strappava tulle e *taffetas* dall'abito ampolloso di madame Desruelles, nel negozio della Desboutins. È in quell'attimo che decide. "Non ne posso più. Voglio tornare una Gabrielle qualunque, vivere un'ordinaria penombra da ricca signora. L'era di Coco Chanel è finita." È solo l'intervallo che chiude un magnifico primo tempo. Il film della grande Coco non è finito.

La guerra di Coco 1 – Trame pericolose

Il capitano Gerd Wesselhof è un uomo gradevole. Non ha molto del tedesco. Torace piuttosto largo, volto quasi mediterraneo, con le iridi color ebano e le labbra d'un rosso decisamente scuro. È seduto a un bar di Place Vendôme con un paio di ufficiali ai quali ha dato appuntamento nei giorni precedenti. Solo uno beve alcol, ormai affezionato a un'acquavite profumatissima che fa giungere dal dipartimento di Seine-et-Marne. Il capitano Gerd Wesselhof sceglie invece di sorseggiare del tè e intanto aspetta di accendere una sigaretta con cui tiene occupate da alcuni minuti le dita della mano destra. Parlano di donne. Ce n'è una, due tavoli più in là, che ha attratto l'attenzione del maggiore Koertner. Mostra trent'anni al massimo, ma portati in giro con grande abilità. È seduta accanto a un uomo vistosamente più anziano, impegnato con un grosso sigaro e con l'aria di non considerare nulla di ciò che accade sul pianeta in cui vive. «Claudette» sussurra l'uomo senza darsi la pena di voltare la testa verso la donna, «che ne pensi, andiamo via o restiamo qui ancora un po'?» Claudette tace, solleva solo lentamente le spalle, badando a tener fermo il cappellino verde che le occulta i capelli. Non ha deciso. Ha soprattutto voglia di riservarsi un po' di tempo prima di esprimere qualsiasi proposito. Non può ancora sapere se gli sguardi che sta scambiando con quei tedeschi condurranno a qualcosa di divertente o di pericoloso. «E comunque s'è fatto abbastanza tardi» continua l'uomo, «io credo che sia il caso di rientrare.» Ottiene un nuovo niente. Claudette è seduta col corpo e lo sguardo rivolti verso l'uomo che l'accompagna. Ma con la mente tutta protesa verso quell'avventura elettrizzante fatta di occhiate.

Il maggiore Koertner scambia battute con gli altri ufficiali lasciando gli occhi fissi sulla donna, che dista da lui non più di quattro metri. Non dissimula nulla del suo comportamento. Il rischio che l'uomo anziano distingua quel che sta avvenendo è un'eventualità che non può spaventarlo. «Che ne dite? È la moglie o è la nipotina?» Brutalmente, l'ufficiale riporta i suoi dubbi agli uomini che bevono con lui. «Io dico che è la moglie» suppone con un ghigno il capitano Förderer, «e scommetto qualche franco che magari qualche volta è riuscito a portarsela a letto addirittura anche lui.» Wesselhof è più prudente. La sfrontata donna di cui si chiacchiera, moglie o nipotina che sia, ha in effetti un visino e un corpicino assai desiderabili. Ma lui ora ha la mente impegnata soprattutto sull'incontro previsto entro mezz'ora con il colonnello Momm. Pare che abbia per loro un incarico di una certa rilevanza. Ma di questo imminente colloquio non sa davvero altro. Ed è proprio tanta segretezza a incuriosirlo. Di questi tempi l'atmosfera nell'esercito tedesco di occupazione a Parigi è generalmente piuttosto distesa. È quasi stupito che gli altri due ufficiali mostrino tanta indifferenza per quel che Momm vorrà dire loro. «Gerd, tu che pensi di quella lì? Una così, io credo che possiamo farcela anche in tre.» Fritz Koertner tenta di coinvolgerlo. «È carina, Fritz. E penso anch'io che sia una missione piuttosto semplice. Ma intanto pensavo all'altra missione, quella di cui sapremo tra un po'.» «Oh, puoi star tranquillo» replica il maggiore, «sono riuscito a recuperare alcune informazioni in più sulla faccenda. Pare che sia tanto segreta solo perché è un compito che può creare qualche imbarazzo diplomatico, se per caso dovesse diventare pubblica. Ma ritengo che alla fine non si tratti di nulla di così complicato.

E vedrai, non sarà nemmeno troppo rischiosa.» Wesselhof è rincuorato. E il colonnello Theodor Momm è già visibile dal loro tavolino. È appena sceso dalla sua Hanomag a trazione integrale, una delle poderose auto messe dal governo a disposizione della Wehrmacht. Ordina qualcosa all'autista corso a spalancargli lo sportello, poi toglie i guanti e sbircia verso i tavolini del bar. È Koertner ad alzarsi per primo dalla sua sedia con vista sul tavolino accanto e ad andargli incontro, lui che dei presenti ha il grado più alto. «Colonnello, benvenuto, la aspettavamo» esclama levando con uno scatto istantaneo il braccio destro, quasi dovesse mostrarne il palmo della mano. «Buongiorno, maggiore Koertner. Sono già con lei i capitani Wesselhof e Förderer, suppongo. E soltanto loro, naturalmente.» Anche Momm ha introdotto il suo saluto sollevando il braccio destro, ma con un gesto di studiata e profonda pigrizia. «Certo, colonnello, esattamente come indicato nella sua disposizione che mi è stata consegnata a mano martedì scorso.» «Perfetto, maggiore. Allora non ci resta che sederci e scambiare le nostre quattro chiacchiere.»

I capitani Wesselhof e Förderer lasciano che il colloquio sia sostenuto dal maggiore. Ma tutto sommato anche a Koertner tocca soprattutto ascoltare. Al colonnello sta a cuore una missione che va portata a termine con relativa fretta e vuole che siano loro a eseguirla. «C'è un uomo che va liberato dal campo di concentramento di Natzweiler-Struthof, si chiama Palasse. André Palasse. È un cittadino francese, dovrebbe avere fra i trentacinque e i quarant'anni. È tenuto lì da sette o otto mesi al massimo. Dalle informazioni che ho su di lui, sono anche in grado di dirvi che fu prelevato dal castello in cui viveva in una località di nome Corbières, nel territorio dell'Alta Provenza. Ritengo che non siano indispensabili ulteriori ragguagli. Non avrete bisogno di uomini. Fatemi sapere entro due giorni di quanto denaro e di cos'altro dovrò farvi dotare. In ogni caso, sappiate che al compimento della missione sarete giustamente ricompensati.» Agli ufficiali non restano domande, se non quelle riguardanti i tempi di esecuzione dell'ordine. «Entro quando le occorre l'uomo, colonnello?» «Diciamo che non ci sono tempi previsti. Per il momento mi limito a farvi sapere che gradirei una conclusione rapida. Diciamo non superiore ai venti giorni.» È tutto. Il colonnello Momm preferisce lanciare un cenno all'autista e ripartire immediatamente. Gli ufficiali possono serenamente proseguire la loro placida domenica mattina al bar di Place Vendôme. Con i bicchieri pieni e i piccoli segni d'intesa da scambiare con Claudette, la donna dal cappellino verde, che per fortuna è ancora accomodata al tavolino accanto. «Che ne pensate?» chiede Förderer mentre s'accosta agli ultimi sorsi della sua acquavite. Wesselhof esibisce il suo commento: «Non mi pare una questione rischiosa. In fondo, a me solo questo spaventava. Si tratta di affrontare un viaggio in Alsazia. Se non ricordo male, il campo è piuttosto vicino alla città di Strasburgo. Per il resto, recuperare quell'uomo e portarlo qui non dovrebbe essere un affare troppo difficile». Il maggiore Koertner sottrae solo un istante della sua attenzione alla forma e soprattutto alle dimensioni attraenti del seno di Claudette: «Voi conoscete qualcuno che è impegnato in quel campo? Magari un ufficiale che è stato vostro compagno di corso? Credo che sia questo il punto su cui è utile lavorare adesso, se vogliamo davvero facilitarci il compito. Attenti, però. È chiaro che la segretezza è il vero punto fermo di questo incarico».

Il colonnello Momm non ha chiuso qui il suo giro di consultazioni. Il primo incarico è stato assegnato. Ma quello è solo un'introduzione. In realtà, la liberazione di André Palasse può significare ben altro. L'ufficiale della Wehrmacht ha incontrato nei giorni precedenti una donna sui sessanta che prima conosceva soltanto di fama. Si chiama Gabrielle Chanel, tutto il mondo l'ha conosciuta come Coco. Da qualche anno la sua stella scintilla assai meno. Per più di vent'anni è stata l'imperatrice della moda, da tutti designata come il genio che ha trasformato per sempre l'abbigliamento femminile di lusso. Ora pare che la sua attività sia ferma da alcuni anni. E di cosa si occupi attualmente non si sa molto, del resto non è più rilevante per le copertine dei periodici. La donna, che l'ufficiale ha trovato ancora decisamente affascinante, gli è stata presentata da Hans Günther von Dincklage, un diplomatico di nazionalità tedesca che il governo di Germania tiene da alcuni mesi a Parigi col ruolo di funzionario dell'Ambasciata in Rue de Lille. È direttamente il ministro degli Esteri di Adolf Hitler, von Ribbentrop, a conservargli quel posto. Von Dincklage sa che su quella poltrona può sfruttare la confidenza assoluta che ha sia con la lingua francese sia con quella inglese, lui che è di madre britannica. E soprattutto il governo di Berlino può avvalersi di tutto lo charme e l'avvenenza di cui il diplomatico è fornito in abbondanza, doti che ormai da tempo fanno di lui un protagonista incontrastato dei salotti parigini meglio frequentati. Si sussurra da mesi che il diplomatico sia segretamente l'amante di questa Coco Chanel. Dev'essere una notizia con qualche fondamento, se è vero che alcuni giorni prima von Dincklage ha chiesto al suo vecchio amico Theodor Momm di poterlo incontrare proprio in compagnia della donna. «Mio caro Theo, mademoiselle Chanel ha un favore da chiederti e soprattutto qualcosa da proporti.» Hans s'era fermato qui, dopodiché aveva lasciato che a parlare fosse lei. «*Herr* Momm» aveva simpaticamente esordito Gabrielle, «rischio immediatamente di apparirle una opportunista, ma comincio col chiederle la cortesia.» «Dica pure, Mademoiselle. Spero vivamente di poter fare qualcosa di utile per lei.» «Colonnello, ho un nipote, figlio di mia sorella scomparsa tanti anni fa, che è stato arrestato e deportato al campo di prigionia di Natzweiler-Struthof. Si chiama André Palasse. Di lui, del suo sostentamento e anche dei suoi studi fin da quando era un ragazzino mi sono sempre occupata io. La scongiuro di intervenire perché sia liberato. Al mondo non ha nessun altro che me. Non sa nemmeno chi sia suo padre. Anche all'acquisto della casa in cui viveva avevo provveduto io stessa.» Della questione, Coco aveva da tempo parlato a Hans, naturalmente. Ma il suo ruolo di diplomatico non era bastato a risolvere alcunché, pur dopo alcuni tentativi fatti. «Cara, la soluzione può venire soltanto da Theodor Momm» von Dincklage si sentì improvvisamente colto da illuminazione. «So che lui è qui a Parigi e attualmente è responsabile dell'industria tessile francese presso le autorità di occupazione. Se interviene, sono certo che risolverà il caso. E se vuole, anche piuttosto rapidamente.»

Al tedesco non era venuto in mente tutto il resto. Ed era quel che invece già invadeva i pensieri di Coco, malgrado la donna ignorasse del tutto le caratteristiche del personaggio di cui Hans stava parlando, né potesse immaginare su quanto del suo potere e della sua disponibilità si potesse contare. Eppure era già virtualmente certa di poter usare argomenti capaci di convincere questo influente monsieur Momm ad aiutarla. "Sono pur sempre Coco Chanel" pensava "e so che questo alla fine peserà. In qualche maniera peserà." Non si tradì. Al suo cospetto aveva usato prima la strategia della morbidezza. Ma s'era data un tono piuttosto diverso qualche istante più tardi. «Colonnello, se non sbaglio Hans m'ha riferito che lei è responsabile della nostra industria tessile. È così?» «Sì, Mademoiselle, è esattamente così. E sappia che mi pare altrettanto esatta l'idea che io ho di lei. So quanto Coco Chanel sia stata potente, conosco il suo talento e ricordo gran parte del fascino delle sue creazioni.» Una sfida di adulazioni? Coco rilanciò planando sulla concretezza. «Ma poi ho preferito mettermi a riposo, colonnello Momm. Ho voluto respirare un po' dopo le fatiche di tanti anni. Purtroppo questa guerra ci impedisce di godere di qualsiasi cosa. Ma si parlava del suo incarico col governo. E le confesso che, a pensarci bene, le sue competenze in questo settore a me verrebbero molto, molto utili.» La frase penetrò sottile nell'attenzione del tedesco, glielo si leggeva negli occhi improvvisamente ravvivati. L'interesse che prima dedicava ai suoi ospiti sembrava provenire soprattutto dal dovere della cortesia. Adesso Momm era vistosamente incuriosito, catturato da quel che apertamente coglieva come un invito. «Colonnello, lei pensa davvero di potermi aiutare a proposito della faccenda di monsieur Palasse?» La domanda era un proiettile inatteso. È evidente che Coco fosse già in posizione d'attacco. Il talento della creatrice ora era tutto stretto in un involucro d'astuzia. Aveva di fronte un alto funzionario dell'esercito invasore, per questo decise di affrontarlo con la guerriglia. «Mademoiselle, le dico in tutta onestà che non sarà semplice portare a termine il compito che mi chiede. Ma possiamo provarci. E tutto sommato ho la convinzione che possiamo anche riuscirci. Mi dia solo tre settimane di tempo.» Parlava in fretta, voleva chiudere la questione rassicurando la donna. Gli premeva che il discorso tornasse all'invito precedente. Infatti tacque subito, quasi per suggerire a Coco di riannodare il filo dei suoi pensieri. «Ci conto, colonnello. Le sue parole mi aprono davvero il cuore. Hans non si ingannava quando ricordava la vostra grande amicizia e mi consigliava di rivolgermi a lei. Era certo che ci avrebbe fornito tutto il suo sostegno.» Si concesse una pausa, sapeva di essere in vantaggio e di poterlo amministrare. Quel colloquio doveva proseguire, ma adesso era Theodor Momm a pendere dalle sue labbra, in attesa di un suo segnale. «Beviamo qualcosa, signori?» chiese mollemente Momm. Era una sua piccola resa, finalmente la prova che il funzionario aveva l'intenzione conclamata di trattenere i suoi due ospiti. Era soprattutto l'indicazione che occorreva a Coco per capire quanto potere avesse ora a sua disposizione sull'uomo, quanta forza fosse in grado di esercitare su di lui. «La ringraziamo molto, colonello. Ma ora non ne abbiamo il tempo. Hans e io siamo costretti a togliere il disturbo. Resta inteso che è assolutamente necessario rivedersi presto. Anzi, prestissimo. Oltre che della faccenda di cui s'è parlato, vorrei anche accennarle a un certo affare che mi preme. L'aspetto in Rue Cambon, al numero 31. Facciamo già nel pomeriggio di domani?» Il potente colonnello Momm è nelle sue mani. «Alle 17 sarò da lei, Mademoiselle. A domani.»

Solitamente, durante i periodi vissuti a Parigi, lei riceveva nella suite che da anni occupava nel centralissimo Hôtel Ritz. Ma alcuni mesi prima l'esercito tedesco aveva requisito l'albergo e la direzione era stata ovviamente del tutto incapace di opporsi a quel provvedimento. Ci pensò il caso a salvare la residenza di Coco Chanel. In sua assenza, le truppe naziste avevano già forzosamente sloggiato tutto quel che si trovava nelle camere. Compresa quella di Mademoiselle. Pacchi e bauli provenienti da quella suite, tuttavia, erano troppo più voluminosi e raffinati rispetto a tutti gli altri, al punto che il generale Gerhard Gross, l'ufficiale chiamato a dirigere quella operazione di requisizione, ne restò incuriosito. Quando il personale dell'Hôtel Ritz riferì che si trattava di materiale appartenente alla grande Coco Chanel, il comandante Gross immediatamente si preoccupò di ordinare ai suoi uomini che le si trovasse comunque una sistemazione. A differenza di quanto accadde agli altri vecchi ospiti, rispediti in strada piuttosto brutalmente e senza alcun preavviso, l'antico fascino continuava a garantire a Coco un riguardo tutto particolare. Così le venne trovato un appartamentino del Ritz, sia pure assai meno ampio ed elegante del precedente. E con le finestre che ora davano proprio su Rue Cambon e non più su Place Vendôme.

Claudette e il suo maturo accompagnatore lasciano il tavolino con aria assai diversa. Gli almeno sessant'anni di lui sembrano impazienti di accomodarsi su un divano di casa. I trenta di lei sembrano arricciati com'è adesso il suo grazioso nasino. Non è chiaro se a lei piaccia il maggiore o uno dei capitani. Ma che importanza ha? Tutto sommato potrebbe andar bene ciascuno dei tre: da tutti le giunge la seduzione della divisa e la forza di un'anagrafe ancora meravigliosamente fresca. A Koertner, di gran lunga il più coinvolto, non piace l'idea che il divertimento finisca lì. Occorre un pizzico d'audacia. E lui la trova. Si alza repentino e fa un balzo verso il tavolo accanto al quale era un attimo prima seduta quella coppia tanto squilibrata. «Signori, credo che abbiate dimenticato questo...» È il suo piccolo stratagemma per prendere tempo, un espediente ancora non messo bene a punto. È la donna a voltarsi rapida: «Oh, la ringrazio tanto, signore. Cos'è che abbiamo dimenticato?». Ecco il punto, Koertner non ha ancora deciso cosa. Sul tavolino non c'è nulla, proprio nulla, da usare come pretesto. Corre in suo aiuto la mano sinistra, per fortuna affondata nella tasca del pantalone. Coi polpastrelli avverte la stoffa ben pettinata del suo fazzoletto. Lo tira fuori furtivamente ed esclama con aria spavalda: «Questo foulard bianco, Madame. Dev'essere caduto a lei». Che non sia un foulard, e che si tratti di un capo per nulla in linea con l'abbigliamento della signora, è scontato. Ed è proprio quel trucco, così scoperto, che favorisce il successo del maggiore Fritz Koertner. «Lei è gentilissimo» cinguetta la donna accostandosi a lui, «non m'ero accorta che fosse caduto. A questo foulard sono affezionata. E senza di lei l'avrei perso per sempre.» Gli si avvicina fino a posargli la mano nella mano, mentre il suo anziano compagno, concentrato sulla prospettiva del riposo domestico, è lontano ormai qualche decina di metri, del tutto all'oscuro di quel che sta accadendo alle sue spalle. «Mi dica che posso rivederla, me lo dica» sussurra Koertner tenendole la mano accanto alle proprie labbra e fissandole gli occhi. Febbrile e languida quanto lui, Claudette esibisce un sorriso morigerato, e per questo straripante di sensualità. Poi, col volume della voce appena percettibile: «Domani a quest'ora sarò qui» dice, «tenterò di esser sola». Fulminea e inattesa, la donna riprende la strada e la sua voce riassume il tono canterino di un istante prima. «Grazie ancora, ufficiale. Se potrò indossare ancora questo foulard, lo devo solo alla sua attenzione e alla sua cortesia. Le auguro una buona giornata.»

«Benvenuto, monsieur Momm. Si accomodi. Le sono grata di avermi raggiunta qui in Rue Cambon.» «Mademoiselle Chanel» replica il tedesco, «è lei in realtà che sta concedendo a me il privilegio di entrare quale ospite in una delle grandi cattedrali del gusto. So quanta importanza abbia avuto questo luogo e so cosa abbia rappresentato per chiunque ami la moda in ogni angolo del mondo.» Schermaglie di due diplomatici esperti e abili. Ma anche due che ora hanno l'esigenza di andare al sodo. «Naturalmente, signore» riprende Coco, «non le ho chiesto di venir qui per parlare ancora di André, di mio nipote. Sono certa che lei farà tutto quanto è in suo potere. E so anche che le sue competenze sono notevolissime. Mi è noto che il suo ruolo attuale è tenuto in grande considerazione dai suoi capi a Berlino. Io credo seriamente che noi possiamo esserci molto utili a vicenda. Ed è per discutere di ciò che ho voluto incontrarla.» «Mi dica, Mademoiselle. Sono sinceramente lusingato di tanta attenzione da parte sua. Onestamente, penso anch'io che ci si possa comprendere facilmente. Ma prosegua, la prego.» Coco siede sulla poltrona regalatale da Boy Capel e riprende. «Colonnello, Asnières e Maretz sono nomi che le dicono qualcosa?» «A uno con la mia attività e col mio incarico, non possono che indicare due località che hanno in comune la presenza di fabbriche tessili.» «Esatto. Volevo arrivare proprio a quelle fabbriche. Sono entrambe di mia proprietà da anni. In pratica, da quando è cominciata questa guerra hanno sospeso la produzione. In questi giorni ho riflettuto. Non credo ci siano motivi validi per tenerle ancora bloccate. Anzi, ho la sensazione che possano offrire molti vantaggi, sia a voi sia alla Francia, se le rimettessimo in funzione. Lei che ne dice?» Momm ha sul volto il disegno lieve di un sorriso incoraggiante. «Di ciò sono convinto» dice, «ma vada avanti.» «Mi fa piacere che lei sia d'accordo con me. Deve credermi, adesso d'improvviso non vedo l'ora di poter rimettere al lavoro quelle fabbriche. Ma qui già si pone una prima importante decisione che mi toccherà prendere.» Theodor Momm non è un uomo avido. E sa certamente apprezzare il potere. Ma lo stipendio da funzionario che mensilmente giunge da Berlino non è così sontuoso. Il colonnello è un uomo che sa fiutare le circostanze. La grossa Hanomag ben lucidata, la devozione dell'autista, sono segni di un'autorità che gli giunge dall'alto. E che dall'alto possono sottrargli in qualunque istante, appena lo desiderano. Senza contare che la guerra è scritta in caratteri indecifrabili. È un mondo nel quale il trono e la polvere sono vicinissimi. Perciò, lo lascia tutt'altro che indifferente l'idea che le fabbriche di mademoiselle Coco, e l'intero universo dorato della donna che ha di fronte, possano coinvolgerlo. Momm china il capo leggermente, come invitando Coco a formulare compiutamente quel che ha nella testa. «Ho imparato quanto sia difficile la conduzione di una fabbrica del genere. Occorre competenza, polso, pazienza, esperienza. Colonnello, sono certa che lei possiede in misura elevata ognuna di queste doti. Non mi giudichi troppo temeraria se chiedo a lei la disponibilità a occuparsi della direzione della fabbrica di Maretz. Forse sa già che è situata non lontano da Cambrai, che tra l'altro è una cittadina particolarmente graziosa.» L'ufficiale sceglie di rispondere con la solennità di un attimo silenzioso, nel quale insinua la virilità di un gesto accurato. Tira fuori da un astuccio una Reemtsma, sigaretta che le cariche più elevate della Wehrmacht riuscivano a far giungere direttamente da Dresda, e delicatamente le dà fuoco mentre la aspira. «Temeraria, eh? Mademoiselle, confesso che avevo previsto la sua grande abilità diplomatica. Ma l'avevo comunque sottovalutata. Lei merita tutta la mia attenzione e la mia totale ammirazione. Mi accorgo che la fama che ha circondato e circonda la grande Coco Chanel è tutt'altro che usurpata. Non nego che la sua sia una proposta che mi seduce. Non negherò neppure che avevo pensato anch'io alle sue fabbriche. Con l'incarico che mi è stato affidato dal governo tedesco, rientra nei miei doveri analizzare la situazione attuale del settore, ed è stato inevitabile giungere alla conclusione che per rivitalizzare l'industria tessile francese si debba ripartire anche dalle sue aziende. Sì, credo di poter accettare quel che mi sta proponendo. Mi resta solo un sospetto, Mademoiselle. Posso sbagliare, ma dubito che la sua proposta giunga esclusivamente a compensare ciò che mi ha chiesto ieri sul conto del signor André Palasse. Qualcosa mi dice che i suoi progetti a proposito della nostra collaborazione finiranno con l'orientare la questione anche verso altre direzioni.»

In Place Vendôme un ufficiale dai capelli color miele è in attesa. Non è certo che arriverà la donna fugacemente conosciuta ventiquattr'ore prima. E questo dilata il suo tempo. Sta anche chiedendo ai suoi occhi miracoli che sa di non poter ottenere. Tenta di riconoscere la sagoma di Claudette in figure che ancora distano da lui centinaia di metri. I sensi gli si infiammano quando gli pare che una donna venga proprio verso di lui, e con un'andatura così simile a quella di Claudette. Gli si spengono quando, finalmente abbastanza vicina, quella donna e la sua andatura sembrano improvvisamente trasfigurate. No, non è Claudette. E nemmeno le assomiglia. La luce di questo lunedì non aiuta troppo. La mattinata sembra anche piuttosto luminosa, ma ogni tanto la chiarezza dell'atmosfera s'imbrunisce d'improvviso e crea false ombre e falsi contorni. Le 12 sono passate e l'incontro del giorno precedente s'era chiuso non più tardi delle 10.30. La rassegnazione comincia a sorpassare le certezze e l'ottimismo fino a mezz'ora prima ancora vivaci. Il maggiore Fritz Koertner ordina a se stesso una dignitosa ritirata. Porta le mani verso il bavero, come per organizzare un gesto di commiato, lo alza risolutamente fin sotto il mento, e inizia ad allontanarsi, lasciando alle sue spalle l'Obelisco, dal quale aveva minuziosamente osservato i movimenti in prossimità di ognuno dei tavolini del bar. Ha il tempo per due o tre passi. Ed ecco una ennesima Claudette che sembra distinguersi all'orizzonte, adesso in direzione di Rue de la Paix. Il maggiore esita e si blocca nuovamente. Stringe le palpebre per darsi una visuale più affidabile. Stavolta sembra lei davvero. Anche quando la distanza è ormai ridotta a pochissime decine di metri. Si direbbe che la donna non l'abbia visto e che sia fermamente diretta proprio verso il bar. Non ha il cappellino verde, ma il passo adesso è proprio il suo. È Claudette, non c'è più dubbio. Il maggiore si accosta alle sue spalle, prima che lei possa notarlo. «Finalmente!» dice lui. Lei torce di scatto il viso e con evidente inquietudine gli rivolge solo una frase frettolosa: «Non qui, mi segua a una certa distanza fingendo di non conoscermi». Inverte il senso della sua marcia e s'avvia dalla parte opposta, verso la larga carreggiata di Rue de Castiglione. Il maggiore la pedina con l'esperienza di un militare. Ma la strana circostanza dura appena mezzo chilometro. All'altezza del Faubourg Saint-Honoré la donna sceglie la sinistra e dopo soli venti metri s'infila in un portoncino, sorvegliando che l'ufficiale abbia notato ogni manovra. Qui Koertner ha un piccolo brivido. Regolamento e buonsenso gli impediscono di proseguire. Del resto, lui stesso ne ha sentite tante di storie in cui militari sprovveduti sono stati attirati in trappole anche mortali. Ed è pure costretto a ricordare che le circostanze iniziali di tanti racconti del genere erano maledettamente simili a questa. "Ma no, ma che pensieri mi vengono?" Gli basta far rimbalzare questa frase un paio di volte nella testa per non fermarsi e continuare nel suo bizzarro inseguimento. S'infila nel portoncino che trova accostato. Dentro pare ci sia un ambiente elegante. Si direbbe un appartamento su più piani. Nota immediatamente una scala che conduce verso un piano superiore. Non chiude la porta dietro di sé e non azzarda altri passi. È solo, la donna sembra sparita. Le luci sono accese, ma non si sentono voci e non si vede nessuno. Potrebbe decidere di andar via, se una voce che non sa da dove venga non lo trattenesse lì. «Vieni, ufficiale, sono qui.» Accanto a un largo divano bianco, sul fondo della sala che restava buio e che adesso s'illumina, c'è Claudette. E gli porge un sorriso. «Sei stato carino a venir fin qui e a fidarti di me. Mi sei piaciuto davvero, ieri, quando t'ho visto al bar.» Il clima dell'incontro non è quello che Koertner aveva sognato, fino a scaldarsene, nell'oscurità interminabile della notte precedente. «Magari non ti chiami nemmeno Claudette, vero?» «È così importante un nome?» «Forse no» è la replica del maggiore, il cui volto ora s'è fatto aspro e guardingo, «ma se Claudette è un nome falso, vuol dire che la faccenda è piuttosto seria.» «E perché mai, ufficiale?» sussurra la donna con un ghigno accogliente. «Conosco il tuo nome perché t'ho sentita chiamare da quell'uomo, ieri al bar. Dunque, se non è quello autentico, le possibilità sono due: o sei una mentitrice professionista, e questo mi inquieta, oppure c'è una messinscena enorme, di cui non capisco il senso, che coinvolge pure quell'uomo. E in questo caso confesso che la cosa m'inquieta ancora di più.» «Sta' tranquillo, ufficiale, non c'è nessuna botola nella quale cadrai. Ammetto che quest'incontro l'ho voluto per parlarti. Saprai tutto subito, se ti siederai qui accanto a me.»

La donna chiamata Coco Chanel avverte dopo alcuni anni un nuovo brivido da imperatrice. L'uomo che ha accanto è un alto gerarca di quell'esercito che agevolmente riesce a soffocare l'Europa. E in quel colloquio tocca a lei controllare le mosse. «Monsieur Momm, non voglio correre il rischio di sottovalutarla anch'io. Intanto apprezzo il suo intuito. In effetti ho in mente una questione che mi sta a cuore da tempo. E che credo stia a cuore a tanti. Ma ora ho la convinzione che sia giunto il momento di far qualcosa. Non voglio perdermi in chiacchiere, colonnello. Il mio scopo è intervenire nel conflitto. Ho una possibilità quasi certa di incontrare Winston Churchill attraverso amici comuni, amici intimi e assai fidati. Voglio tentare di allacciare un contatto tra lui e Berlino, con quei vertici presso i quali lei gode di tanto credito e a cui potrebbe parlare col tono con cui io parlerò a Churchill. La prego, colonnello, so perfettamente che questa idea può apparire folle. Ma corro questo rischio. So che lei è un diplomatico capace. E probabilmente un uomo abituato a usare il realismo più assoluto anche quando è alle prese con i sogni.» Momm si fa serio, adesso la osserva con attenzione. Vuol leggerle negli occhi, intuire quanta pazzia può aver deteriorato la ragione di quella donna, oppure avvertire che è di fronte a un prodigio di assurda lungimiranza. «Mademoiselle, ho capito bene? Lei vuol risolvere il conflitto in corso e coinvolgere me? Forse siamo su pianeti diversi, forse non ci siamo compresi affatto. Io sono un ufficiale, un funzionario del governo della Germania qui in Francia. Le pare che tutto questo possa fare di me un personaggio adatto al... come chiamarlo?... proposito che lei ha in mente? Mi sento soltanto di darle un consiglio, del quale naturalmente può fare quel che vuole: non riferisca più a nessuno quel che ha appena detto a me. Nella meno pericolosa delle ipotesi, rischierebbe di danneggiare la sua reputazione di donna intelligente ed equilibrata.» Coco è pronta. Le parole di Momm hanno più o meno il tono della reazione che lei aveva pronosticato. «Colonnello, posso chiederle per un attimo, solo per un attimo, di mettere da parte il suo freddo realismo di militare? Se ci riesce, potrà accorgersi che la mia idea è al massimo un progetto di complicata attuazione, questo lo ammetto. Ma non ha nulla, proprio nulla di assurdo o di impossibile. Ragioniamo. Lei non avrà difficoltà a stringere contatti con un alto funzionario di Berlino, qualcuno che conosce gli umori dei capi del Governo e che quotidianamente è al loro fianco. E naturalmente al fianco direttamente di Hitler. Da parte mia posso assumermi il compito, come le ho detto, di arrivare a Winston Churchill. Intendiamoci, so perfettamente che contattarli non vuol dire affatto convincerli. Tanto più in una fase come questa, in cui Germania e Inghilterra sembrano davvero avere la voglia di finirsi a vicenda. Ma non dobbiamo trascurare che ci sono pure importanti spinte pacifiste in entrambi i paesi. So per certo che alcuni ambienti a Londra esercitano da tempo forti pressioni sul governo perché cerchi una pace negoziata con Berlino.» Più i discorsi di Gabrielle diventano sensati, più Theodor Momm pare atterrito. Lo spaventa l'ipotesi che tanta arguzia riesca alla fine a coinvolgerlo e addirittura a reclutarlo nel ruolo di complice d'una follia. «Mi dia due giorni per riflettere, Mademoiselle. E la prego di comprendere il mio sbigottimento di questo momento.» «Comprendo tutto, colonnello Momm. Le chiedo soltanto di contattare me e solo me, anche nel corso dei due giorni che mi chiede, per risolvere qualsiasi dubbio. Credo che sia meglio ragionarne insieme, piuttosto che ritrovarsi a far da soli calcoli che poi non tornano. Arrivederla, monsieur Momm. A presto.»

Claudette toglie le scarpe e raccoglie i piedi sul divano, mentre s'abbraccia le ginocchia. Ha una sensualità spiccatissima, specie adesso che questi nuovi panni da bugiarda professionista le danno un'aria così illogicamente autentica. «Insomma, mi spieghi chi sei e...? No, anzi, facciamo così, non dirmi chi sei. Rischio solo di ascoltare altre fandonie. Potresti semplicemente inventarne una diversa. Dimmi invece cosa vuoi da me, così risolviamo la questione.» Il maggiore recita da spazientito. In realtà sente che sono completamente dissolti i timori di prima, quando s'era incautamente infilato nel portoncino per tallonare la donna che adesso ha così intimamente accanto. Sceglie quel tono solo perché spera di recuperare almeno un po' del controllo di una vicenda che al momento gli sfugge del tutto. «Invece permettimi di fare in un altro modo, Fritz» miagola Claudette, «e di garantirti che Claudette è il mio vero nome. Ma in fondo hai ragione, questo non conta granché. Veniamo piuttosto alla ragione per la quale ci troviamo qui. Intanto, sappi che questo è l'appartamento in cui vivo, da sola. Un appartamento donatomi da mio padre, l'uomo che hai visto in mia compagnia ieri mattina al bar.» «Tuo padre, certo» sbotta Koertner, quasi per espellere l'imbarazzo segreto d'aver immaginato ben altro. «Mio padre, appunto. È un avvocato che lavora per il governo del maresciallo Pétain, che era stato compagno di studi e di avventure di mio nonno. Volevo incontrarti ieri, mio caro, volevo incontrare te e gli ufficiali che erano in tua compagnia. Posso anche dirti che non conoscevo il vostro aspetto. Ma quando siete arrivati lì al bar, non è stato difficile capire che eravate proprio gli uomini che attendevo.» «E per questo hai iniziato a guardarmi, giusto?» replica il maggiore, affondando le parole nella sua stessa delusione. «Per la verità, mio caro, sei stato tu a cominciare. Anzi, a dirla tutta, a un tratto hai quasi rivolto la sedia su cui eri accomodato verso il mio tavolino, dando il fianco al tuo. L'hai fatto anche piuttosto sfacciatamente, ammettilo» e sorride dolcemente, mostrando di saper diventare ancor più desiderabile. «Claudette» interviene il militare, «però non siamo ancora arrivati al motivo di tutto ciò. Ed è quello che conta, non trovi?» «D'accordo, ti spiego tutto. Per farla breve, la questione si chiama Gabrielle Chanel.» «Come hai detto che si chiama, scusa?» A Koertner pare in effetti d'averlo già sentito quel nome, ma non saprebbe dire né dove né quando. «Ho detto che si chiama Gabrielle Chanel.» «Dimmi chi è, per favore, e poi abbi la pazienza di spiegarmi che c'entro io.» Claudette continua a tenere in modo adorabile il mento poggiato sulle ginocchia e le braccia che le circondano le tibie. «La Gabrielle Chanel di cui parlo è più nota come Coco Chanel. Una donna che negli anni scorsi è stata famosissima per aver disegnato splendidi abiti di alta moda. Credo anche cappellini. È conosciutissima qui in Francia, ma anche in quasi tutto il resto del mondo. Da quando c'è la guerra, le sue attività sono ferme e lei s'è nascosta nell'ombra. Non è sparita, intendiamoci, nel senso che non ha residenze segrete. Ma ha intrecciato rapporti con alcuni vertici della Wehrmacht, di questo siamo certi. Da tempo frequenta un tale von Dincklage, che probabilmente conosci.» «Sì, so chi è, credo sia un alto dirigente dell'ambasciata.» «Esatto. Ed è soprattutto un uomo pieno di relazioni. E il punto è proprio questo. È probabile che la Chanel lo abbia agganciato per servirsene in qualche maniera. I due non si fanno mai vedere insieme. Si incontrano sempre in gran segreto. Te lo dirò apertamente. La stiamo controllando da tempo. E vorremmo capire per quale scopo la Chanel stia vedendo quell'uomo. E dunque se lui si ritrova adesso a lavorare al fianco della sua amica francese per conto del governo di Berlino o per conto di quello inglese. Ti garantisco che questo von Dincklage è un personaggio piuttosto sfuggente. Ha un soprannome, "Spatz". Lo chiamano tutti così. Ed è davvero una specie di passero, una figura leggera che saltella di qua e di là e di cui si comprende pochissimo. Bene, von Dincklage ha recentemente presentato Coco Chanel a

Theodor Momm. È stato mio padre ad afferrare la notizia dell'appuntamento che avevate con lui al bar di Place Vendôme. Ecco, è qui che finalmente nella storia appari tu, il maggiore Fritz Koertner.» All'ufficiale, non tutto è ancora così chiaro, ma in quella stagione di spifferi e segreti è decisamente ordinario che ci si ritrovi catturati nella rete di quell'esercito semiclandestino, spesso improvvisato, fatto di spioni, spie e aspiranti spie. Di parte francese, inglese, italiana o tedesca che sia. «Dunque, cara la mia Claudette, se ho capito bene alla tua catena manca un anello che io potrei colmare. Cioè informarti su cosa mai ci abbia chiesto il colonnello Momm. Dico bene?» «Dici benissimo, maggiore. Ne sono curiosissima.» «Fin qui, non mi pare che tu m'abbia minacciato. Perciò, potrei dirti che sono disposto a parlare solo in cambio di qualcosa. Viceversa, dimmi perché mai dovrei passarti informazioni.» Claudette resta nella sua posa adolescenziale, solo leggermente ostacolata da quel suo meraviglioso seno. «È vero, non t'ho minacciato. E posso assicurarti che non lo farò. Avessi dovuto usare la forza, non t'avrei portato a casa mia. Adesso sono io a chiedere a te: cosa vuoi in cambio, maggiore Koertner, il mio corpo?» «Be', con quello riusciresti a convincermi immediatamente. Ma ammetto che, detta così, la questione diventa un po' imbarazzante. E anche assai poco elegante.» «Maggiore, e se invece fossi io a volere il tuo corpo?» Ora il sorriso di Claudette sta sciogliendosi in uno sguardo caldissimo. Mentre il tedesco avverte una vibrazione intensa che gli trapassa la schiena. «Devo parlare prima o posso farlo anche dopo?» le sussurra avvicinandosi a lei Non c'è risposta, ma solo le labbra di Claudette che sfidano la bocca di Koertner. E la aggrediscono, fino a invaderla. Il tedesco subisce e intanto conserva il ricordo di quel seno sul quale ha continuato a riflettere fin dalla mattina precedente. Usa la mano destra per accertarsi che è autentico, che esiste e che in quell'istante può addirittura essere suo. Non intende giungere in fretta al contatto della pelle. Gli piace cominciare sentendone il possesso attraverso la stoffa sottile della camicetta setosa di Claudette. Ma quella capacità di indugiare si esaurisce presto. Di colpo, Fritz ha fretta di dominare quel seno con le labbra, fretta di lasciarsi sfamare dal sapore provocante di quel corpo ondulante e tenero. «Tu mi fai impazzire, Claudette» dice col soffio che gli viene da dentro, quando la sua eccitazione è ormai altissima. Quando il brivido di un corpo vale più di una guerra, più di una patria, e anche più di una vita.

La grande missione di Coco Chanel resta sospesa per alcune settimane. Momm si muove davvero. Inizialmente tentando di prendere prudenti contatti col seguito di Hitler attraverso il ministero degli Esteri del Reich. E qui ottiene immediatamente un rifiuto netto. Non si arrende, sa che nel progetto di Coco un barlume di possibilità esiste davvero. E prosegue il suo mandato. Il passo successivo si chiama Walter Schellenberg. È un ufficiale trentatreenne del quale il potentissimo Heinrich Himmler, capo delle ss, si fida al punto da avergli assegnato la direzione dell'ufficio che si occupa dei servizi segreti stranieri. Schellenberg ne parla proprio a Himmler, dal quale ottiene udienza e anche un discreto "via libera" alla missione. Negli ambienti nazisti l'operazione parte dunque ufficialmente e Schellenberg le dà ironicamente il nome segreto di *Modellhut*. È la traduzione tedesca di "cappello da modella", un omaggio alla prima attività di colei che ha ideato tutto questo. In fondo, a Coco i tedeschi hanno per ora semplicemente deciso di concedere un permesso d'espatriare per qualche giorno. E di recarsi in Spagna, dove Churchill sarà presente nei giorni successivi e dove lei è convinta di poterlo incontrare. Magari all'ambasciata britannica, grazie anche all'amicizia con Samuel Hoare, console a Madrid, che lei conosce da tempo. Uno scoglio rischia di far naufragare la missione. Coco chiede a Schellenberg un permesso d'espatrio non solo per sé, ma anche per la sua amica inglese Vera Bate, che vuole assolutamente al fianco nel viaggio in Spagna. Sa che Vera è amica personale di Churchill e che dunque potrà rivelarsi utilissima quando ci sarà da avvicinarlo. Il comando tedesco ne asseconda la richiesta, ma a patto che ogni aspetto della faccenda resti del tutto segreto. Intanto Coco ha il problema di rintracciare Vera, donna dalla vita sempre tempestosa. E quando vi riesce non può rivelarle il motivo autentico per il quale intende portarla con sé a Madrid. «Ho deciso di aprire lì una boutique col mio marchio. Ma voglio prima capire se può essere una scelta conveniente. È chiaro che per farlo ho bisogno di te e dei tuoi consigli.» Vera non sembra troppo convinta, ma alla fine accetta. Quel viaggio del novembre del 1943 si risolve comunque in un'immediata sconfitta. Più per uno scherzo della malasorte, che per la sua organizzazione approssimativa. L'episodio ha una coda di cui Coco non può sospettare. Vera Bate, quando l'amica non le ha ancora confessato il motivo reale del viaggio, accumula il sospetto che qualcosa di losco stia accadendo. Si reca perciò in segreto all'ambasciata del suo paese e consiglia di tener d'occhio la cittadina francese Gabrielle Chanel. «Ha qualcosa in mente e credo che da tempo abbia anche rapporti piuttosto frequenti coi vertici nazisti.» I servizi segreti britannici la tenevano già d'occhio. Ricominciano a seguirla e a gonfiare il dossier che porta il suo nome.

Claudette abbottona la camicetta partendo dal basso. Koertner è alle prese con le scarpe quando bada a questo dettaglio. «Ti rivedrò? Forse mai più, vero?» «Questo non posso saperlo nemmeno io, maggiore.» L'amante tenera ha nuovamente il volto di una gelida professionista generata dalla guerra. Una spia, una che vive e respira solo per tallonare la preda che le è stata assegnata. «Sai, piccola? Ora che ci penso, sei stata veramente brava.» «In che senso?» «Nel senso che sei stata abilissima a non dirmi assolutamente nulla sul tuo conto. E nulla neanche sui motivi per i quali t'aspetti da me notizie su questa Chanel.» «Ma diciamo pure» soggiunge lei, tenendo lo sguardo verso gli abiti che sta ricomponendo, «che anche tu non m'hai detto granché. In fondo, questa missione era per me interlocutoria. Io dovevo soprattutto capire quel che sapete tu e gli altri ufficiali convocati da Momm. E mi pare che non vi abbiano detto molto.» «E scusa… allora perché sei stata con me? Perché abbiamo fatto l'amore?» «Credi che fosse una strategia? No, con te volevo venirci e ci sono venuta. Mi sei piaciuto. Tutto qui. Che non mi fossi particolarmente utile, è stato abbastanza chiaro piuttosto presto.» «Dimmi che ti rivedrò.» «Non chiedermelo, ufficiale, non chiedermelo. Ma è possibile che io mi rifaccia viva. Sei carino e sei anche un gentiluomo. Non credevo che un solo tedesco potesse avere entrambe queste doti. So come posso trovarti, sta' tranquillo. Ma adesso devi andare, addio.» La donna controlla dall'alto che l'ufficiale lasci il portoncino di Faubourg Saint-Honoré. Dopodiché sistema ancor più accuratamente la sua camicetta Chanel di seta bianca, dà un paio di tocchi di cipria all'altezza degli zigomi, indossa un soprabito di *mouflon* scuro e s'avvia verso la strada. Stavolta il percorso non punta verso Place Vendôme, ma in direzione opposta. Claudette è attesa in Avenue de l'Opéra. «Allora?» Un uomo inforca occhiali scurissimi malgrado il buio sia disteso ormai da molti minuti sul cielo di Parigi. È piuttosto alto, il bavero sollevato del suo trench lascia scorgere solo due curatissime basette screziate di bianco. Ha le mani affondate nelle tasche e un borsalino scuro di feltro che rifinisce il suo aspetto tenebroso. «Allora quasi nulla, quel po' che potevamo immaginare. Momm è un furbo. E sai che ti dico, Bob? Io credo che anche lui alla fine non sappia proprio tutto.» «Ti sbagli, ti sbagli! Quella donna a Momm deve per forza aver detto ogni cosa. Per un motivo molto semplice. Almeno in questo momento, il colonnello è il suo solo legame possibile coi vertici di Berlino.» «Sì, forse hai ragione tu. Ma come facciamo a capire il modo e il giorno in cui si muoveranno? Non è affatto facile.» «Lo so che non è facile. Quei tre ufficiali, escludiamoli pure da ogni controllo. Con loro perderemmo soltanto del tempo. È evidente che sono stati chiamati in causa soltanto per risolvere la faccenda della liberazione di André Palasse. È un caso che alla donna sta a cuore, non c'è dubbio. Ma resta del tutto marginale e a noi non interessa per niente. Dobbiamo concentrarci su Momm. E naturalmente sulla nostra Mademoiselle.»

«Provi ancora, per favore. Provi ancora.» «Ci sto provando, ma continuano a dirmi che lady Bate non è in camera e che non riescono proprio a rintracciarla.» «Lei provi ancora. M'ha detto che a quest'ora sarebbe stata nella camera del suo albergo. Perciò non può che essere lì.» Vera alloggia nella zona del Paseo de la Castellana. S'è fatta viva con Claudette il giorno prima per avvertirla che è lì con Coco e che c'è qualcosa di strano. Dice che Coco Chanel prima le ha raccontato di una boutique da allestire a Madrid. Ora pare invece che debba incontrare il console Hoare e poi Churchill. Lady Bate ha aggiunto che avrebbe tentato di recuperare altri particolari e che avrebbe poi atteso in albergo la telefonata di Claudette, in maniera da poterla informare. Per questo Claudette insiste, per questo è così tenacemente aggrappata ai tentativi dell'impiegato della compagnia telefonica. D'un tratto si arrende. «Va bene, lasci perdere, invierò a lady Bate un telegramma. Posso dettare a lei il testo?» «Sì, mi dica.» «Scriva così: "Attendo novità. Stop. Soprattutto su tuo rientro. Stop. Puoi trovare me o Bob a indirizzo che conosci. Stop. A presto".»

La sagoma sottile di Coco tiene agevolmente un passo agile. Lei e Vera hanno appena lasciato il taxi, stanno raggiungendo la residenza privata dell'ambasciatore inglese, il potente sir Samuel Hoare. È un amico fidato per entrambe, e non ha negato la sua disponibilità a incontrarle. «Sam, come va?» lo saluta Vera. Coco è come di consueto più dimessa e formale. «Sir Samuel, è un piacere rivederla.» «Il piacere è mio. Allora, mie care. Mi spiegate il motivo del vostro viaggio qui e della segretezza con la quale avete fissato questo appuntamento?» Naturale che sia Coco a sentirsi chiamata in causa. «Sir Samuel, noi...» «Gabrielle, ti prego. Ricordo che una volta ci parlavamo con ben altra confidenza.» «D'accordo. Dunque, la questione è legata a un progetto che ho in mente da un po' e del quale confesso di aver parlato a Vera per la prima volta solo poche ora fa.» E prosegue illustrando a Hoare la gran parte dei propositi che intanto Momm sta cercando di realizzare sul fronte tedesco. «Con la piega che ha preso questo conflitto, Gabrielle, questo più che un progetto mi sembra un bel sogno. E poi conoscete Churchill. Lui è uno che va fino in fondo. Con Hitler non parlerà mai. E sono certo che non sia disposto a farlo con nessun altro dei gerarchi del governo nazionalsocialista di Berlino. Temo che ormai quel che è avviato sia irrimediabilmente destinato ad arrivare al termine. Dove e come, non può saperlo nessuno.» «Ma» aggiunge Coco «possiamo almeno provare a parlargli, in modo da spiegargli che...» «Mia cara, temo che anche questo sia impossibile. Winston è giunto qui a Madrid in condizioni di salute decisamente cattive. Il medico gli ha ordinato di starsene a letto e non muoversi. Per nessunissimo motivo. Gli ha vietato tassativamente anche gli appuntamenti per i quali era qui, finanche i più importanti. A voi non nasconderò che era preoccupatissimo. Mi ha confidato che il primo ministro, nelle condizioni in cui è attualmente, se solo tira ancora un po' la corda può rischiare seriamente la vita.» «Samuel, concedimi allora un'ultima richiesta. Lascio a te questa lettera destinata a mister Churchill. Assicurami che gliela darai, gli dirai che siamo state qui e gli spiegherai la ragione del nostro viaggio.» «Di questo puoi star certa, Gabrielle. Spero di rivederti presto in ogni caso. Arrivederci anche a te, Vera.»

Quel pomeriggio di fine agosto del '44 è pigramente arrossato dal tramonto. Gabrielle Chanel non vede Vera Bate da almeno quaranta giorni. Le telefona. «T'aspetto, raggiungimi qui all'Hôtel Ritz.» Gli amici degli amici le hanno sussurrato che presto potrebbero arrestarla. E le hanno anche bisbigliato che la sua vecchia amica inglese ha un suo ruolo in tutto ciò. «Gabrielle, non so se è il caso che io venga lì. Devi dirmi qualcosa d'importante?» «Vera, io di te mi sono sempre fidata. Al tempo della missione a Madrid, è vero che non t'ho avvertita subito di quel che tentavo di fare. Ma è chiaro che contavo sul tuo aiuto. So che m'hai tradita, Vera, so che eri al mio fianco e intanto passavi informazioni ad altri.» «Non t'ho tradita, non l'avrei fatto. Ero spaventata, cercavo solo di proteggermi e di proteggere anche te.» «D'accordo, d'accordo. Ma se vuoi salvarmi anche adesso, devi dirmi con chi hai parlato in quei giorni.» «Gabrielle, non chiedermi...» «Devi dirmelo, Vera. O per me sarà il peggio.» «Ho riferito qualcosa ai servizi inglesi. L'ho fatto perché ci coprissero le spalle. Il caso era affidato a Susan. Sì, Gabrielle, proprio quella Susan. La affiancava un certo Bob, del quale non so granché. Susan in quella missione si faceva chiamare Claudette. Credimi, non ho fatto altro e non so altro.» «Ti credo, Vera. Nonostante tutto. Arrivederci.»

Susan è miss Jenkins. Ed è figlia di Boy Capel. Ma questo ufficialmente non è mai trapelato. Coco ha potuto scoprirlo solo molti anni dopo la morte di Boy, quando ha conosciuto l'identità dell'altra destinataria degli 80.000 franchi che monsieur Capel volle in parti uguali suddividere tra le donne che clandestinamente aveva amato e frequentato nei suoi ultimi anni. Fu proprio Vera Bate, forte dell'amicizia col vecchio notaio cui era affidato il testamento, a rivelarle quella enorme notizia solo parzialmente sbiadita dal tempo trascorso. Si trattava di Aileen Jenkins, erede di un piccolo editore di Brighton e sposata a Jeronimas Liskevicius, secondogenito di un armatore lituano. Aileen pare fosse pazza di Boy, fino a dirsi più d'una volta disposta a dar scandalo e lasciare la famiglia. Sorprendentemente, proprio la gravidanza indesiderata la placò. Voleva essere mamma più di tutto, e quello era un regalo che sapeva di non poter ottenere da Jeronimas. Boy tentò di convincerla ad abortire, ma senza successo. «Diverrò pazza se mi toglierai questo bambino. Se vuoi che me ne resti tranquilla e che continui a essere la rispettata signora di casa Liskevicius, devi lasciarmi nostro figlio.» E quel figlio fu Susan. Crebbe Liskevicius, fino alla morte del papà adottivo. E del ritorno, in compagnia della madre, nella dimora inglese dei Jenkins. Appresi i dettagli della vicenda, Coco avrebbe voluto scrivere a Aileen. Ma seppe che una malattia tropicale, contratta durante un viaggio in Sudamerica, l'aveva uccisa prima dei quarant'anni. Vera l'aveva dissuasa dal tentativo di contattare la giovane Susan. «Non farlo, Gabrielle. Quella ragazza è cresciuta coltivando odio nei tuoi confronti. Fin da quando era una bambina, Aileen le ha sempre parlato di te, t'ha descritta come una specie di strega capace di sedurre Boy quando voleva. E invece quell'uomo in realtà doveva essere solo suo. Tra l'altro, la tua fama intanto cresceva e rendeva ancora più minacciosa la tua figura e ancor più convincenti i racconti fatti a sua figlia. È soprattutto per questo che lei ora si occupa così morbosamente di te.» Susan ha studiato al college di Harrow. Dopodiché la guerra l'ha condotta in Francia, dove lei volentieri s'è fatta assegnare incarichi dai servizi segreti britannici, infiltrandosi più volte in ambienti nei quali si potessero stanare i collaborazionisti. Gabrielle Chanel, la sua ossessione di ragazzina, è un compito che ha accettato con lo scopo di non mollare.

«Deve seguirci. Immediatamente.» I due giovanotti sono sbrigativi e fanno sul serio. Più che bussare, hanno praticamente fatto irruzione nella nuova suite dell'Hôtel Ritz che proprio i tedeschi le hanno assegnato, dopo aver brutalmente evitato il tentativo di blocco del portiere dell'albergo. Coco ha il tempo solo per coprire con un leggero soprabito scuro di *chevron* il tailleur bianco che indossa. La guidano rapidamente verso l'auto che aspetta col motore acceso proprio sotto la rampa d'ingresso dell'albergo. Coco Chanel è stata arrestata. Come temeva e come ormai s'aspettava. Del resto, in quelle settimane torbide sul finire del '44, così vicine alla Liberazione, non è il primo personaggio dal nome celebre cui tocca questa vergogna. La notizia si sparge in fretta. E in fretta raggiunge Rue Cambon. Adrienne non c'è. È a Clermont-Ferrand, nella loro vecchia Alvernia, dove si rifugia spesso da quando c'è la guerra. L'auto procede per quindici minuti circa, si ferma in Place Saint-Michel. Qui Coco viene condotta in un ufficio al secondo piano e interrogata. L'inquirente è di chiara origine inglese. «Lei immagina i sospetti a suo carico, Mademoiselle?» «Li immagino, certo. Sicuramente riguardano il mio viaggio a Madrid.» «Oh, bene! E cosa ha da dire su quel viaggio? Dunque lei ammette di aver lavorato per il governo tedesco.» «Non ammetto niente. Io ho cercato di lavorare per la pace. E non ci sono riuscita. Forse anche per un pizzico di sfortuna. Non mi vergogno di quel che ho fatto, signore. Ero a Madrid spinta da un progetto mio, i tedeschi non c'entravano nulla. Naturalmente ho tentato di coinvolgere anche loro, era necessario. Ma anche su quel fronte, i risultati sono stati decisamente scoraggianti.» «Lei è stata seguita dai nostri agenti, Mademoiselle. E risultano frequenti contatti con le autorità tedesche. Lo nega?» «Vuole sapere di me e von Dincklage? Sì, l'ho incontrato spesso. Per interesse personale, posso dire così? Vidi in più d'una occasione anche il colonnello Theodore Momm, non lo nego. Me l'avevano indicato come l'uomo che poteva mettermi in contatto con Berlino, ecco tutto. Piuttosto, i vostri agenti chi sono? Susan Jenkins?» «Questo non posso rivelarglielo. Ma vedo che lei è piuttosto informata su quel che accade a Parigi. E su entrambi i fronti.» Susan è nascosta da una porta. Riesce anche a sentire gran parte del dialogo tra Coco Chanel e Bob, incaricato dai servizi britannici di scovare collaborazionisti. Bob è l'agente che sta interrogando Coco. Susan non può mostrarsi. Non è previsto e non glielo perdonerebbero. D'un tratto le passa accanto George, nome fittizio di uno scozzese che periodicamente si fa vivo in quell'ufficio. Entra senza chiedere alcun permesso nella stanza di Bob. «Devo parlarti. È urgente. Mademoiselle, la prego di attenderci qui.» Bob lo segue senza fiatare. «Devi liberarla immediatamente.» «Cosa? E perché mai? Tu sai quante accuse ci sono sul suo conto? C'è un dossier alto come una montagna che la riguarda.» «T'ho detto che va liberata subito.» «Mi spieghi che diavolo è successo, George? Mi dici chi cazzo c'è a proteggerla?» Lo scozzese ha uno sguardo bonario. «Può anche darsi che qualcuno la protegga. Amicizie influenti ne ha. Ma ora il punto non è questo. Il comando supremo dell'Intelligence Service della Gran Bretagna ha una lista privatissima, nella quale sono elencati nomi di francesi di cui segretamente le forze militari e politiche britanniche sanno di potersi fidare in qualsiasi momento. È una lista ristretta con le identità di cittadini francesi ai quali si possono addirittura chiedere gli aiuti che dovessero rendersi necessari. Bene, vi informo che mademoiselle Gabrielle Chanel è in questo elenco. Perciò, rilasciatela. E intendo: rilasciatela in questo stesso istante. Naturalmente, non le rivelerete i motivi per i quali la lasciate andare. Sarà anche il caso di porgerle delle scuse.»

Coco viene accompagnata alla boutique di Rue Cambon. Dal 1938 funziona soltanto per la vendita del profumo Chanel n° 5 e di altri accessori su cui è apposta la sua griffe. Tutte sanno quel che è appena avvenuto, nessuna si azzarda a chiederle alcunché dell'arresto. La accolgono, perciò, con un'apprensione vistosamente maggiore del solito. «Cosa c'è?» chiede lei gelida. «È successo qualcosa che vi ha sconvolte? Vi prego di tornare al lavoro, grazie.» Non passa che una decina di minuti e alla porta del suo laboratorio bussa Martine. «Mademoiselle, chiedono di lei. È una donna, dice di chiamarsi Susan.» «Falla entrare.» La ragazza toglie il foulard che le copre il biondo ramato dei capelli. «È Chanel anche questo, sa? Come la camicetta.» «Lo so, cara, sono figli miei. Li avevo riconosciuti.» Coco non sembra così stupita di quella visita. In fondo è un incontro che doveva parerle fatale, un evento prima o poi destinato ad accadere. «Lei sa chi sono e perché sono qui, vero?» «So chi sei. E questo, devi credermi, mi procura un amore immenso nei tuoi confronti. Posso immaginare anche il motivo per il quale hai scelto di vedermi. Ma è giusto che sia tu a dirmelo.» «Io l'ho odiata, Gabrielle. L'ho odiata sempre. Perché mia madre la odiava. E tutto sommato riesco ancora a comprendere i motivi che la spingevano a farlo. Era giovane e innamoratissima di un uomo che dipingeva come un eroe, un cavaliere bellissimo e immacolato. Non mi sono mai chiesta se tutto ciò fosse giusto o no, se fosse vero o no. E quando mia madre è morta, l'ho odiata ancora di più. Come se lei, Gabrielle, fosse colpevole anche di quella morte. Ho vissuto questi anni a Parigi cercando qualcosa che la inchiodasse. Quando ho scoperto dei suoi rapporti col governo tedesco, ho pensato che il cerchio era finalmente chiuso. Mi sono detta che mia madre aveva ragione, che lei ancora una volta stava comportandosi come una opportunista pericolosissima. Oggi l'ho vista, Mademoiselle. Per la prima volta nella mia vita l'ho avuta accanto, a pochi metri da me, anche se lei non poteva vedermi.»

Coco la osserva con occhi pieno d'affetto. «Sai che lo immaginavo? Sentivo che eri lì, nei paraggi.» «Ero lì, infatti, incollata all'esterno di quella porta. Mi aspettavo che si comportasse come fanno tutti quelli che vengono condotti in stanze come quella. Piagnucolano, cercano pretesti, dicono che si tratta di un complotto, fingono di star male, chiedono che venga chiamato un potente che sperano magari possa aiutarli. Lei invece era calmissima. Ha anche accettato che Bob le facesse domande in quel modo insinuante. Non avevo mai visto niente del genere. Gabrielle, non so se lei è colpevole o no. Ma questo non tocca a me deciderlo. Noi agenti del terzo livello ignoravamo completamente che in una lista segreta dei vertici dei servizi britannici lei è indicata come amica leale del mio paese. Perciò, ora mi accorgo che per tanti mesi abbiamo solo perso tempo a pedinarla e a raccogliere informazioni su di lei.» «Ma tu non sei venuta qui per dirmi questo. Vero, Susan?» «No, Gabrielle, non sono qui per questo. Volevo dirle che ho smesso di odiarla. Oggi mi sono accorta che d'un tratto la stavo ammirando. E allora io adesso ho bisogno di chiederle se ha mai odiato mia madre come lei la odiava. Se la risposta è sì, la capirei.» «Vedi, Susan, io non credo che tua madre mi odiasse. Non mi ha mai conosciuta. Ha saputo di me solo quando io ho saputo di lei, quando Boy non c'era più. Troppo tardi per tutto, anche per odiarsi. Credo che tua madre amasse profondamente un uomo che era meraviglioso proprio come te l'ha descritto. Certo, Boy ha mentito a lei e ha mentito a me. Ma questo non toglie nulla all'amore che entrambe abbiamo provato per lui. Capisco tua madre. Quando lui è morto, anch'io ho cominciato a odiare il mondo intero. Forse anche più di quanto l'avessi odiato dopo che mio padre lasciò me e le mie sorelle per otto anni in un orfanotrofio.» «Grazie, Gabrielle. Forse sono venuta qui solo perché ero stanca di odiare.» «Tuo padre, Susan, è stato un uomo straordinario. Non ne conoscerò mai più uno così. So che questo te l'ha detto spesso tua madre. Ora sono felice di potertelo dire anch'io. Vanne fiera, ragazza mia. Di lui va' fiera sempre.»

Epilogo

Un ritmo insinuante addolcito dai violini, una melodia che ricorre e che trafigge. E un tenue falsetto adolescenziale che un altoparlante diffonde tra i velluti della suite dell'Hôtel Ritz. La radio è come trainata in un vortice pulsante, oscuro. Una voce maschile carica di una bizzarra effervescenza interviene a frantumare la delicatezza ambigua di quel suono. «Quella che avete appena ascoltato, amici, era *And I Love Her*. Uno dei pezzi memorabili dei fantastici Beatles. La decisione di sciogliersi è giunta ormai alcuni mesi fa» continua la voce, «ma per tutti noi sarà impossibile dimenticarli. E adesso passiamo...» Una donna gonfia di anni e di indumenti tenta d'affrettare i suoi piccoli passi in direzione di un divano. «Coco» dice sommessa, «vuoi che spenga la radio? A me sembra che trasmettano solo rumori, solo musicaccia.» «No, lasciala. Non sono proprio i suoni che amo, eppure devo ammettere che mi fanno star bene lo stesso.» A Coco pare di non avere più le gambe. E che la luce degli occhi sia come spenta. È accucciata sotto un manto di coperte chiare, sul divano su cui centinaia di ospiti hanno trascorso tante serate delle loro vite celebri. «C'è qualcosa che mi rende simpatici questi ragazzi. Sai cosa dicono di loro?» «Ma Coco, non so chi siano. Non so nemmeno di che parli.» «Parlo della canzone che hanno appena trasmesso alla radio, di questi Beatles. Ho letto che li considerano dei grandi innovatori. Dicono che il loro stile abbia rivoluzionato la musica e liberato i costumi dei giovani. E io queste frasi le ho sentite dire di me, le ho lette tante volte quando le hanno scritte di Coco Chanel.» La donna gonfia d'anni si stringe ancora di più nella mezza dozzina di scialletti di cachemire, colorati dal mirtillo al rosa corallo, che le avvolgono le spalle. «Sicura che non vuoi sistemarti nel letto?» sussurra con premura trascurando i deliri di Coco. «Va' al diavolo! Il letto è la morte. Ho utilizzato tanti letti, ma soltanto per dormirci e per farci l'amore. Quando mi vedrai finire in un letto, saprai che ho deciso di morire.»

Coco è una sagoma prosciugata, sottile ancor più che nei suoi anni freschi. Accanto al divano che accoglie i suoi pochi chili, una bottiglia con gli angoli smussati e il tappo tagliato come uno smeraldo. È la sua bottiglia, l'essenza che le resta dei suoi successi. In fondo è quasi tutto quel che le rimane dell'impero che ha conquistato. Pur di tornare nei panni di Coco Chanel, diciassette anni prima, ha accettato il rischio del tonfo. Pur di sentirsi nuovamente una regina ha accettato di vendere il trono. Non è più sua l'azienda, non sono più sue le società immobiliari né la casa di moda. Tutto è formalmente ceduto alla Société des Parfums, creata decenni prima con Pierre Wertheimer per commercializzare lo Chanel n° 5, l'aroma più celebrato di ogni tempo. A lei il suo grande amico Pierre ha lasciato la libertà di essere Coco, il due per cento dei ricavi sulla vendita del profumo e l'atelier di Rue Cambon. È il patto che aveva alimentato la seconda vita di Coco Chanel, quella che si era aperta il 5 febbraio del 1954 proprio grazie a Wertheimer e alla sua fede nel genio di quella donna: «Ce la farò, Pierre. Vedrai, ho settantuno anni, ma quelli non bastano a far di me un'anziana signora pronta al riposo eterno. Ho creduto anch'io che fosse il momento di dire basta. Ma ora so che può esistere una nuova fase. Ho nella testa la moda dei prossimi decenni. E tu mi conosci, Pierre, se ho un progetto non lo mollo». Pierre la conosceva, conosceva quegli occhi e il tono di quella voce. Li aveva anche temuti, terrorizzato dalla loro spregiudicata audacia, dalla loro infinita fiducia in se stessi. Però mademoiselle Chanel non s'era mai sbagliata. «Posso confessarti che ho una fottuta paura, Coco? Ma sarò al tuo fianco. Non posso tradirti.» Vissero insieme l'ansia passeggera dei giorni che seguirono a quel 5 febbraio. Vissero insieme quella sconfitta, che Wertheimer accettò come il fatale giudizio del tempo e che Coco rifiutò come un evento che poteva accadere ad altri, non a lei. Vissero insieme pure il trionfo che nelle settimane successive proveniva come una marea dal Nuovo Mondo, la terra e il popolo dal quale ormai giungeva il gusto, la terra e il popolo che avevano imparato a dettare ritmi e respiri del pianeta. Ed è a lei che l'America aveva tributato il suo omaggio più grande. Nel '57, tanta attenzione le aveva procurato l'obbligo di un nuovo viaggio da quelle parti. Una delle più autorevoli riviste di moda aveva invitato Coco Chanel nei suoi uffici di Dallas per la cerimonia solenne del Premio Neiman Marcus. Quando era atterrata in Texas, Coco s'era accorta che gli Stati Uniti erano davvero la sua ultima conquista. La giuria aveva annunciato entusiasta e unanime che stava assegnando il premio «alla più grande creatrice di moda del Ventesimo secolo». Era stato il passaporto che le aveva consentito di proseguire per tutto il resto della sua vita. «Grazie Pierre» aveva sussurrato semplicemente al suo vecchio amico, una volta tornata a Parigi. Wertheimer aveva silenziosamente chinato il capo, nascondendo il suo sorriso carico di pudore. Era stata la frase più dolce che Coco gli avesse rivolto in più di trent'anni, forse la sola. Adesso, rattrappita su quel divano del Ritz, carezzando la grottesca stola di volpe che avvolge il collo appassito della dea dell'eleganza, Coco ha il capo chino. Ripensa a Pierre Wertheimer, all'uomo della sua resurrezione. «Gli ho voluto bene» riflette, «vorrei dirgli che mi manca. Mi manca lui, mi manca il mondo che m'è appartenuto. Perché proprio adesso? Vecchia Coco, forse hai chiuso. Forse anche a te tocca morire.»

Ringraziamenti

Ringrazio la pazienza degli amici più cari che con i loro suggerimenti e le loro suggestioni hanno reso possibile la stesura di questo libro. In particolare Gustavo Affinita e Enzo D'Elia.

Arnoldo Mondadori Editore S.p.A.

Questo volume è stato stampato
presso Mondadori Printing S.p.A.
Stabilimento Nuova Stampa Mondadori - Cles (TN)

Stampato in Italia - Printed in Italy